Hans-Karl
Karlheinz Bille

Unterrichtsvorbereitung

Probleme und Materialien

westermann

Druckerei und Kartographische Anstalt GmbH & Co.
Braunschweig 1978
1. Auflage 1978
Verlagslektorat: Burkhard Hitz/Angela Behrendt
Herstellung: Bernd Kühling
Zeichnungen: Technisch-Graphische Abteilung, Westermann
Einbandgestaltung: Gerd Gücker
Gesamtherstellung: Westermann, Braunschweig 1978

CIP-Kurztitelaufnahme der Deutschen Bibliothek

Unterrichtsvorbereitung: Probleme u. Materialien /
Hans-Karl Beckmann; Karlheinz Biller (Hrsg.). –
1. Aufl. – Braunschweig: Westermann; 1978.
(Erziehung und Didaktik) (Westermann-Taschenbuch; 178)
ISBN 3-14-16 7178-8
NE: Beckmann, Hans-Karl [Hrsg.]

ISBN 3-14-**16 7178**-8

Inhaltsverzeichnis

Vorwort 5

I. Probleme der Unterrichtsvorbereitung 9

Hans-Karl Beckmann:
Unterrichtsvorbereitung
aus der Sicht der Allgemeinen Didaktik 10

Karlheinz Biller:
Unterrichtsvorbereitung und Erziehungsauftrag 33

Hans-Karl Beckmann/Karlheinz Biller:
Modell zur Unterrichtsvorbereitung aus realistischer Sicht 53

II. Beispiele der Unterrichtsvorbereitung 71

Hildegard Kunze:
Warum hat der Apfel eine Schale? 72
(Heimat- und Sachkunde) – 1. Schuljahr

Siegfried Thiel:
Wie entsteht Grundwasser? 91
Sachunterricht – 3. Schuljahr

Christa Heinemann:
Einem Ausländer etwas verständlich machen 108
Deutsch – 4. Schuljahr

Charlotte Seibel:
Wie mißt man eine Länge, und was bedeutet „Messen“? 126
Mathematik – 5. Schuljahr

Almut Geschwinde:
Übung der Formen des „present perfect“ 141
Englisch (B-Kurs) – 6. Schuljahr

Gerhard Martin:
Hat Gott wirklich geredet? 159
Religionsunterricht – 7. Schuljahr

Michael Barnickel:
Erarbeitung einer Aufgabe zum Themenkreis „Drehung“ ... 183
Mathematik – 7. Schuljahr

Hans Gradl:
Kollektive Landwirtschaft
am Beispiel der chinesischen Volkskommune 203
Erdkunde – 8. Schuljahr

Klaus Full:
Die Darstellung von Salpetersäure 219
Chemie – 10. Schuljahr

III. Anhang 245

Hans-Karl Beckmann/Karlheinz Biller:
Literaturbericht zum Thema Unterrichtsvorbereitung 246

Anmerkungen 260

Autoren 267

Vorwort

Empfehlungen zur Unterrichtsvorbereitung müßten eigentlich wie in einem Brennspiegel alle Themen einer Theorie des Unterrichts bündeln und somit alle Möglichkeiten und Probleme einer Unterrichtseinheit planend und vorwegnehmend zeigen. Daß ein solches Vorhaben noch nie gelungen ist, beweist die Schwierigkeit der Vorbereitung und die Komplexität des Unterrichtsgeschehens.

Auswege aus dem gezeigten Dilemma gehen in zwei unterschiedliche Richtungen: Entweder man entschließt sich zu einer gebundenen Empfehlung zur Unterrichtsvorbereitung, zu einem Modell, in dem die wichtigsten planbaren Momente des Unterrichts in allgemeiner Form aufgenommen werden und im übrigen die Umsetzung in den Handlungsvollzug der pädagogischen Phantasie und dem pädagogischen Takt in der konkreten Situation überlassen wird, oder man stellt wichtige Teilaspekte differenziert dar, so daß die Planung sehr viel offener wird und mit wechselnden Schwerpunkten arbeiten kann. Die letztere Möglichkeit kommt dem „gestandenen Praktiker" mehr entgegen; für ihn ist die Einstellung auf den Unterricht durch hinreichende Sachkenntnis und Vertrautheit mit der pädagogischen Situation viel leichter. Er möchte Hilfen haben in konkreten Teilproblemen des Unterrichts, etwa:

- Wie berücksichtige ich die affektive Seite des Unterrichts?
- Wie plane ich ein Projekt?
- Wie berücksichtige ich sinnvoll und ehrlich das Schülerinteresse?
- Welche Möglichkeiten gibt es zur Übung?
- Wie komme ich zu pädagogisch vernünftigen Beurteilungen?

Damit sind Teilthemen einer Theorie des Unterrichts genannt, die in dementsprechenden Veröffentlichungen angesprochen werden, aber wohl doch noch zu allgemein, so daß Theorie als zu wenig hilfreich empfunden wird. Eine Antwort in der richtigen Richtung gibt das Heft 10/1978 von WPB, das der Unterrichtsplanung gewidmet ist.

Wir haben uns entschlossen, die Frage der Unterrichtsvorbereitung zunächst systematisch anzugehen. Ausgangspunkt ist die Standortbestimmung der Unterrichtsvorbereitung in verschiedenen Richtungen der Didaktik. Von dem Standort einer „realistischen Didaktik“ werden Akzente gesetzt und wird dem Leser deutlich gemacht, wo wichtige Entscheidungen fallen. In einem besonderen Beitrag wird auf die Probleme der Erziehung aufmerksam gemacht aus der Überzeugung, daß dieser Seite der Aufgaben der Schule wieder mehr Beachtung geschenkt werden muß. Weder das Postulat des „erziehenden Unterrichts“ noch die Formel „Schule als Lernort“ sind hier besonders hilfreich. Das Modell zur Unterrichtsvorbereitung mit seinen einzelnen Schritten und Interpretationen will möglichst viele Aspekte einer Vorbereitung ansprechen; Ausgangspunkt sind Planentscheidungen in Lehrplänen bzw. Richtlinien, Ziel ist eine Unterrichtsstunde oder Unterrichtseinheit.

Nach dem grundsätzlichen Teil folgen neun Unterrichtsbeispiele, bei denen möglichst viele Schuljahre und Schulfächer Berücksichtigung fanden. Die Beispiele stammen aus der praktischen Unterrichtsarbeit, wenn auch zum Teil aus bestimmten Situationen, wie zum Beispiel im Zusammenhang mit 2. Staatsprüfungen oder Besichtigungen. Der Vergleich der Beispiele zeigt Unterschiede in der Art des Aufbaues und des Planens und macht deutlich, wo übereinstimmende Grundlinien gegeben sind und wo unterschiedliche Auffassungen zu Abweichungen führten. Die Herausgeber wollten nicht normieren, aber verschiedene Lösungen zeigen. Vorbemerkungen und Kommentare umrahmen jedes Beispiel, so daß Akzente gesetzt und Interpretationshilfen gegeben wurden.

Bei der Gestaltung des Bandes wurde vorrangig an die Lehrerstudenten aller Schularten gedacht. Im Studium ist besonders im Zusammenhang mit Praktika über Unterrichtsvorbereitung zu reflektieren und erste praktische Schritte zu vollziehen, und im Referendariat sollte eigentlich die Unterrichtsvorbereitung im Mittelpunkt der Ausbildungspraxis stehen. Hier will der Band helfen, Grundlinien der praxisnahen Didaktiken zu zeigen und alle Aspekte von Unterricht und Erziehung zu beachten. In diesem Sinn ist auch die variable Anwendung des Modells zu verstehen: In der Ausbildung ist die gründliche Vorbereitung auf einige wenige Stunden wirkungsvoller als die Einstellung auf viele Stunden – um der späteren Berufsarbeit näher zu sein.

Das ausführliche Modell kann natürlich nicht die Normalform der Unterrichtsvorbereitung bei der täglichen Unterrichtsarbeit des Lehrers sein. Für die tägliche Vorbereitung dürfte die Kurzform mit der Reflexion über das Was und Wie und aktuelle Teilprobleme die Regel sein. Allerdings sollte der Lehrer auch nach der 2. Staatsprüfung ein- oder zweimal im Jahr eine ausführliche Unterrichtsvorbereitung entwerfen, um nicht in Routine zu erstarren. Kennzeichnend muß für die Vorbereitungsarbeit ohnedies sein, die Schwerpunkte (fachlicher, pädagogischer, psychologischer Art) jeweils zu wechseln.

Der Literaturbericht zeigt die Fülle der Veröffentlichungen, die Entscheidungshilfen geben. Deutlich wird dadurch, daß es das ideale Modell nicht gibt. Deshalb ist vor Dogmatismus in der Ausbildung und in der Berufspraxis des Lehrers zu warnen. Allerdings ist auch eine falsche Harmonisierung zu vermeiden. Unterschiedliche Zielsetzungen und Auffassungen über Schule und Unterricht führen zu unterschiedlichen Vorbereitungen und zu einer unterschiedlichen Unterrichtspraxis. Deshalb sind die einzelnen Kollegien aufgerufen, um einen pädagogischen Minimalconsens zu ringen, damit Erziehung und Unterricht fruchtbar wird und nicht Konflikte ein Schulleben unmöglich machen. Generelle Zielsetzung aber bleibt, sich überflüssig zu machen *(H. Nohl),* das aber in einem Prozeß, in dem Führung Schritt für Schritt der inneren Freigabe Platz macht.

Die Herausgeber

I. Probleme der Unterrichtsvorbereitung

Hans-Karl Beckmann

Unterrichtsvorbereitung aus der Sicht der Allgemeinen Didaktik

Die Vorbereitung des Unterrichts ist eine wesentliche Berufsaufgabe des Lehrers; sie ist der Öffentlichkeit kaum bewußt, obwohl die Solidität der Berufsarbeit des Lehrers auf Dauer in einer gewissenhaften Vorbereitung liegt. Damit soll keineswegs behauptet werden, daß diese auch in jedem Falle gute Unterrichtsstunden garantiert. Planung ist nötig, die Gestaltung erfordert Einfühlungsvermögen, Phantasie und Offenheit für die jeweilige Situation. Mit dieser Aussage wird das Verhältnis von Theorie und Praxis in der Pädagogik angesprochen; anders gewendet: Unterrichtsvorbereitung und -durchführung sind ein exemplarisches Beispiel für das Verhältnis von Theorie und Praxis [1].

Vor zwei Fehleinstellungen muß eingangs gewarnt werden: *Theoriefeindlichkeit* und *Theoriegläubigkeit*. Bei allem Respekt vor beruflicher Erfahrung (und auch sie ist letztlich Ergebnis einer theoretischen Fragestellung!) ist festzustellen, daß sie nicht ausreicht, um die immer schwieriger werdende Erziehungs- und Unterrichtsarbeit zu bewältigen. Dabei ist zuzugeben, daß bestimmte Entwicklungen in der Erziehungswissenschaft (Ideologisierung, Modewellen, realitätsfernes Theoretisieren) den Trend zur Theoriefeindlichkeit verständlich machen. Andererseits, wenn wir den akademischen Anspruch des Lehrerberufs ernst nehmen, wird man von jedem Lehrer eine Aufgeschlossenheit für Theorie und die Bereitschaft, sich mit neuen Erkenntnissen auseinanderzusetzen, erwarten müssen. Allerdings ist eine Theorie pädagogischen Handelns – analog zur Komplexität des Gegenstandes – außerordentlich vielgestaltig. Sachkompetenz des Lehrers gründet sich sowohl auf die Fachwissenschaften (der Anspruch, daß das, was unterrichtet wird, sachlich richtig sein muß, bleibt unaufgebbar) als auch auf die Fächer des „Kernstudiums", wobei vor allem Erziehungswissenschaft und pädagogische Psychologie zu nennen wären (der Anspruch, daß über die Sinnhaftigkeit dessen, was unterrichtet wird, reflektiert wird, muß ebenso aufrechterhalten werden wie der Anspruch, auf der Grundlage einer genauen

Kenntnis der anthropologischen und sozio-kulturellen Bedingungen ein unterrichtsmethodisches Instrumentarium zu entwickeln). Die größten Schwierigkeiten, zu einer Theorie des pädagogischen Handelns für Schule und Unterricht zu kommen, liegt in den vielfältigen Dimensionen jeden Unterrichts und jeder Unterrichtssituation und in der Problematik wissenschaftstheoretischer Art der „zuständigen“ Wissenschaften. Da es nicht *die* Erziehungswissenschaft oder *die* pädagogische Psychologie gibt, muß vom Lehrer die Kenntnis der jeweiligen Hauptrichtungen erwartet werden, um Veröffentlichungen richtig einordnen zu können [2]. Nur so ist eine sachgemäße Übertragung wissenschaftlicher Erkenntnisse in die Praxis möglich, und nur so kann Wissenschaftsgläubigkeit vermieden werden.

Unaufgebbar aber bleibt die Forderung an die genannten Wissenschaften, „Theorien mittlerer Reichweite“ zu entwickeln und sich als „Theorie einer Praxis“ zu verstehen. Das gilt in besonderer Weise für die Pädagogik als Wissenschaft; sie ist „als Theorie der Erziehung Besinnung darauf, wie die pädagogische Praxis sich zu gestalten habe“ [3]. Die Praxis hat ein Recht darauf, wissenschaftliche Veröffentlichungen unter dem Kriterium zu prüfen, ob sie Hilfen geben, Praxis zu bewältigen bzw. zu verbessern.

Wissenschaft und Unterrichtsvorbereitung

Eine der wesentlichsten Hilfen der Wissenschaft für die Erfüllung der Berufsaufgaben des Lehrers besteht in der Entwicklung von Modellen und Beispielen zur Unterrichtsvorbereitung, weil dem Lehrer nicht zuzumuten ist, verfügbare Einsichten der Einzelwissenschaften ohne Orientierungshilfe zu integrieren. Die Wissenschaft steht dabei allerdings vor zwei erheblichen Schwierigkeiten: einmal ist die Kooperation zwischen Erziehungswissenschaft, pädagogischer Psychologie und Fachdidaktiken weder sachlich noch gar institutionell soweit vorangetrieben, daß gemeinsam Empfehlungen zur Unterrichtsvorbereitung entwickelt werden könnten, zum anderen ist die Erziehungswissenschaft aus vielfältigen Gründen nicht in der Lage, einen Minimalconsens über Hilfen für die Praxis zu entwickeln.

Unter zwei ganz unterschiedlichen Gesichtspunkten kann die Erziehungswissenschaft unter dem Aspekt der Hilfe für die Praxis beurteilt werden.

Einmal ist es die verschiedene wissenschaftstheoretische Entscheidung, die die Einstellung zur Praxis bestimmt:

a) Engagiert an Praxis – u. a.:
– Geisteswissenschaftliche Pädagogik (z. B. *Erich Weniger*)
– Realistische Erziehungswissenschaft (z. B. *Heinrich Roth*)
– Kritische Ausprägungen im Anschluß an die „Frankfurter Schule": z. B. Kritisch-konstruktive Erziehungswissenschaft (z. B. *Wolfgang Klafki*), systemkritisch oder neo-marxistische Pädagogik (z. B. *Jochen Gamm*), systemsprengend.

b) Distanziert zur Praxis, da Wertentscheidungen keine wissenschaftliche Aufgabe sei – u. a.:
– Richtung des kritischen Rationalismus in der Nachfolge von *Albert* und *Poppert* (z. B. *Jürgen Raschert*).
– Kybernetische Pädagogik (z. B. *Felix v. Cube*)

Zum anderen ist aufschlußreich, mit welchen anderen Wissenschaften die Notwendigkeit einer Zusammenarbeit betont wird. Leider unterliegt die Erziehungswissenschaft gerade in dieser Hinsicht immer wieder Zeitströmungen und Modetendenzen: Die Zusammenarbeit mit der pädagogischen Psychologie mußte der mit der Soziologie, der Politologie und der Bildungsökonomie weichen.

Die Veröffentlichungen (siehe Literaturbericht am Schluß des Bandes) zeigen, daß Hilfen für die Praxis nur von der geisteswissenschaftlichen, der realistischen und der kritisch-konstruktiven Erziehungswissenschaft entwickelt wurden und werden. In jedem Falle wäre vom Praktiker die Fruchtbarkeit des methodischen Ansatzes und der Hilfen zu überprüfen.

Im vorliegenden Band wird versucht, vom Standpunkt einer „realistischen Erziehungswissenschaft" [4] Problem der Unterrichtsvorbereitung anzugehen. Dahinter stehen folgende Vorentscheidungen:
– Beachtung der Grundsätze der geisteswissenschaftlichen Pädagogik (bes. Verantwortung für die Praxis, Berücksichtigung der Geschichtlichkeit und der Komplexität des pädagogischen Feldes, Bejahung der Pluralität der Zielsetzungen),
– Einbeziehen der empirischen Forschung zur exakteren Absicherung pädagogischer Aussagen.

– Ablehnung des Emanzipationsbegriffs als oberstes Entscheidungskriterium,
– Bejahung des Bildungsbegriffs als Wahrer des Menschseins in allen Dimensionen und der Rechte des Individuums,
– Realistische Einschätzung der Möglichkeiten und Grenzen der Schule,
– Betonung der Zusammenarbeit besonders mit der pädagogischen Psychologie und Soziologie, mit den Fachwissenschaften und mit der Medizin (bes. Pädiatrie).

Schultheorie und Unterrichtsvorbereitung

Der systematische Ort der Unterrichtsvorbereitung in der Erziehungswissenschaft ist nicht eindeutig zu bestimmen. Bis in die Zeit nach dem Zweiten Weltkrieg wurden an pädagogischen Hochschulen Allgemeine und Praktische Pädagogik gelehrt, wobei letztere selbstverständlich Fragen der Unterrichtsgestaltung aufgriff. In der Folgezeit setzte sich unter stärkerer Betonung der Wissenschaftlichkeit der Begriff Schulpädagogik durch. Die weitere Entwicklung ist unübersichtlich: Die Schulpädagogik erreichte nicht den angestrebten Rang, so daß andere Bezeichnungen wieder in den Vordergrund traten. Das gilt insbesondere für die „Allgemeine Didaktik“ und die „Theorie der Schule“. Die Zahl der Veröffentlichungen über die Theorie der Schule hat erheblich zugenommen. Dabei ist zu beachten, daß der Schulplan, der die Diskussion der 70er Jahre bestimmt, – der „Strukturplan“ der Bildungskommission des Bildungsrates – immanent auch eine Theorie der Schule enthält.

Das Bedenken des größeren Rahmens, in dem Unterricht steht, verhindert eine technokratische Verkürzung der Unterrichtsvorbereitung. Es würde den gegebenen Rahmen sprengen, wollte man hier einen Literaturbericht über die Theorien der Schule geben. Immerhin sollen einige Schneisen geschlagen werden:
a) Unter dem Anspruch des kritischen Rationalismus kommt *Wolfgang Kramp* [5] zu dem Schluß, daß eine Theorie der Schule wissenschaftlich nicht leistbar ist. Verdienstvoll ist seine Analyse und der Aufweis der verschiedenen Auffassungen über die Ziele der Schule.

b) *Theodor Wilhelm* kritisiert den bisherigen, traditionellen Fächerkanon und entwirft eine Schule „im Zeitalter der Wissenschaften", in der die Wissenschaften der „einzige Vermessungsmaßstab" sind.
c) Der „Strukturplan für das Bildungswesen" geht vom dynamischen Begabungsbegriff aus und entwickelt eine Schule, in der die Wissenschaftsbestimmtheit und das Lernen des Lernens ebenso Vorrang hat, wie die Orientierung an Lernzielbestimmungen, Lernzielstufen und Lernzielkontrollen. Die Schule wird ausschließlich zum „Lernort".

Diese Veröffentlichungen geben den Anstoß, über den eigenen Standort zu reflektieren. Rahmenbedingungen sind durch Schulgesetze und Lehrpläne gegeben; trotzdem bleibt für den Lehrer Raum zur eigenen Akzentsetzung. Die realistische Erziehungswissenschaft meint, dafür sich einsetzen zu müssen, daß Schule humaner wird [6], daß Schule auch Erziehungsstätte sein muß, daß das Schulleben ebenso gepflegt werden muß wie das zweckfreie Tun und die Muße.

Curriculumtheorie und Unterrichtsvorbereitung

Seit 1967 wurde das pädagogische Interesse und viele Lehrerhoffnungen durch die Diskussion um eine Reform der Curricula gebunden [7]. Wie auf vielen Gebieten ist auch hier eine Ernüchterung eingetreten. Ohne Anspruch auf Vollständigkeit zu erheben, sind für die Fehlentwicklung der überzogene wissenschaftstheoretische Anspruch, die mangelhafte Kenntnis der Praxis und die mangelnde Reflexion über die mehrdimensionalen Ziele der Schule verantwortlich zu machen.

Zur Beurteilung der veröffentlichten Teil-Curricula und der theoretischen Diskussion sind die grundsätzlich verschiedenen Ansätze der curricularen Forschung zu beachten. Es streiten miteinander (dahinter stehen unterschiedliche Auffassungen vom Menschen und von den Aufgaben der Schule):
– Ausgang von Lebenssituationen und Bestimmung von Qualifikationen *(S. B. Robinsohn)*,
– Bestimmung von Verhaltens- und Lernzielen unter dem Einfluß des Behaviorismus (Niederschlag im *Strukturplan*),

– Ableitung aus den Wissenschaftsstrukturen (z.B. *Theodor Wilhelm*).

Der notwendig lange Prozeß vom Ansatz zur Verwirklichung, die mangelnde Geduld verantwortlicher Bildungspolitiker und die Bedürfnisse der Schulpraxis führten dazu, daß kein theoretisches Konzept in Ruhe ausreifen und in der Verwirklichung umfassend geprüft werden konnte. Zwei unterschiedliche Ansätze sind vergröbert in der Praxis wirksam geworden: der betont wissenschaftsbestimmte Unterricht und die vermeintliche Deduktion aus obersten Lernzielen.

Um die erforderliche Reform von Bildungsplänen dennoch voranzutreiben, haben die einzelnen Bundesländer unterschiedliche Wege beschritten: Niedersachsen richtete „Zentrale Kommissionen" zur Erarbeitung von Richtlinien ein, gründete aber auch ein vom Bildungsrat empfohlenes „Regionales Pädagogisches Zentrum" (Aurich), Bayern errichtete ein Staatsinstitut, das „Curriculare Lehrpläne" vorlegte, und Hessen schlägt sich nach wie vor mit dem „selbstgemachten" Problem der „Hessischen Rahmenrichtlinien" herum und setzte zeitweise die Hoffnung auf die „Regionale Lehrerfortbildung".

Zwei Hinweise sind an dieser Stelle nötig: Einmal versuchen zwar die Bundesländer zu Lösungen zu kommen, aber alle bleiben – unabhängig von den inhaltlichen Aussagen – weit hinter den wissenschaftstheoretischen Ansprüchen der curricularen Diskussion zurück. Zum anderen zeigt es sich, daß nach wie vor unterschieden werden muß zwischen Rahmendaten der Richtlinien, Curricula (als offene oder als Curriculumsequenzen) und der Unterrichtsvorbereitung.

Die Kernfrage bleibt nach wie vor, welche Stellung der Lehrer bei der Entwicklung von Curricula und bei der Umsetzung der Curricula in die Unterrichtspraxis hat. Festzuhalten ist:

– In keinem Falle darf der Lehrer zum „Funktionär" der Curricula werden; er ist verantwortlich für seinen Unterricht. Curricula können Planungsarbeiten erleichtern, aber vom Lehrer muß verlangt werden, daß er curriculare Planentscheidungen für die bei ihm gegebene konkrete unterrichtliche Situation pädagogisch und didaktisch überprüft.

– Die Kriterien können nur pädagogische (Zielprobleme, Erziehungsfragen, Beurteilung) und didaktische (Ziele, Auswahl, Methoden) sein. Damit wird deutlich, daß die Kategorien und Kriterien der Allgemeinen Didaktik nach wie vor von Bedeutung sind. – Aus dem dargestellten Gesamtzusammenhang ist zu schließen, daß eine begriffliche Gleichsetzung von Curriculumtheorie und Allgemeine Didaktik weder den unterschiedlichen theoretischen Ansätzen und Zielperspektiven noch den Bedürfnissen der Praxis entspricht.

Allgemeine Didaktik und Unterrichtsvorbereitung

Die Begriffsbestimmungen in der Schulpädagogik oder auch in der Pädagogik überhaupt sind nach wie vor schwierig, und eine Übereinstimmung ist nicht in Sicht. Abgehoben wurde in diesem Beitrag die *Schultheorie*, die eine Deskription, Analyse und Kritik der Schule, der Schulorganisation und des Schulaufbaues leisten soll, von der *Allgemeinen Didaktik*. Dabei sind zwar die Kategorien der letzteren auch auf andere pädagogische Institutionen übertragbar, sie werden hier aber ausschließlich auf Schule und Unterricht bezogen. Allgemeine Didaktik muß sich mit allen Aspekten des Unterrichts beschäftigen, das heißt mit den „Bedingungsfeldern" und „Entscheidungsfeldern" und ist deshalb mit einer „Theorie des Unterrichts" oder einer „Unterrichtswissenschaft" identisch. Die „psychologische Didaktik" im Sinne *Aeblis* kann ausgeklammert werden, da sie die Ansprüche einer Didaktik, wie sie hier umrissen wurde, nicht erfüllt, sondern eine „Unterrichtsmethodik" ist.

Horst Ruprecht gibt einen Überblick über grundlegende didaktische Theorien und unterscheidet zwischen *Konzeptionen* und *Ansätzen*: informationstheoretischer Ansatz (z.B. bei *F. von Cube*), systemtheoretischer Ansatz (bei *E. König* und *H. Riedel*), curricularer Ansatz (bei *J. S. Bruner* und *R. M. Gagné*), geisteswissenschaftliche und unterrichts-und lehrtheoretische Didaktikkonzeption [8]. Hinzuweisen wäre darüber hinaus auf den Ansatz der „Kommunikativen Didaktik" (bei *K.-H. Schäfer* und *K. Schaller*).

Wenn wir es recht sehen, dann sind die didaktischen „*Ansätze*" für die praktische Gestaltung von Unterricht noch nicht fruchtbar geworden, so interessant sie auch theoretisch sein mögen. Es scheint deshalb gerechtfertigt, an dieser Stelle nur auf die allgemeindidaktischen „*Konzeptionen*" einzugehen, wobei eine andere Zuordnung vorgenommen wird, als sie bei *H. Ruprecht* vorliegt.

Die historisch älteste Konzeption der Allgemeinen Didaktik ist die *geisteswissenschaftliche* [9], die insbesondere mit den Namen *H. Nohl, E. Weniger* und *W. Klafki* verbunden ist. Sie geht von dem Zielbegriff der Bildung aus (weshalb die Richtung auch gern als „bildungstheoretische" bezeichnet wird) und lehnt eine „normative Didaktik" ab. Charakteristisch sind folgende Positionen: Betonung der Geschichtlichkeit und der Komplexität des Lehrgefüges, zentrale Bedeutung der Inhalte und damit Primat der Didaktik im eigentlichen Sinne (Ziel- und Inhaltsentscheidungen) gegenüber unterrichtsmethodischen Überlegungen. – Differenzierte Hilfen für die Unterrichtsvorbereitung liegen in den weit verbreiteten Veröffentlichungen von *W. Klafki* (Didaktische Analyse) und *Wolfgang Kramp* (Hinweise zur Unterrichtsvorbereitung für Anfänger) vor.

Ebenso verbreitet sind die Aussagen der *unterrichts- und lehrtheoretischen Didaktik*, die als „Berliner Didaktik" bekannt wurde und mit dem Namen *P. Heimann* verbunden ist [10]. Sie zeichnet sich nach wie vor durch eine sorgfältige Strukturanalyse des Unterrichts aus, die konstant bleibende Strukturen aufdecken wollte. Bekannt ist die Betonung der Interdependenz der einzelnen Faktoren des Unterrichts und das Bemühen, dem Unterrichts*prozeß* Rechnung zu tragen. Die Ziele des Unterrichts im Sinne dieser Konzeption liegen in dem Lernbegriff und nicht im Bildungsbegriff. Sorgfältig wird zwischen distanzierter Analyse und engagierter Unterrichtsplanung unterschieden. – Die Hilfen für die Unterrichtsvorbereitung liegen in sehr formalen Entscheidungskriterien und in der Veröffentlichung von Beispielen. Die Analyse scheint besser gelungen zu sein als die Hilfen für die Praxis.

Inzwischen legte *W. Klafki* den Aufriß einer *kritisch-konstruktiven Didaktik* [11] vor, indem er zwar wesentliche wissenschaftsmethodische Grundsatzentscheidungen der geisteswissenschaftlichen Didaktik beibehält – so die Beachtung der Geschichtlichkeit und der Komplexität und die Verantwortung vor der Praxis –, aber in dem Bemühen, Hermeneutik, Empirie und Ideologiekritik zu integrieren, sich entscheidend von gesellschafts- und ideologiekritischen Überlegungen leiten läßt. Dabei rückt die Entwicklung der Selbst- und Mitbestimmungsfähigkeit der Schüler in den Mittelpunkt didaktischer Überlegungen, die zu der Forderung nach einem „offenen, problem- und schülerorientierten Unterricht" führt. – Die Aufhebung der früher einmal stark betonten Unterschiede zwischen geisteswissenschaftlicher und lehrtheoretischer Didaktik zeigt sich am deutlichsten in einem Beitrag „Zum Verhältnis von Didaktik und Methodik" [12]. *W. Klafki* betont nun auch die Interdependenz der Faktoren des Unterrichts, hebt aber den Primat der Zielsetzungen heraus, relativiert dabei die Bedeutung der Inhalte (er verwendet nun den neutralen Begriff „Thema") und unterscheidet zwischen „potentiell emanzipatorischen" und „instrumentellen" Themen; Unterrichtsmethoden müssen an emanzipatorischen Zielen orientiert werden. – Für das Thema der Unterrichtsvorbereitung hat *W. Klafki* inzwischen neue Aktzente gesetzt [13] und eine Neubearbeitung der „didaktischen Analyse" angekündigt. In den Überlegungen zur Neukonzeption wird deutlich, daß es künftig keine Trennung zwischen „didaktischer Analyse" und „methodischer Planung" geben wird. Aufgenommen wird die Trennung von „Intentionalität" und „Thematik"; diese Entscheidung ist deshalb so wichtig, weil Unterricht „prinzipiell an generellen, kritisch-emanzipatorischen Lernzielen" orientiert werden soll. Der Frage der Überprüfbarkeit der Ziele wird nunmehr Beachtung geschenkt. Am Bildungsbegriff soll dennoch festgehalten werden, wenn auch die kritischen Momente stärker herausgearbeitet werden sollen.

Der vorliegende Band wird von einer *realistischen Didaktik* bestimmt, das heißt, einer Integration von Hermeneutik und Empirie unter starker Beachtung der Bedingungen und Bedürfnisse der Schulpraxis. Bereits im Zusammenhang mit der „realistischen Erziehungswissenschaft" wurden einige Akzente gesetzt. Um den gegebenen Rahmen nicht zu sprengen, wird die Position einer „realistischen Didaktik" knapp umrissen [14]:

– Festhalten am Bildungsbegriff, keine Verengung auf die kritischen Aspekte.

– Festhalten am Begriff des Bildungsinhaltes und Bemühen um das Eigenrecht von Inhalten.

– Ablehnen des Emanzipationsbegriffs als Leitziel und Kriterium für die Wahl von Unterrichtsthemen und Unterrichtsmethoden.

– Beachtung der multidimensionalen Ziele der Schule und des Unterrichts; Anwendung des Emanzipationsbegriffs vorrangig auf die politische Bildung als *ein* Prinzip für den gesamten Unterricht.

– Keine beliebige Austauschbarkeit der Inhalte zum Erreichen von Lernzielen.

– Kritische Reflexion über Bestimmung von Lernzielen und Lernzielüberprüfungen, um Unterricht nicht nur vom Kontrollierbaren („Machbaren„!) bestimmen zu lassen.
– Beachtung der Möglichkeiten des Unterrichts und Betonung der soliden Vermittlung von Einsichten, Kenntnissen und Fertigkeiten.
– Beachtung des erzieherischen Auftrags des Unterrichts und Einbettung desselben in ein Schulleben.

Aus dem Gesagten wird deutlich, daß einerseits zwischen den Richtungen viele Gemeinsamkeiten und Ergänzungsbedürftigkeiten bestehen, daß aber andererseits unüberbrückbare Unterschiede in der Einschätzung des Menschen, in den Zielen der Schule und den Möglichkeiten des Unterrichts vorhanden sind. Hier will Allgemeine Didaktik nicht normieren, aber dem Lehrer Hilfen geben, über seinen Standort zu reflektieren, der allerdings im Unterricht nicht absolut gesetzt werden kann.

So bedeutsam der Hinweis auf die „Bedingungsfelder" des Unterrichts, anthropologisch-psychologische und situativ-sozialkulturelle Bedingungen, auch war, so bedenklich wäre es, bei der Unterrichtsvorbereitung von ihnen auszugehen in der falschen Einstellung, als ob Ziele, Inhalte und Methoden aus diesen Bedingungen abgeleitet werden können. Richtig dagegen ist, die genannten Bedingungen bei jedem Aspekt der Unterrichtsvorbereitung neu zu bedenken.

Unterrichtsvorbereitung unter dem Aspekt der Allgemeinen Didaktik und der Fachdidaktik

Seitdem Theorien der Allgemeinen Didaktik in den Mittelpunkt der Diskussion rückten, besteht der Wunsch einer intensiveren Verbindung zu den Didaktiken der einzelnen Unterrichtsfächer. Bis heute ist diese Verbindung nur punktuell zustandegekommen. Die Gründe sind vielfältiger Natur: einerseits befürchteten die Fachdidaktiken eine Bevormundung durch die Allgemeine Didaktik, andererseits wird die einseitige Bindung an die Fachwissenschaften durch die institutionellen Regelungen der Lehrerbildung verstärkt. So ist der Stand der Fachdidaktiken zur Zeit außerordentlich unterschiedlich [15]. Neben sehr differenzierten fachdidaktischen Positionen (Mathematik, Sport, Religionsunterricht) sind andere völlig disparat (Deutsch, Kunst) oder in Vergessenheit geraten (Geschichte). Die Auffassung, daß die Inhalte durch die jeweilige Fachwissenschaft bestimmt werden und durch eine „Fachdidaktik" nur Fragen der Methode zu behandeln sind, ist auch noch weit verbreitet. Demgegenüber wird hier der Begriff Fachdidaktik anspruchsvoller gebraucht: er meint den wissenschaftlichen Bereich, der zwischen Erziehungswissenschaft und Fachwissenschaft steht und das jeweils zugeordnete Schulfach als eigenen Forschungsgegenstand begreift.

In dem Verhältnis von Erziehungswissenschaft und Fachwissenschaft handelt es sich in keinem Falle um ein einseitiges Abhängigkeitsverhältnis, sondern um das Verhältnis vom Allgemeinen zum Besonderen, das wechselseitig beeinflußbar ist. Ausgangspunkt ist allerdings die Überzeugung, daß Schule mehr ist als eine einfache Summation der einzelnen Unterrichtsfächer; anders gewendet: Der geschichtlich bedingte Fächerkanon steht im Dienste der Aufgabe der Schule als Ganzes. Die Allgemeine Didaktik als Repräsentant des Allgemeinen, das heißt der übergreifenden Aufgaben von Schule und Unterricht, bietet den Fachdidaktiken Prinzipien und Kategorien von Unterricht an, die dann allerdings unter dem Blickpunkt der Aufgabe des einzelnen Unterrichtsfaches überprüft werden müssen.

Das mangelnde Gespräch zwischen Allgemeiner Didaktik und Fachdidaktik zeigt sich besonders deutlich bei Empfehlungen für die Unterrichtsvorbereitung. Es liegt zwar in der Fachliteratur eine Reihe guter Beispiele von fachlichen Unterrichtsvorbereitungen vor, die sich an übergeordneten allgemeindidaktischen Theorien orientieren; trotzdem ist die Meinung vorherrschend, daß jedes Fach eigene Formen der Unterrichtsvorbereitung entwickeln müßte. Dahinter steht eine Absolutsetzung des jeweiligen Faches, das meines Erachtens nur eine – wenn auch sehr wesentliche – Komponente des Unterrichts ist. Deshalb muß die Allgemeine Didaktik ihr Angebot zu einem dauernden Gespräch mit den Fachdidaktiken immer wieder erneuern und Modelle zur Unterrichtsvorbereitung zur Überprüfung und Veränderung anbieten. Erfahrungen aus der Lehrerausbildung im Rahmen der schulpraktischen Studien zeigen nicht nur die Möglichkeit, sondern auch die Notwendigkeit einer solchen Zusammenarbeit. Die hier vorgelegten Beispiele bringen sowohl übergreifende Gesichtspunkte als auch fachspezifische Bedingungen zur Geltung.

Unterrichtsplanung und Unterrichtsvorbereitung

Unterricht wird charakterisiert durch Intentionalität, Planung und bewußten Einsatz von Unterrichtsmethoden. Gebunden ist die Planung in der Regel an die in einem Bundesland gültigen Lehrpläne, Bildungspläne oder Rahmenrichtlinien. Der Vorwurf, eine solche Planung sei rein affirmativ, geht von falschen Voraussetzungen aus: Einmal hat die Schule rechtlich nicht die Lehrfreiheit wie wissenschaftliche Hochschulen, zum anderen wäre der Lehrer völlig überfordert, wenn er jeweils seinen eigenen Lehrplan entwickeln wollte, und schließlich setzt die Bejahung der staatlichen Schule als Regelschule übergreifende Regelungen voraus. Da die modernen Pläne oder Richtlinien weithin einen großen Spielraum der Auswahl geben, ist der Lehrer verpflichtet, auf der Grundlage der Kenntnis seiner Klasse pädagogisch und didaktisch diese zu prüfen und eine Unterrichtsplanung für seine Unterrichtsarbeit zu entwickeln. Sinnvoll wäre eine gewisse Abstimmung im Rahmen eines Lehrerkollegiums; es wäre für die Erziehungs- und Unterrichtsarbeit kein Schaden, wenn die einzelnen Schulen in stärkerem Maße ein eigenes Gepräge erhielten.

Die Unterrichtsplanung schlägt sich in Stoffverteilungsplänen bzw. mittelfristigen Unterrichtsplanungen des Lehrers nieder. An dieser Stelle muß der Lehrer die verschiedenen Unterrichtsziele mit den inhaltlichen Anforderungen und unterrichtsmethodischen Möglichkeiten in Einklang bringen. Nach wie vor vermitteln hier die Überlegungen *Heinrich Roths* über „Orientierendes und Exemplarisches Lehren" [16] wichtige Entscheidungskriterien. Unter dem Maßstab der zur Verfügung stehenden Zeit ist zu überlegen, welche Themen exemplarisch und welche nur orientierend behandelt werden können. Daraus resultieren unterrichtsmethodische Folgerungen: Die Forderung, Unterricht nur noch in Gruppenunterricht durchführen zu sollen, ist didaktisch unhaltbar, da dann der Fülle der Anforderungen an Unterricht nicht Rechnung getragen werden kann. Zwingend ergibt sich, daß exemplarische Themen im Gruppenunterricht behandelt werden, daß aber für orientierendes Lehren der Schülerbericht, aber auch der Lehrervortrag seine Berechtigung behält. Darüber hinaus sind die didaktischen Kategorien des Elementaren und Fundamentalen für die Unterrichtsplanung weiterhin von Bedeutung; diese Kriterien geben die Möglichkeiten, den Stoffdruck auf den Unterricht zu vermindern.

Der nächste Schritt der Unterrichtsplanung zielt auf die Vorbereitung einer thematisch geschlossenen Unterrichtseinheit von ca. vier bis acht Unterrichtsstunden. Diese Planung wird in vielen Schulen auch schon durch Kollegenteams einer Jahrgangsstufe durchgeführt. Diese Koordinationen haben den Vorteil, daß durch das kollegiale Gespräch die Vorbereitung stärker abgesichert werden kann und durch Übertragung von Teilaufgaben im Rahmen der Vorbereitung eine gewisse Entlastung eintreten könnte. Andererseits sind die Gefahren nicht zu übersehen: Unaufgebbar ist die Verantwortung des Lehrers für seine Klasse; eine Normierung einer Jahrgangsstufe könnte den Blick auf die jeweils unterschiedlichen Situationen in den einzelnen Klassen verstellen. Daneben spielt der Zeitfaktor eine erhebliche Rolle: Die jeweilige Unterrichtseinheit soll im gleichen Zeitraum unterrichtet werden; hier kann falscher Ehrgeiz wirksam werden. Die Folge wäre unter Umständen Oberflächlichkeit, oder aber die unerläßliche Aufgabe der Übung im Unterricht – ohnehin in wachsendem Maße vernachlässigt – käme zu kurz.

Der letzte Schritt der Unterrichtsvorbereitung bezieht sich auf die einzelne Unterrichtsstunde oder Doppelstunde. Auf keinen Fall soll hier wieder dem Lektionenprinzip das Wort geredet werden, aber bei nüchterner Betrachtung unserer Schul- und Unterrichtsorganisation wird man trotz Beschwörens von Team-Teaching oder Projektunterricht als Normalsituation mit der üblichen Unterrichtsstunde rechnen. Sie ist zwar als ein Teil der Unterrichtseinheit zu sehen, aber auch sie muß strukturiert werden in Phasen, um Interesse neu zu wecken und verschiedene Arbeitsverfahren wirksam werden zu lassen. Das Berufwissen unserer Lehrer ist weithin auf die Fächer reduziert. Nur wenige verfügen über das Wissen über die „Artikulation des Unterrichts“ und über eine Palette von Unterrichtsmethoden. Es versteht sich von selbst, daß die Vorbereitung auf die einzelne Stunde wesentlich erleichtert wird, wenn die Planungen etwa für ein Schulhalbjahr und für eine Unterrichtseinheit gewissenhaft durchgeführt wurden. Andererseits wird die Unterrichtsvorbereitung für die einzelne Stunde außerordentlich erschwert, wenn langfristige Planungen fehlen; aber dieses „Leben von der Hand – in den Mund“ ist ohnehin pädagogisch nicht zu verantworten.

Das Problem der Planbarkeit und Unplanbarkeit des Unterrichts

Jeder Lehrer weiß, daß eine gute Unterrichtsvorbereitung noch nicht das Gelingen einer Unterrichtsstunde absichert. Die Folgerung, dann auf eine Vorbereitung zu verzichten, wäre allerdings völlig falsch; jedoch sollten Möglichkeiten und Grenzen einer Unterrichtsvorbereitung genau bedacht werden. Zwischen zwei Extrempositionen liegen die Möglichkeiten einer Unterrichtsvorbereitung. Einerseits gibt es – vor allem aus aktuellen Anlässen – fruchtbare unvorbereitete Stunden, die als Gelegenheitsunterricht zu bezeichnen sind. Sie zum Normalfall zu erheben, würde gegen die aus dem Lehrplan sich ergebenden Anforderungen verstoßen und eine solide, kontinuierliche, methodisch reflektierte Unterrichtsarbeit unmöglich machen. Andererseits verstößt der Versuch, Unterricht bis in das letzte Detail planbar zu machen, gegen die anthropologischen Grundlagen des Unterrichts. Eine Aussage *Erich Wenigers*, die über die Frage der Planbarkeit hinaus die generelle Zielsetzung von Unterricht betrifft, sollte allen Lehrern im Gedächtnis bleiben: „Lehrer und Schüler haben zudem . . . als lebendige Menschen eine Tiefe, die wesensmäßig der rationalen Erfassung und also auch der Vorhersage und der Vorausbestimmung spottet. Vor allem aber sind diese Faktoren als Menschen frei, frei, zu tun und frei, zu unterlassen, zu hören oder nicht zu hören, frei auszuwählen und frei, auch geistigen Gründen, neuen Ereignissen und Erlebnissen gegenüber gegen alle Erwartung, gegen ihre eigenen Voraussetzungen zu entscheiden, sich zu bekehren, sich zu verwandeln, zurückzutreten oder wie man diese Äußerungen der Freiheit bezeichnen mag“ [17]. Nur wenn man diese Grundvoraussetzung als Lehrer akzeptiert, wird Unterricht nicht zur Manipulation.

Unterrichtsvorbereitung darf kein Fahrplan sein, an den man sich während des Unterrichts klammert, sondern sie muß frei und souverän in der Sache und in der Einstellung zur Klasse machen, um in der jeweiligen gegebenen Situation frei handeln zu können. Gewiß lassen sich unterschiedliche Reaktionen der Klasse und einzelner Schüler vorausahnen, so daß Alternativen eingeplant werden können. Die tatsächliche Reaktion erfährt man erst in der Stunde, und so läßt sich theoretisch zum Beispiel nicht sagen, bis zu welchem Punkt am gesetzten Ziel der Stunde festgehalten werden soll, oder wann man etwa der anders gegebenen Interessenlage oder Auffassungsgabe nachgeben soll. Hier spielen pädagogische Einstellung eine Rolle, die nur bedingt von Theorie gesteuert werden können und die in den letzten Jahren in der Theorie weithin in Vergessenheit geraten sind; hier sind zu nennen „pädagogischer Takt“ (*Herbart*), „leitendes Gefühl“ (*Schleiermacher*) oder auch „pädagogischer Bezug“ (*Nohl*). Bei der durchaus zu bejahenden rationalen Planung und Vorbereitung des Unterrichts muß beachtet werden, daß die pädagogische Einstellung zur Klasse und zum einzelnen, geistige Wachheit und Einfühlungsvermögen unerläßliche Voraussetzungen eines guten Unterrichts sind. Diese Eigenschaften können nur begrenzt vermittelt werden; sie können mit der Erfahrung wachsen, aber ebenso durch Routine verloren gehen.

Einzelprobleme der Unterrichtsvorbereitung

Wie bereits angedeutet, hat sich die Erziehungswissenschaft in den letzten Jahren mit wechselnden Schwerpunkten Teilaspekten des Unterrichts zugewandt; dabei wurde nicht immer der Eindruck vermieden, daß diese Teilaspekte die Lösung des Unterrichtsproblems als Ganzes bringen könnten. Auf diesem Hintergrund sollen noch einige Akzente gesetzt werden, um Unterricht vor bedenklichen Einseitigkeiten zu bewahren.

Ziele des Unterrichts

Zwar ist die Diskussion der Ziele von Schule und Unterricht in den Hintergrund getreten, aber gerade deshalb besteht heute die Gefahr, daß bestimmte Zielvorstellungen unreflektiert übernommen werden oder sich in didaktischen Veröffentlichungen einschleichen. Der Lehrer kann aus dieser Verantwortung nicht entlassen werden, über die Zielsetzungen seiner Unterrichtsarbeit zu reflektieren und sie in Einklang zu bringen mit den Ansprüchen an die Schule.

Vor zwei Gefahren ist an dieser Stelle zu warnen: *Einmal* ist die einseitige Orientierung an politischen Zielen unstatthaft. Dem Lehrer kann – und das gilt für jedes Schulsystem auf der ganzen Welt – nicht überlassen bleiben, ob er systemkonform, systemkritisch oder systemsprengend unterrichten will. Er hat sich pädagogisch zu verhalten, und das bedeutet eine behutsame Hinführung zu kritischen Einstellungen auf der Grundlage der Vermittlung einer Identifikation zur Mit- und Umwelt. – *Zum anderen* ist zu warnen vor einseitigen Zielsetzungen, wie zum Beispiel die der „Emanzipation". Sie verengt die Unterrichts- und Erziehungsarbeit unzuläßlich; dazu kommt, daß die inhaltliche Füllung des Begriffs höchst unterschiedlich sein kann. In diesen Zusammenhang gehören auch Begriffe wie kommunikativer Unterricht, Wissenschaftsorientierung, problemorientierter oder schülerzentrierter Unterricht. In allen Fällen wird ein wichtiger Einzelaspekt absolut gesetzt, und damit wird man den Ansprüchen des jungen Menschen auf Bildung nicht gerecht.

Gegenüber diesen Einseitigkeiten ist an den multidimensionalen Zielen des Unterrichts festzuhalten, die sich auf jedes Unterrichtsfach auswirken müssen. Zu diesen Zielen gehört u.a.:
- Erschließung und Deutung gegenwärtiger Welt,
- Vorbereitung auf das Erwachsenenleben,
- Absicherung einer geistigen Weite,
- Vermittlung von Kenntnissen und Fertigkeiten,
- Aufgabe der geistigen Überlieferung,
- Zweckfreie Vertiefung in geistige Gehalte,
- Begabungsweckung und individuelle Förderung.

Da die curriculare Forschung ihre Versprechen nicht eingelöst hatte, kam als Retter in der Not der Behaviorismus. Die Formulierung von Lernzielen rückte in den Mittelpunkt der Überlegungen zur Unterrichtsvorbereitung [18]. Dabei haben sich vielfach falsche Vorstellungen eingeschlichen:
- Unterrichtet werden darf nur noch, was eindeutig operationalisiert werden kann.
- Alle Lernziele müssen auf ein Richtziel (etwa Emanzipation) zurückgeführt werden.
- Inhalte sind beliebig austauschbar; es kommt ausschließlich auf das Erreichen der Lernziele an.

W. S. Nicklis stellt demgegenüber fest: „Die Maßstäbe der ‚operationalisierten Lernziele' erweisen sich bei näherem Zusehen nicht weniger *subjektiv* als die der ‚Aufgaben' der ‚alten Schule' . . ., ‚Operationalisierung' der Lernziele wird *Rückwirkungen* auf die Inhalte des Gesamtlehrkanons haben, weil nun Fächer mit schwer oder überhaupt nicht operationalisierbaren Lernzielen als

‚unwissenschaftlich' und damit als unmodern (= veraltet) an den Rand und schließlich ins Aus gedrängt werden" [19].

Aus diesen Gründen muß vor einem „Lernzielfetischismus" gewarnt werden. Einerseits ist genauer zu überlegen, wo für eine Unterrichtseinheit die Formulierung von Lernzielen sinnvoll ist, andererseits ist festzuhalten, daß es viele Ziele gibt, die wichtig sind, aber nicht operationalisiert werden können. Das gilt nicht nur für die oft vernachlässigte emotionale Dimension, sondern auch für Ziele wie Nächstenliebe, Mitmenschlichkeit, Vertrauen.

Ein Wort muß noch zu den Inhalten gesagt werden: Es ist eine Halbwahrheit, immer wieder auf die schnelle Veränderung unseres Wissensbestandes hinzuweisen. Das gilt allenfalls für den naturwissenschaftlichen und technischen Bereich, nicht aber für den geisteswissenschaftlichen. Schule ist hier den Jugendlichen die Überlieferung schuldig, und gerade deshalb muß Schule auch Inhalte zumuten und nicht dem sehr zufälligen Interesse der Schüler ausliefern.

Darüber hinaus sollte auch bewußt bleiben, daß Schule auch ein Raum der Muße sein muß, das heißt, daß es für junge Menschen auch die Möglichkeit geben muß, sich in eine Sache, in einen Inhalt über längere Zeit zu vertiefen, ohne daß es zu Handlungen oder Aktionen kommen muß. Mag die sprachliche Formulierung veraltet sein, die gemeinte Sache ist unaufgebbar: Schule als zweckfreier Ort höheren geistigen Lebens (*H. Nohl*).

Methoden des Unterrichts

In der letzten Zeit haben zwei methodische Möglichkeiten, Team-Teaching und Projektunterricht, die Diskussion über Unterrichtsmethoden beherrscht. Abgesehen davon, daß das Reden darüber in keinem Verhältnis zur tatsächlichen Realisierung steht, ist zu warnen, eine Unterrichtsmethode zum allgemeinen Problemlöser hochzustilisieren. Das Wort *Paul Heimanns* bleibt gültig: „Von allen Dogmatismen ist der methodische der ärgerlichste und unfruchtbarste, weil zugleich der unsinnigste; denn von allen Unterrichtsstrukturen ist die methodische am leichtesten und zweckmäßigsten variabel zu halten" [20]. Die Entscheidung für eine Unterrichtsmethode hängt vor allem an dem jeweiligen Ziel einer Unterrichtseinheit; darüber hinaus ist der Zeitfaktor zu beachten, denn beispielsweise Gruppenunterricht soll nur dann angesetzt werden, wenn genügend Zeit vorhanden ist, um alle Phasen der Arbeit in Ruhe wirksam werden zu lassen einschließlich der Gruppenberichte und der Übertragung der Ergebnisse der einzelnen Gruppen für die ganze Klasse.

Bedauerlich ist, daß vielen Lehrern die Sachkenntnis über das breite Spektrum von Unterrichtsmethoden fehlt [21]. Auf dem Hintergrund einer Unterscheidung von Großgliederung des Unterrichts, Gliederung einer Unterrichtseinheit, Sozialformen des Unterrichts und Aktionsformen des Lehrers mit den jeweiligen Entscheidungsmomenten ist die Artikulation jeder einzelnen Unterrichtsstunde von besonderer Bedeutung. Auffällig ist, daß zum Beispiel die Aufgabe der Übung, in der sich erst der Lehrer als Meister erweist, im Unterricht immer mehr zurückgedrängt und dem Elternhaus überlassen bleibt [22]. Unterricht heißt nicht nur Stoffvermittlung, sondern Arbeit an der Sache und mit der Sache. Der Lehrer kann aus der Verantwortung nicht entlassen werden, daß er für Erfassen, Üben und Anwenden verantwortlich ist.

Unterrichtsprinzipien

Die in verbreiteten Unterrichtslehren dargestellten, in der Allgemeinen Didaktik vernachlässigten Unterrichtsprinzipien liegen zwar zum Teil quer zur eigentlichen Unterrichtsvorbereitung; sie müssen aber dabei oder beim Unterricht selbst berücksichtigt werden. Dabei ist allerdings folgender wichtiger Grundsatz zu beachten: Für den Unterricht muß jeweils die Antithese des jeweiligen Unterrichtsprinzips mit überlegt werden. Hinter der Forderung nach „*Anschaulichkeit*" steht die Überzeugung, daß das Reden über die Dinge noch nicht zu klaren Vorstellungen führt. Andererseits muß bedacht werden, daß bei der Anschauung nicht stehen geblieben werden darf, da im allgemeinen die rationale Durchdringung der Sachverhalte Ziel des Unterrichts ist. Anschauung und Abstraktion müssen in einem Wechselverhältnis stehen.

Das Prinzip der bloß manuellen „*Selbsttätigkeit*" des Schülers (= Aktivierungsprinzip) beruht auf der Einsicht, daß reines passives Einprägen und mechanisches Wiedergeben den Unterrichtserfolg nicht ausmachen. Allerdings ist auch dauernde Betriebsamkeit bedenklich; deshalb muß auch der Forderung nach Reflexion und Kontemplation Rechnung getragen werden.

Das Prinzip der „*Lebensnähe*" soll Unterricht didaktisch und methodisch zu einer Beachtung der Realität des Lebens anhalten. Andererseits darf das Prinzip nicht pragmatisch mißverstanden werden; Schule muß mehr Möglichkeiten zur Entfaltung bieten als das Leben heute fordert. Darüber hinaus muß gesehen werden, daß Schule noch nicht Erwachsenenleben ist und sein muß. Es ist gerade der Vorzug der Schule, daß sie junge Menschen nicht mit der ganzen Wucht der Probleme der Erwachsenenwelt konfrontieren muß.

Das Prinzip der „*Kindgemäßheit*" will den Lehrer veranlassen, Inhalte in den Fragehorizont der Kinder zu bringen. Dabei kann oft nur ein Teilaspekt in den Blick kommen, weil das Verständnis noch nicht ausreicht. Deshalb ist vor Verfrühung zu warnen. Als pädagogischer Anreiz ist die Vorwegnahme sinnvoll; sie hat fordernden Charakter. Zwischen Kindgemäßheit und Vorwegnahme besteht eine unaufhebbare Spannung.

Das Prinzip der „*Individualisierung*" fordert die individuelle Förderung jedes einzelnen Schülers als eine besondere Aufgabe des Lehrers. Abgesehen von den besonderen Schwierigkeiten, die der Klassenunterricht für eine Realisierung dieses Prinzips bietet, muß auch das Prinzip der Integration im Sinne einer sozialen Erziehung gesehen werden.

Im Unterricht darf es nicht nur um Vermittlung von Inhalten und Arbeitsmethoden gehen, sondern auch um die Sicherung des Wissens durch Übung, Wiederholung und Anwendung. Deshalb ist das Prinzip der „*Erfolgssicherung und Übung*" von großer Bedeutung. Die Verwirklichung dieses Prinzips darf nicht dem Elternhaus überlassen bleiben. Andererseits ist zu bedenken, daß nicht jede Unterrichtsstunde unter der Forderung kontrollierbarer Effizienz stehen darf, da es notwendige Zielsetzungen gibt, die nicht kontrollierbar bzw. übbar sind.

Das Prinzip der „*Sachlichkeit*" soll die Subjektivität des Lehrers im Unterricht eingrenzen und Wissenschaftsorientiertheit und Objektivität des Unterrichts absichern. Andererseits gilt für bestimmte Situationen (nicht durchgängig) die Forderung nach personaler Repräsentation durch den Lehrer. Diese muß allerdings als persönliche Stellungnahme erkennbar sein.

Die Weckung einer „*Lernmotivation*“ kann als ein weiteres Prinzip des Unterrichts angesehen werden. Allerdings steht dem entgegen, daß es Sachanforderungen gibt, die unabhängig von den Einstellungen der Schüler zu erfüllen sind.

Der Lehrer und der Unterricht

Auf den ersten Seiten wurden verschiedentlich bereits Berufsaufgaben des Lehrers im Blick auf die Unterrichtsvorbereitung angesprochen. Hier können nur – bei der Fülle der vorliegenden Literatur einige Akzente gesetzt werden. Dabei geht es generell darum, weder die Bedeutung des Lehrers für den Unterrichtsprozeß zu überschätzen noch zu unterschätzen. Ganz sicher gibt es eine Fülle von objektivierbaren Faktoren, die den Unterricht bestimmen, aber es ist nicht zu bestreiten, daß der Erfolg des Unterrichts nach wie vor wesentlich von ihm und seinem Einsatz abhängt.

Eingangs wurde bereits auf das „Berufswissen des Lehrers“ hingewiesen. Es ist zu betonen, daß es bestimmte Einsichten, Kenntnisse und Fertigkeiten gibt, die von jedem Lehrer zu fordern sind. Sie liegen auf pädagogischem, psychologischem, fachdidaktischem und fachwissenschaftlichem Gebiet. Die weitgehende Liberalisierung der Studienordnungen im Rahmen der Lehrerbildung läßt dieses Berufswissen verkümmern und verhindert einen Minimalconsens in den einzelnen Lehrerkollegien.

Die Bedeutung der persönlichen Einstellung des Lehrers zur jeweiligen Klasse und zum einzelnen Schüler wurde bereits betont. Reflexionsvermögen und pädagogisches Einfühlungsvermögen sind unaufgebbar nötig, um eine Unterrichtsvorbereitung mit Leben zu erfüllen und im Unterricht pädagogisch sachgemäß zu reagieren.

In diesem Zusammenhang soll auf drei Fehlentwicklungen hingewiesen werden:

– Der tierische Ernst hat in der Schule in allen Schulstufen zugenommen; Singen und Lachen gehören zu den Raritäten in der Schule von heute – soweit man das aufgrund vielfacher Schulbesuche sagen kann.

– Beobachter der Schule von heute gewinnen den Eindruck, daß die Gedankenlosigkeit bei Lehrern (d. h. das Fehlen des pädagogischen Takts) offensichtlich zunimmt. Der aus der Reformpädagogik kommende Grundsatz „Vom Kinde aus“ ist in einer Weise unter Ideologieverdacht geraten, daß der dahinterstehende berechtigte Anspruch nicht mehr gesehen wird. In einer Unterrichtsvorbereitung kann diese grundsätzliche Einstellung nicht eingefangen werden: Es sind oft die kleinen Details, die den Schülern Schule und Unterricht verdrießen lassen, zum Beispiel mangelnde Abstimmung der Fachlehrer bei Erteilung von Hausaufgaben, mangelnde Abstimmung beim Schreiben von Klassenarbeiten, Vermissen von Ermutigungen, Schreiben von Klassenarbeiten am Tage, an dem es Ferien gibt, ungebührlich lange Wartezeiten auf die Rückgabe von Klassenarbeiten, Disziplinierung durch Zensuren, Ironie gegenüber Schülern, mangelndes Verständnis für altersspezifische Äußerungen der Schüler usw.

– Noch schlimmer ist die Feststellung, daß die Zahl der Lehrer wächst, die ihre Berufsaufgabe nicht mehr pädagogisch, sondern politisch begreifen nach der Devise: Schule und Unterricht im Dienst des Proletariats. Damit kommt die Parteilichkeit in die Schule. – Hier muß ein Riegel vorgeschoben werden: Alle Kinder einer Klasse bedürfen der besonderen Zuwendung des Lehrers; die Formen der Benachteiligung sind schichtenspezifisch unterschiedlich, aber sie sind eben nicht nur bei sogenannten Unterschichtenkindern zu registrieren. Nach wie vor muß sich die pädagogische Aufgabe von der Parteiarbeit unterscheiden.

Das Modell, das als eine Möglichkeit von Unterrichtsvorbereitung vorgestellt wird, hat die Einstellung des Lehrers in besonderer Weise berücksichtigt. Damit wird deutlich, daß der Anspruch an den Lehrer, Pädagoge und nicht Funktionär zu sein, unaufgebbar ist.

Absicherung der notwendigen Arbeitsbedingungen

Die Diskussion um Fragen der „antiautoritären Erziehung“ hat in verschiedenen Schulen zu einer Toleranz gegenüber Schülern geführt, die den Aufgaben von Schule und Unterricht zuwiderläuft. Unter der Forderung nach Reform der Gesellschaft durch die Schule und der generellen Beachtung des Schülerinteresses drohen die berechtigten Forderungen an den Unterricht in den Hintergrund gedrängt zu werden. Unter letzteren sind u. a. die Einführung in die geistigen Grundlagen unseres Lebens und in die Kulturtechniken, aber auch die Hilfe zur Daseinsdeutung und -bewältigung gemeint.

Diese generellen Aussagen führen zu Hinweisen im Blick auf unabdingbare Voraussetzungen des Unterrichts, wobei hier nur auf drei Gesichtspunkte hingewiesen wird, die bei Unterrichtsbesuchen in besonderer Weise auffallen:

– Solide Unterrichtsarbeit verlangt notwendigerweise Ruhe und einen geordneten Arbeitsplatz. Der gelegentlich anzutreffende Zustand von dauernder offener oder unterschwelliger Unruhe und die auffällige Unkonzentriertheit vieler Kinder gefährden den Unterrichtserfolg. Man muß Kindern klarmachen und ggf. auch mit pädagogischen Mitteln durchsetzen, daß geistige Arbeit Ruhe braucht; diese ist eine unerläßliche Voraussetzung eines guten Unterrichts. Natürlich haben Freude, Spiel, Begeisterung ihren berechtigten Ort in der Schule; das aber hat nichts mit einem Laissez-faire-Stil zu tun, der alles duldet.

– Die von der Schulpädagogik oft kritisierte starre Sitzordnung durch die feste Anordnung der Schulbänke sollte durch die Einführung beweglicher Tische und Stühle aufgelockert werden. Inzwischen sind fast alle Klassenräume so eingerichtet, aber mit Bedauern muß man feststellen, daß die starre Sitzordnung beibehalten wurde. Die Zuordnung ist zwar eine andere geworden – die oft anzutreffenden Sitzgruppen verführen zu der irrigen Annahme, daß der Unterricht in der Klasse generell in der Sozialform des Gruppenunterrichts erteilt wird –, aber sie ist genauso starr und unbeweglich wie früher. Trotz Tischgruppen wird zum Beispiel Frontalunterricht erteilt. Die Auswirkungen auf Haltungsschäden werden nicht bedacht, und die Schäden durch die waagerechten Tischplatten sind nur Medizinern bewußt.

– Lehrer sollten wissen, daß sie im Unterricht möglichst nichts voraussetzen und nichts als selbstverständlich gegeben annehmen sollen. Das gilt in doppeltem Sinne auch für die Arbeitshaltung der Schüler. Einmal geht es um die äußere Haltung der Schüler beim Schreiben; zum anderen geht es um die innere Einstellung zur Arbeit, die sich bereits in der Anlage der Hefte und in der Schrift äußert. Die erzieherische Aufgabe des Lehrers stellt sich bereits bei diesen oft übersehenen Mängelerscheinungen. Die Forderung nach einer guten Schrift ist noch keine Vergewaltigung der Schülerpersönlichkeit; die Forderung nach einem lesbaren und übersichtlichen Tafelbild verletzt noch nicht die Individualität des Lehrers.

Schluß

Der Ausgangspunkt der Überlegungen und Darstellungen war das Theorie-Praxis-Problem. Es hat sich gezeigt, wie differenziert Theorie und wie schwierig pädagogische Praxis geworden ist. Aus der Sicht einer realistischen Erziehungswissenschaft wurden Aussagen zur Unterrichtsvorbereitung gemacht, wobei rationale Überlegungen und pädagogisches Engagement sich verbinden sollten. Zwei Aussagen sollen am Schluß stehen: „Pädagogik überschreitet so in jeder erzieherischen Handlung immer ihr eigenes Wissen, und doch muß es ihr Sinn sein, das Irrationale, dem sie sich gegenübersieht, auf weniger Irrationales zu verringern" [23]. Dieses Wort *H. Roths* hat auch im Blick auf die Unterrichtsplanung und -vorbereitung volle Geltung. Aber – und das ist die zweite Aussage – das emotionale Moment im Unterricht darf nicht wegfallen: Trotz aller Mühsal des Unterrichts, trotz aller Enttäuschungen, muß gelegentlich der Umgang mit Schülern Freude machen, muß deutlich werden, daß Lehrersein auch Dienst am jungen Menschen meint.

Karlheinz Biller

Unterrichtsvorbereitung und Erziehungsauftrag

Eine schriftliche oder gedankliche Unterrichtsvorbereitung sollte aus realistischer Sicht mehr enthalten als schematreue Äußerungen über Inhalte, Ziele, Methoden und Medien sowie den Plan der Durchführung. Es muß versucht werden, auch erzieherische Intentionen in sie so zu integrieren, daß die erzieherische Dimension des Unterrichts in Vorbereitung und Durchführung mitbedacht werden kann. Erziehung braucht dann nicht mehr völlig dem Zufall überlassen bleiben.

In der Geschichte der Pädagogik ist die erzieherische Dimension des Unterrichts verschiedentlich reflektiert und versuchsweise realisiert worden. Die Idee eines „erziehenden Unterrichts" von *J. F. Herbart* dürfte jedem Lehrer bekannt sein. Der Unterricht sollte dadurch sein Ziel erreichen, daß im einzelnen Schüler ein „Gedankenkreis" entsteht, der aus empirischen, spekulativen, ästhetischen, sympathetischen, sozialen und religiösen, harmonisch ausgeglichenen „Interessen" besteht.

Der Erfahrungsbereich dieser auf das einzelne Kind bezogenen psychologischen Praxis wurde in *Herbarts* Zeiten nur unzureichend auf die schulische Wirklichkeit übertragen. Erst in der Zeit der Reformpädagogik wurde die Aufgabe der Erziehung in der Schule vor allem in den „Landerziehungsheimen „ (*H. Lietz*) und in den „Lebensgemeinschaftsschulen" (*P. Petersen, F. Karsen*) erfüllt. Damit sollte ausgedrückt werden, daß die Schule nicht nur lehren, sondern auch durch gemeinschaftliches Leben erziehen sollte. Auf „Wohnstubenatmosphäre" wurde Wert gelegt; man sprach von der Schule als Stätte der „Gesittung" (*Haase*). Diese Ansätze wurden sowohl organisatorisch in den Jena-Plan-Schulen von *Peter Petersen* als auch literarisch von *Herman Nohl* zusammengefaßt.

Der Aspekt der Erziehung in der Didaktik

Die Vernachlässigung der erzieherischen Dimension des Unterrichts kann am Beispiel *allgemein-didaktischer Konzeptionen* und *Ansätze* nachgewiesen werden. Die meisten Didaktiken weichen der genauen Bestimmung und planvollen Beeinflussung des Verhältnisses von Erziehung und Unterricht aus.

Weder die geisteswissenschaftliche Didaktik, noch die lehr- und unterrichtstheoretische Didaktik (Berliner Didaktik) oder die kritisch-konstruktive Didaktik enthalten Hinweise darauf, wie konkrete Erziehungsziele ausgewählt und verfolgt beziehungsweise erreicht werden, was der Lehrer in der konkreten Situation zu tun habe, um bei Lernverweigerungen durch Schüler oder Erziehungsschwierigkeiten, in Konfliktsituationen oder gegenüber verhaltensauffälligen, disziplinlosen Kindern pädagogisch richtig zu reagieren. Selbst in den Modellen zur Unterrichtsvorbereitung ist kein Hinweis zu finden, wo die Reflexion über die erzieherische Dimension des Unterrichts einzusetzen habe.

Eine Ausnahme stellt die kommunikative Didaktik dar. Bei ihr wird der störfaktoriale Aspekt systematisch eingebracht. Er ist aber psychotherapeutisch angelegt [1]. Dadurch wird ein Weg aufgezeigt, der jedoch den meisten Lehrern verwehrt sein muß, da ihnen die Fachkompetenz fehlt, zu der mehr als ein psychotherapeutisches Buchstudium gehört. Es hieße die Schule überfordern, wollte man von ihr die fachgerechte Erfüllung eines therapeutischen Auftrages verlangen.

Die Situation in den allgemein-didaktischen Konzeptionen und Ansätzen spiegelt sich in ähnlicher Weise auch in den verschiedenen *Fachdidaktiken* und den vielfältigen Richtungen der *Erziehungswissenschaft* wider. Die theoretische Reflexion, wie Erziehung und Unterricht mehr als bisher miteinander verbunden werden könnte, findet gegenwärtig nur unzureichend statt. Aus realistischer Sicht wird der Lehrer bei der Bewältigung praktischer Probleme von der Theorie allein gelassen.

Die Fragestellung und der Stand der Diskussion

Die Entwicklung *lernzielorientierter* Unterweisung ist noch nicht zum Stillstand gekommen. Nachdem zunächst der kognitive Bereich durch Lernzielbestimmungen erschlossen worden ist, sollen nun auch affektive, später auch (psycho)-motorische Bereiche lernzielorientiert erfaßt, aufbereitet, vermittelt und überprüft werden.

Ohne die Vorteile dieser Bemühungen generell und für den kognitiven Bereich bezweifeln zu wollen, sei die Frage erlaubt, welche Auswirkungen der Griff nach den affektiven oder sogar nach den psychomotorischen Bereichen mit sich bringen wird. Wenn die Betonung beispielsweise des Intellektes, der Effektivität, der Tests als Prüfungsverfahren, der Dominanz operationalisierbarer Inhalte und der Operationalisierung, die nachweislich Problemverlust mit sich bringt [2], den Unterricht bestimmt, wird den Kindern kein Dienst erwiesen und der erzieherische Auftrag der Schule mißachtet.

Zwar ist einzuräumen, daß die Reflexion des Lehrers über Lernziele die Vermittlung an Wissen verbessern kann. Aber ein „Mehr an menschlichen Möglichkeiten" (*H.-K. Beckmann*) – also *Bildung* – dürfte jedoch auf diese Weise kaum erreicht worden sein. Viele Wissensstoffe werden unzusammenhängend und ohne Bezug auf die Lebensrealität der Schüler (nicht der Erwachsenen) vorgestellt und eingeprägt; das Fachlehrersystem verstärkt den fest geplanten Unterricht und verhindert ein Verweilen, wo es nötig wäre. Die ausschließliche Planung des Unterrichts durch die Bestimmung der Lernziele verhindert Besinnung und Kontemplation und gefährdet die Erfüllung der erzieherischen Aufgabe. Aber: Dieser rational erfaßbaren Gefahr kann durch eine sinnvolle, vom Lehrer selbst zu verantwortende Unterrichtsvorbereitung, die alle Dimensionen des Unterrichts beachtet, begegnet werden.

Neben der notwendigen unterrichtlichen Vermittlung von Einsichten, Kenntnissen und Fertigkeiten ist der *erzieherische Auftrag* von Schule gleichgewichtig zu beachten. Sittliche Haltung, Willensbildung, ästhetische Empfindungen und Sensibilität für das hilfsbedürftige Du sind für Jugendliche und die gesamte Gesellschaft fast wichtiger als bloße Sachkenntnisse.

Schon beinahe selbstverständlich ist die körperliche und sittliche *Haltungsschwäche* unserer Jugendlichen. In der Literatur wird von Erscheinungen des Vandalismus berichtet, wie Überfälle von Schülern auf Schüler, Erpressung auf dem Schulweg, Drohung und Verspottung, mutwillige Beschädigung und Zerstörung fremden Eigentums usw. [3]. Zwar beziehen sich die Mitteilungen auf die

USA, aber jedermann kann die Symptome des Übergriffes auch auf Deutschland sehen. Ohne einen monokausalen Schluß ziehen zu wollen, sind dies jedoch Warnzeichen: Die Erwachsenengeneration muß wieder Mut zur Erziehung gewinnen.

In der medizinischen Literatur sind Berichte über *physische* Schäden wie Skyphose, Skoliose, Bewegungsungeschicklichkeiten und Sehstörungen bei Schülern keine Seltenheit. *Psychische* Krankheiten wie Depressionen und Süchte wie Nikotin-, Alkohol- und Drogenabhängigkeit passen in das Gesamtbild. Ob diese Tatsachen mit Verhaltensunsicherheit oder als Verhaltensstörung bezeichnet werden, ist zweitrangig: der negative Erziehungseffekt bleibt der gleiche.

Aus der Kenntnis dieser Fakten folgt die Einsicht, daß *auch* die Schule versagt hat. Zwar ist eine lebhafte Diskussion über vielfältige *Vorschläge* im Gange wie derartige Defizite ausgeglichen werden könnten. Beratung in der Schule, Beratungslehrer, Gruppen- und Verhaltenstherapie, sozialpädagogische Versuche, Mitbestimmung der Schüler, Gegenschulen usw. werden auf ihre Übertragbarkeit in die Schule überprüft. Dabei besteht die Gefahr der Absolutsetzung dieser Vorschläge: Ein Beratungslehrer an einer Schule ist noch keine Garantie dafür, daß künftig alle Konflikte gelöst werden.

Künftig sollen auch Erziehungsziele kognitiv erfaßt werden. Das ist unter lernzielorientiertem Aspekt durchaus folgerichtig, aber die Frage an den Adressaten müßte auch gestellt werden. Möglicherweise würden dann die Grenzen dieses Verfahrens deutlicher hervortreten. Eine *Meta-Erziehung* in Gang bringen zu wollen, hieße Erziehung vernachlässigen. An Schulen – gleich welcher Art – soll nicht über Erziehung gesprochen, sondern soll erzogen werden. Freilich: Wo es pädagogisch vertretbar ist, braucht das eine das andere nicht auszuschließen.

Das Bewußtsein eines vorhandenen *Erziehungsdefizits* hat auch Eingang in Bücher zur Unterrichtsvorbereitung gefunden [4]. Es wird erstmals versucht, über die Vorbereitung die erzieherische Dimension in den Unterrichtsprozeß einzubringen. Das ist richtig und pädagogisch notwendig. Allgemeine Forderungen, wie „Der Lehrer hat auch Erzieher zu sein", sind zu unverbindlich, als daß sie in der Praxis als Hilfe verstanden werden könnten. Eine Theorie der Unterrichtsvorbereitung muß hier eine Lösung anbieten können. Handlungstheoretische Begründungen von Unterrichtsvorbereitungen reichen für die Praxis jedoch nicht aus [5]. Unterricht und Erziehung sind mehr als Interaktion.

Der Erziehungsauftrag und die Schulwirklichkeit

Aus realistischer Sicht bietet sich Schule als eine vielfach *begrenzte* Einheit von Erziehung und Unterricht dar, die mehr ist als die Summe der gleichwertigen Summanden „Erziehung" und „Unterricht". Der Bereich von Schule wird als Feld skizziert, in dem die Einwirkungen als Kraftlinien (Vektoren) bezeichnet werden. Im Idealzustand würden sich die Kraftlinien, die von den umgrenzenden Faktoren ausgehen, und die Vektoren, die durch das Eigenleben von Schule erzeugt werden, das Gleichgewicht halten. Dieser Spannungszustand kann sich wie in der Wirklichkeit jederzeit ändern. Je solider sich das Binnengefüge (die Beziehungen zwischen Lehrer, Schüler, Medien und Inhalte) erweist, desto widerstandsfähiger kann Schule gegen Störungen von außen sein. Hieraus ließe sich die „pädagogische Atmosphäre" [6] als eine Aufgabe von Schule ableiten. Sie steht jedoch den situativen Bedingungen von Schule mehr oder weniger hilflos ausgeliefert gegenüber.

Die begrenzenden Faktoren

Die gesellschaftlichen *Mächte,* die sowohl mit ihren Forderungen und Erwartungen als auch mit ihren Angeboten um den Schulbereich angesammelt sind und zueinander in Beziehungen stehen, werden von „*Ich*", „*Zeit*", „*Familie*", „*Tradition*", „*Modernität*" usw. ergänzt. Die Erfordernisse zum Beispiel des Ich-Bereichs, der von der Schule wegtendiert, sind zu akzeptieren. Der außerschulische Erfahrungshintergrund – bedingt durch Gruppen-, Cliquen- oder Bandenzugehörigkeit – ist schulisch einzubeziehen, außerschulisch gewährte Erwartungen sind zu berücksichtigen und außerschulisch bedingte Unterbrechungen in der Konzentration des betreffenden Schülers sind als wertfreie Gegebenheiten anzusehen.

Ökologische Bedingungen

Die prägende, oft unbeabsichtigte Wirkung zahlreicher moderner, viel zu großer und daher für die Kinder unübersichtlicher *Schulgebäude* ist ein gesichertes Ergebnis schulökologischer Forschung. Dieses Faktum könnte jedoch auch zum Vorteil der Schüler genutzt werden, wenn beispielsweise versucht würde, in der Schule die (Wohn-)Atmosphäre des Zu-Hause-Seins zu schaffen. Geborgenheit und Vertrauen könnten entstehen und erzieherische Intentionen hätten mehr Aussicht auf Erfolg, wenn es gelänge, die Wechselwirkung zwischen dem fremden und bedrohenden Draußen und dem bekannten und schützenden Drinnen bei der Raumgestaltung zu berücksichtigen und wenn sich das Engagement des Lehrers auch auf die Verbesserung und Pflege des zwischenmenschlichen Bereichs erstreckte.

Die Vernachlässigung musischer Fächer

Die Vernachlässigung musischer Fächer im Unterricht läßt sich verstehen, aber nicht akzeptieren. Sie geht vielfach zu Lasten von Muße, Ruhe, Schulleben, Lehrer-Schüler-Verhältnis und Erziehung. Auf Kosten der Erziehung junger Menschen wird der Kampf um schulische Macht gesellschaftlicher Gruppen ausgetragen, der sich in stofflichen Anforderungen und einseitigen tendenziellen Ausrichtungen der Schule auswirkt. Die (Über-)Betonung der intellektuellen, verbalen Auseinandersetzung der Menschen mit ihrer Umwelt und Umgebung trägt zur *Verkümmerung* emotionaler, handwerklich-technischer, sozialer und humaner Zugänge zum Leben bei.

Die Langwierigkeit erzieherischer Einwirkungen

Erfolge oder Mißerfolge zielstrebiger Erziehungsbemühungen lassen sich – wenn überhaupt – erst nach langer Zeit feststellen. Dann kann man rückblickend beurteilen – der Gefahr einer monokausalen Schlußfolgerung durchaus bewußt – ob die eingesetzten Mittel und Verhaltensweisen bei allen Kindern „richtig“ oder „falsch“ waren. Eine Erfolgsgarantie kann auch bei einer Korrektur der erzieherischen Handlungen nicht abgegeben werden. Erziehung bleibt ein *Wagnis*. – Eine weitere Behinderung einer steten erzieherischen Beeinflussung liegt unter anderem in der gegenwärtigen *Hektik* an den Schulen. Sie verleitet den Lehrer zu unpädagogischen Verhaltensweisen wie Ungeduld, Humor- und Lieblosigkeit, Mißtrauen und vielleicht sogar Hoffnungslosigkeit.

Unterschiedliche Auffassungen von Erziehung in der Schule

Die Wirksamkeit von Schule wird durch unterschiedliche inhaltliche Füllungen des Erziehungsbegriffes behindert oder begrenzt. Erziehung ist nicht gleichzusetzen mit „*laissez-faire*"-Verhalten oder Zügellosigkeit. Das hieße, ein Mißverständnis *anti-autoritärer* Erziehung wiederholen. Erziehung braucht Regeln sowohl im zwischenmenschlichen Bereich als auch in der Sachauseinandersetzung; sie strebt unter anderem nach Verläßlichkeit und Ehrlichkeit des Kindes und nach konsequentem vorbildlichem Handeln des Lehrers. Zu Erziehung gehört auch die Betonung von Verhaltensweisen, die sich im Leben der Erwachsenen bewährt haben. Zwar läßt sich Erziehung *lernzielorientiert* bewußt machen, aber nicht praktizieren.

Im Erziehungsprozeß wird der junge Mensch in seiner Entscheidungsmöglichkeit ernst genommen, sein Wille wird eingeplant und bewußt gefördert. Das kann mit den Techniken der *Verhaltensmodifikation* nicht erreicht werden. Daher bleibt der Unterschied zwischen einem Erzogensein und einem anerzogenen Verhalten bestehen.

Der Prozeß der Erziehung ist eingebunden in eine pädagogische Atmosphäre in der die Lehrer-Schüler- und Schüler-Schüler-Verhältnisse ihre erzieherische Wirkung entfalten. Gestörte personale Bezüge würden die Lösung erzieherischer Aufgaben erschweren. Eine erzieherische Wechselwirkung findet aber nicht nur im personalen Bereich (Lehrer, Schüler, Eltern usf.) statt, sondern bezieht auch den Bereich der Unterrichtsgegenstände und der Schulfächer ein.

Die Einbeziehung erzieherischer Aufgaben in den Prozeß der Unterrichtsvorbereitung

An drei Schwerpunkten sollen Möglichkeiten gezeigt werden, wie den erzieherischen Aufgaben des Lehrers bei der Vorbereitung auf den Unterricht mehr Gewicht verliehen werden kann, nämlich den Lehrer-Schüler-Beziehungen, der Vermittlung von Einsichten, Kenntnissen und Fertigkeiten, also dem umfassenden Bereich von Unterricht, sowie dem Feld der Konfliktsituationen.

Die Entwicklung und Pflege von Lehrer-Schüler-Beziehungen als erzieherische Aufgabe

Schulische Erziehung ist möglich *durch* Unterricht, wenn erzieherische Dimensionen von Inhalten und Unterrichtsmethoden zum Tragen kommen. Sie ist auch möglich *während* des Unterrichts, wenn konkrete Erziehungsziele kognitiv erschlossen werden. Schließlich findet schulische Erziehung „zwischen" dem Unterricht statt oder „quer" zu ihm. Dies ist der Fall, wenn der Lehrer in gelegentlichen, spontanen Äußerungen erzieherisch tätig wird, wenn er in Pausen mit dem einen oder anderen Schüler über ihn und sein Verhalten spricht.

Möglichkeiten der Vorbereitung erzieherischer Aufgaben im personalen Bezug

Erzieherische Aufgaben im Bereich des personalen Bezuges lassen sich auf drei Dimensionen verteilen: (a) die *affektive* Dimension: hier geht es um die Schaffung einer dauerhaften Vertrauensbasis; (b) die *aktionale* Dimension; hier werden Gewohnheitsbildungen im Bereich von Einstellung, Werthaltungen und Verhaltensweisen angestrebt; und (c) die *kognitive* Dimension mit Belehrungen und Besinnungen über Erziehungsziele.

a) Die Vorbereitung einer Vertrauensbasis

Eine entscheidende Voraussetzung für unterrichtlichen und erziehlichen Erfolg ist das Vertrauen zwischen den Beteiligten. Die Vertrauensbasis kann dadurch aufgebaut werden, daß junge Menschen das Gefühl vermittelt bekommen, angenommen zu werden, so wie sie sind. Damit der Lehrer auf die einzelnen Schüler und ihr konkretes Verhalten und Handeln mit angemessenen Maßnahmen [7] pädagogisch reagieren kann, braucht er *Kenntnisse* über ihr Leben. Die Beschaffung von Fakten über Schüler beeinträchtigt die Entwicklung des Vertrauensverhältnisses dann nicht, wenn sich der Lehrer über die Vorläufigkeit des entstandenen Schülerbildes im klaren ist.

Neben der vorbereitenden Sammlung von Kenntnissen über das Leben der Schüler besteht die Vorbereitung des Lehrers vor allem darin, seine grundsätzliche Bereitschaft zur *Annahme aller Schüler* immer wieder auf ihre pädagogische Qualität hin kritisch zu überprüfen. Während der Vorbereitung ist es immer wieder angebracht, auch über die Anwendung von Erziehungsmitteln nachzudenken, um jede Bevorzugung bestimmter Maßnahmen zu vermeiden.

Junge Menschen brauchen aber nicht nur Vertrauen zum Lehrer, sondern auch zu ihrer *Umgebung*. Der Klassenraum zum Beispiel kann so gestaltet werden, daß die Kinder positive Einstellungen ihm gegenüber einnehmen. Hierzu gehören gemeinsame Überlegungen von Lehrer und Schülern, wie das Klassenzimmer geschmückt werden kann, die Einrichtungsgegenstände funktionsbereit gehalten und die Möglichkeiten des Klassenraumes unterrichtlich genutzt werden könnten [8].

Vorbereitende Überlegungen verbessern die Qualität der Umgestaltung eines unvertrauten Klassenzimmers in einen vertrauten Erziehungsraum.

b) Die Vorbereitung gewohnheitsbildender Übungen

Mit dem Nachdruck auf die Übung konkreter Verhaltensweisen, sittlich-moralischer Einstellungen und Werthaltungen soll die Schule als Stätte der Übung auch im Bereich der Erziehung betont werden. Der Pflege der *Umgangsformen* kommt dabei eine exemplarische Bedeutung zu.

Die vorbereitenden Tätigkeiten des Lehrers bestehen hier vor allem darin, „zwischen-unterrichtliche" Übungen in vielfältigen Variationen anzubieten; sich vorzunehmen, auf die Einhaltung vereinbarter Aktionsformen, Einstellungen und Wertungen zu achten; positive Zwischenergebnisse zu beachten und den betreffenden Schülern seine Freude mitzuteilen.

Außerdem besteht die Möglichkeit, den Schülern im Rahmen eines gepflegten *Schullebens* [9] vielfältige Gelegenheiten zu vermitteln, in denen sie verabredete Verhaltensweisen und die in der Klasse üblichen Einstellungen und Werthaltungen wiederholen.

c) Die Vorbereitung der Belehrung und die Besinnung über konkrete Erziehungsziele

Belehrungen und Besinnungen über Erziehungsziele können *spontan* nötig sein, sowohl innerhalb als auch außerhalb des Unterrichts. Darauf muß der Lehrer immer vorbereitet sein. Belehrungen und Besinnungen können aber auch *geplant* „zwischen-unterrichtlich" durchgeführt werden. Die Vorbereitung des Lehrers besteht darin, konkrete Erziehungsziele sowie situative Bedingungen und personale Gegebenheiten kritisch zu analysieren. Die Form der Belehrung, bezogen auf die konkreten Schüler einer Klasse, ist ebenso wie die methodischen Schritte der gemeinsamen Reflexion zu bedenken.

Einige Grenzen vorbereitender erzieherischer Beeinflussung im personalen Bezug

Wesentliche Grenzen der Vorbereitung erzieherischer Aufgaben im personalen Bezug liegen in dem *langwierigen* Prozeß der Erziehung. Nur nach Jahren gemeinsamer Schulzeit kann der Lehrer die Grenzen im Schüler erahnen. Demnach kann der Lehrer nicht davon ausgehen, alle Reaktionen des Schülers vorab richtig einzuschätzen. Das gilt mit Einschränkungen auch für ihn selbst. Erzieherische Wirkungen lassen sich (noch) nicht exakt kalkulieren. Das macht es auch so schwer, über die Richtigkeit einer erzieherischen Bemühung zu urteilen. Um dennoch allen Schülern einigermaßen gerecht zu werden, muß sich der Lehrer auf eine möglichst breite erzieherische Wirksamkeit vorbereiten. Dadurch nimmt die Möglichkeit einer intensiven persönlichen Betroffenheit einzelner Schüler ab. Der Erziehungserfolg verringert sich zugunsten der Breitenwirkung.
Eine weitere Grenze ist in der Entwicklung der pädagogischen Atmosphäre zu sehen, die sich *nicht exakt planen* läßt. Der emotionale Aspekt von Erziehung und Unterricht entzieht sich der planmäßigen Beeinflussung aller Schüler.

Abschließend sei noch auf die willentlich veränderbaren Grenzen hingewiesen, die im Lehrer als *Amtsperson* und als *Mensch* begründet sind.

Die Konkretisierung der erzieherischen Dimension des Unterrichts

Hier muß deutlich getrennt werden zwischen Erziehungszielen, die als Lehr- und Lerninhalte kognitiv vermittelt werden – man könnte von einer Erziehung während des Unterrichts sprechen – und der erzieherischen Dimension des Unterrichts – also der Erziehung durch Unterricht.

Erziehungsziele unter dem Aspekt der Vorbereitung

Die *kognitive* Auseinandersetzung mit Erziehungszielen wie Güte, Sittlichkeit, Ehrlichkeit, geistige Freiheit, Kritikfähigkeit, Mündigkeit und Emanzipation befaßt sich unter anderem mit der Feststellung ihrer Bedeutung für die jungen Menschen und ihre Umgebung, die Kenntnis von Begründungszusammenhängen und die daraus ableitbaren Schlußfolgerungen.

Bei der Vorbereitung der unterrichtlichen kognitiven Behandlung von Erziehungszielen sind die Erfassung der unterschiedlich wirkenden erzieherischen Bemühungen, die Reflexion von Übungs-, Anwendungs- und Übertragungsmöglichkeiten und ihres Einbaues sowohl in den Unterricht als auch in das Schulleben zu bewältigen.

Während seiner Vorbereitung auf die Konkretisierung von Erziehungszielen kann der Lehrer bei seinem künftigen Handeln die folgenden *Hinweise* berücksichtigen:

- eine kontinuierliche erzieherische Beeinflussung der Schüler;
- ein konsequentes Handeln des Erziehers, damit sich bei den Schülern Erwartungshaltungen aufbauen können;
- viel Geduld und pädagogischen Optimismus;
- eine ganzheitliche Sicht von Erziehungszielen;
- eine kontinuierliche kritische Reflexion über die Inhalte der Ziele, aber auch über ihre methodische Behandlung und Übung.

Die Vorbereitung erzieherischer Aspekte des Unterrichts

a) Erzieherische Aspekte bei der Analyse der Lehrinhalte
Aus realistischer Sicht sei die erzieherische Dimension des Werkunterrichts betont, die der Lehrer bei der stofflichen und didaktischen Analyse konkretisieren kann.

Bei der Herstellung eines Werkstückes sind in besonderem Maße Konzentration, Willensanstrengungen und Durchhaltevermögen erforderlich. Ferner werden ästhetische Sichtweisen angesprochen. Der Nachdruck liegt aus Gründen der Arbeitsökonomie auf sorgfältiger Arbeit. Während der handwerklichen Tätigkeiten kann auch die Pflege humaner Umgangsformen gelingen. Eine indirekte erziehende Wirkung geht vom Lehrer zum Beispiel aus, wenn er sich bei mangelhaften Arbeiten mit den Schülern geduldig um Verbesserungen bemüht, wenn er ihnen Mut macht, auch mit ungewohnten Werkzeugen und Materialien umzugehen, und wenn er sie ermutigt und ihnen gut zuredet, ihre Arbeit bis zur Fertigstellung des Werkstückes fortzusetzen und das Ergebnis zu bejahen, obwohl die Diskrepanz zwischen dem erwarteten und dem entstehenden Werkstück sehr groß sei, wie auch er zugeben müsse.

Die vorbereitende Leistung des Lehrers besteht darin, daß er sich bei der gründlichen Durchführung der didaktischen Analyse darüber klar wird, welche *erzieherischen* Faktoren überwiegend während der Arbeit an dem Werkstück und nach seiner Fertigstellung enthalten sind. Während der Vorbereitung lassen sich auch Wege und Mittel finden, wie junge Menschen langfristig den Wert einer pädagogischen Kritik einsehen. Eine *pädagogische* Kritik besteht unter anderem darin, daß aus ihr die Achtung vor dem menschlichen Wert des anderen und seinen Anstrengungen hervorgeht. Sie stellt sachlich die Mängel fest und weist zugleich Wege zur Überwindung der kritisierten Punkte auf.

Während der Vorbereitung kann der Lehrer Möglichkeiten sehen, wie Arbeits-, Planungs- und Ausführungsformen in andere Unterrichtsfächer integrierbar sind. Musisches und Technisches Zeichnen, Strecken des Sportunterrichts und einige andere Fächer, in denen wie im Englischunterricht Projekte durchführbar sind [10], bieten sich an.

b) Erzieherische Aspekte bei der Auswahl und Anordnung von Lehrinhalten

Aus realistischer Sicht hat auch die Auswahl und die Anordnung von Lehrinhalten eine erzieherische Bedeutung. Einige Punkte seien genannt, die bei der Vorbereitung zu berücksichtigen sind:

– Die Beachtung der *Würde* des jungen Menschen

In einem Unterricht zum Beispiel mit der Tendenz zu Indoktrination und Manipulation werden berechtigte Bedürfnisse junger Menschen vernachlässigt. Dort, wo der Schüler zum Planungsobjekt wird, ist seine Würde als Bildungssubjekt verletzt.

– Das Recht des Kindes auf sein *Kind-sein*

Ein Stoffangebot, das den Kindern ein Anlaß zur Freude an der Schule ist, das ihnen Muße gewährt und einen Freiraum schafft, ist pädagogisch äußerst wertvoll.

– Die *Entscheidungsfreiheit* der Kinder

Das pädagogische Zugeständnis der Entscheidungsfreiheit an die jungen Menschen wird durch gemeinsame Erstellung schulnaher Curricula durch Lehrer und Schüler einlösbar.

– Die Berücksichtigung des *ganzen* Menschen

Der Blick auf die Komplexität des Menschen und auf eine zentrale Aufgabe von Unterricht, nämlich zur Lebensbewältigung beizutragen, zwingt dazu, mehr emotionale, (psycho-)motorische und handwerkliche Stoffe in den Unterricht zu integrieren.

– Die *Ausgeglichenheit* der Stoffauswahl

Eine Ausgeglichenheit bei der Stoffauswahl konnte bisher nicht immer garantiert werden. Neben wissenschaftsorientierten oder politischen Akzentsetzungen – so wichtig sie im einzelnen auch sein mögen – gilt es auch, humane, soziale, ethische und religiöse Schwerpunkte wieder zu berücksichtigen. Aus dem Stoffangebot der Schule sollen sich die Schüler ein realistisches Bild von der Wirklichkeit machen können. Dazu kann das Auswahlprinzip des Fundamentalen helfen.

c) Erzieherische Aspekte bei der Vermittlung von Lehrinhalten

Die gründliche Unterrichtsvorbereitung fördert *erzieherische Aspekte* zu Tage, die bei der Vermittlung von Lehrinhalten wichtig sind. Zu erwähnen sind u. a.: Pünktlichkeit, sozial-integrativer Erziehungsstil, humane Anrede der Kinder untereinander, Überprüfung eingesetzter Arbeits- und Sozialformen des Unterrichts auf ihre Angemessenheit, Hilfsbereitschaft, Sachtreue und Entwicklungsgemäßheit.

Während der Vorbereitung wird der Lehrer nach *Möglichkeiten* suchen, die sicherstellen, daß u.a. die Sozialformen des Unterrichts auch zur Selbsterfahrung des jungen Menschen führen, daß Frontalunterricht und Lehrererzählung miteinander abwechseln, daß Partnerarbeit mit Helfersystem und partieller Übernahme von Lehrfunktionen zu verstärkten Sozialkontakten, zu sozialer Koedukation und zur Selbstbestätigung führen, daß Ergebnisse der Einzelarbeit von Schülern selbständig kontrolliert werden können, daß im Gruppenunterricht auch Kooperation und Konfliktlösung angebahnt, daß gruppenstabilisierende Erfahrungen von Bestätigungs- und Durchsetzungsverhalten gepflegt werden.

Ferner kann sich der Lehrer darauf vorbereiten, das unterrichtliche Geschehen durch seine *Aktionsformen* zu steuern, seine Formulierungen dem Alter der Kinder anzupassen und den sozio-kulturellen Unterschieden gerecht zu werden. Er kann sich auf alternative Denkanstöße vorbereiten, da die Beantwortung von Entscheidungsfragen pädagogisch gesehen wertlos ist.

d) Probleme, Schwierigkeiten, Mißverständnisse

Einige der größten *Probleme* bei der Vermittlung von erzieherisch wertvollen Inhalten ist die Moralisierung des Lehrstoffes, die Manipulation und Indoktrination der Kinder.

Eine große *Schwierigkeit* für Schüler und Lehrer besteht unter anderem darin, daß Schüler Einwirkungen ausgesetzt werden, in einer Zeit, in der sie noch keinen inneren Halt besitzen. Erschwerend wirkt sich auch das unterschiedliche Sprachniveau der Schüler aus, das durch die Vorherrschaft des Frontalunterrichts und der damit verbundenen spärlichen Sprechanlässe für Schüler nicht ausgeglichen werden kann.

Zwar kann mit Hilfe der stofflichen und diaktischen Analyse die erzieherische Dimension jedes Unterrichtsgegenstandes festgestellt werden. Die realistische Position wäre jedoch *mißverstanden*, wollte man in jeder Unterrichtsstunde auf mehr oder weniger naheliegende erzieherische Implikationen verweisen.

Die Vorbereitung erzieherischer Aspekte bei Unterrichtsmethoden

Bei der Vorbereitung auf den Unterricht überlegt sich der Lehrer auch die Frage nach der passenden Methode. Aus der Vielfalt von Unterrichtsmethoden sind vier vor allem wegen ihrer pädagogischen Werte ausgewählt worden:die Methode des Erzählens, des Spiels, des Gruppen- und des Projektunterrichts.

Bei der Anwendung der Methode des *Erzählens* wird dem (freien) mündlichen Vortrag ein zentraler Platz zugewiesen. Dahinter steht die Überzeugung, daß gerade in unserer von akustischen Reizen überfluteten Gegenwart dem konzentrierten Hören und Erzählen eine aktuelle pädagogische Bedeutung zukommt.

Die Vorbereitung des Lehrers besteht im wesentlichen darin, Gelegenheiten zu bieten, bei denen geselliges und sachbestimmtes Erzählen und Hören erlebt werden können. An naheliegenden Möglichkeiten bieten sich regelmäßige Erzählstunden, Mitteilungen über private Lektüre und der arbeitsteilige Gruppenunterricht an. Die Lehrer- und Schülererzählungen sind in den Unterrichtsverlauf thematisch und organisatorisch einzuplanen. Der Inhalt von Lehrererzählungen wird methodisch und didaktisch so vorbereitet, daß er möglichst allen Schülern pädagogisch wertvolle Erlebnisse und Kenntnisse vermitteln kann, die eine erzieherische Beeinflussung ermöglichen. Die Qualität der Vorbereitung ist mit dem Grad der pädagogischen Einwirkung eng verbunden.

In der Schule werden *Rollenspiele* und neuerdings auch *Konfliktspiele* praktiziert. Bei diesen Spielen findet ein enges und zwangloses Zusammenwirken von Schülern und Lehrer statt, wodurch der personale Bezug positiv beeinflußt wird. Die Mitbestimmung der Schüler bei der Ausgestaltung der Situation, Rollenflexibilität, Selbst- und Fremdbeurteilung können angebahnt, geübt und sublimiert werden. Sie tragen zur Persönlichkeitsentwicklung des einzelnen bei. Besonders bei Konfliktspielen können gehemmte Schüler durch einfallsreiche Alternativvorschläge ihre sprachlichen Ausdrucksschwierigkeiten verringern. Dadurch gewinnt ihr Selbstwertgefühl. Wohlüberlegte Rollen- und Aufgabenzuweisungen können zum Beispiel die Abwehrhaltung erziehungsschwieriger Kinder überwinden helfen.

Die Vorbereitung verlangt vom Lehrer eine Auswahl altersgemäßer Spielanlässe, -inhalte und -alternativen. Anfangs unüberwindlich scheinende organisatorische Schwierigkeiten nehmen durch wachsende Routine aller Beteiligten ab. Das spricht für eine regelmäßige Durchführung, wovon das Schulleben und die pädagogische Atmosphäre profitieren.

Spiele, von denen gesagt wird, sie seien eine Kunst und bedürften der Übung, der Muße und des Geschehenlassens, ließen sich pädagogisch vorteilhaft einsetzen. Dabei könnte auf manch ungeahnte heimliche Spielerfahrung der Schüler zurückgegriffen werden. Zumindest in der Grundschule wäre die Legalisierung von Spielen eine Bereicherung des Schulalltages.

Nur noch kurz sei auf den *Gruppen*- und *Projekt*unterricht hingewiesen. Kann der Projektunterricht die Fähigkeit der Schüler zu Mitbestimmung, verantwortlichem Handeln, Einschätzung von Situationen, Austragung von Meinungsverschiedenheiten, Rollenflexibilität, sinnvolle Planung und Selbstbeurteilung entwikkeln, so bietet der Gruppenunterricht zusätzlich Möglichkeiten zur Selbsttätigkeit, was den Leistungswillen stärken kann, zur Selbstbildung und zur Individualisierung, sowie zur sozialen Einordnung, Hilfsbereitschaft und Partnerschaft.

Gesprächsbereitschaft, enges Zusammenwirken, Beteiligung aller Schüler und kompromißbereite Einstellungen sind durchaus pädagogisch wertvolle Aspekte, die vielfach langfristig angelegt sind, aber auch kurzfristig positive Ergebnisse zeitigen.

Wie bei Spielen kann auch hier besonders dem hilfsbedürftigen Schüler gedient werden. Auch er hat ein Anrecht, gefördert zu werden.

Bei diesen exemplarisch genannten Methoden kann der Lehrer nur scheinbar ohne Unterrichtsvorbereitung auskommen. Die Notwendigkeit der gedanklichen Auseinandersetzung mit möglichen Unterrichtsstörungen, psychologisch angemessenen und anthropologisch gerechtfertigten Stoffvorschlägen, den verschiedenen Aspekten der Inhalte und ihrer angemessenen Methode, sowie den organisatorischen Problemen sollte nicht übersehen werden. Die erfolgreiche Lösung der Vorbereitungsprobleme trägt zur Beeinflussung der pädagogischen Atmosphäre und somit zum Erziehungserfolg bei.

Die Entspannung von Konfliktsituationen als Erziehungsauftrag

Das gesamte konfliktträchtige schulische Feld soll hier auf die vielgestaltigen Beziehungen zwischen Lehrer, Schülern und Eltern eingeengt werden. Aus realistischer Sicht werden Spannungen nicht negiert. Es wird lediglich versucht, jeder Eskalation vorzubeugen. Spannungen sind zwar konfliktverdächtig, aber nicht konfliktnotwendig. Durch überlegtes Agieren und pädagogisches Taktieren [11] kann der Lehrer beitragen, die meisten konfliktverdächtigen Situationen zu entspannen.

Maßnahmen in konfliktverdächtigen Situationen

Aus den vielfältigen Möglichkeiten seien drei Gruppen gebildet. Der ersten Gruppe werden vorrangig solche Einzelmaßnahmen zugeordnet, die sich in gespannten Situationen bewährt haben.

Erprobte Einzelmaßnahmen
Aus verständlichen Gründen werden erzieherische Maßnahmen, die sich in einer konkreten Situation bewährt haben, *weiterempfohlen*, ohne jedoch die situativen Bedingungen und die Persönlichkeit des Lehrers in sorgfältiger Weise ebenfalls mitzuteilen. Insofern ist eine unreflektierte Anwendung einzelner Erfolgsmaßnahmen pädagogisch bedenklich.

Das Lehrer-Schüler-Verhältnis wird belastet, wenn im Fall des Schwätzens die Maßnahme „Isolierung des Störfaktors" *schematisch* angewandt wird. Vielmehr ist es wichtig, die Situation zu analysieren und allmählich sich in ihrer pädagogischen Intensität steigernde Maßnahmen einzusetzen: Blickkontakt, physische Nähe des Lehrers, Zuwendung der Aufmerksamkeit durch Aufrufen, Bitten, Warnungen, Drohungen, Thematisierung des Verhaltens u. a. m. Unpädagogisch ist es, den störenden Schüler vor der Klasse in allen möglichen Formen bloßzustellen. Zwar mag sich dabei die erhoffte Wirkung einstellen, ein erzieherischer Erfolg ist dies jedoch nicht.

Alternativen wie Situationsänderung (z. B.: Aufrufen des störenden Schülers, Tätigkeitswechsel im Unterrichtsablauf, Themawechsel oder in schweren Fällen eine Thematisierung der Störung in der Klasse) können vorsorglich ins Repertoire des Lehrers aufgenommen werden. Positiv hat sich auch das entspannende Lehrerverhalten bewährt. Einzelne Aktivitäten des Lehrers wirken jedoch nur dann echt, wenn sie mit seiner Persönlichkeitsstruktur übereinstimmen. Auf dem Weg über die Imitation des Lehrerverhaltens kann die Übertragung auf die Schüler stattfinden. Sie entzieht sich jedoch einer exakten Berechnung ihrer Wirkung [12].

Maßnahmenbündel

Pädagogisch wertvoller als voneinander isolierte Einzelmaßnahmen sind Maßnahmenbündel, die aufeinander *abgestimmt* und vielfältig *kombinierbar* sind. Vielfach sind sie auf den praktizierten Erziehungs- und Unterrichtsstil abgestimmt, so daß dadurch bereits eine Vor-Auswahl stattfindet und einer willkürlichen Anwendung durch den Lehrer vorgebeugt wird. Ferner stehen sie mit Erziehungsmitteln in Verbindung. „Moderne“ Verhaltenstrainings der Lehrer tragen zur Verbreitung von Konfliktlösungsstrategien bei. Hier liegt aber die Gefahr nahe, daß Erziehung in einen Konfliktlösungs-Schematismus und der Lehrer zu einem Erziehungstechnokraten zu entarten drohen.

Präventiv-Maßnahmen

Aus realistischer Sicht hat es sich bewährt, konfliktverdächtige Situationen zu beobachten und zu bewerten, um jederzeit vorbereitet zu sein, situationsangemessen zu reagieren. Vorbeugend gegen Eskalationen wirkt ein *pädagogisch taktvolles Lehrerverhalten*. Pädagogisch bedeutsam ist auch eine stete Gesprächsbereitschaft des Lehrers. Dabei kommt es vor allem auf sein geschicktes Verhalten während des Gesprächs an.

Langfristig gesehen, besteht auch die Möglichkeit, das *Schulleben* zu gestalten [13]. Es kann sich in der Funktion bewähren, einen bestimmten atmosphärischen Rahmen zu bieten, in dem sich manche Verhaltensweisen von Lehrer und Schülern von selbst verbieten.

Als vorbeugende Maßnahme bietet sich auch die Initiative des Lehrers an, mit den *Eltern* seiner Schüler verstärkt zusammenzuarbeiten. Aber auch die spannungsarme Zusammenarbeit mit *Kollegen* kann so weit entwickelt werden, daß ein Minimalkonsens in Erziehungsmaximen gemeinsam vertreten und praktiziert wird.

Abgesehen von der methodisch-didaktischen Verbesserung des Unterrichts, kann der Lehrer im Unterricht gelöst wirken: Schülerfragen sind ihm kein lästiges Übel; Verständnisschwierigkeiten tauchen fast erwartungsgemäß auf; Unterbrechungen von Unterricht, die aufgrund eines störenden Schülers notwendig werden, sind kein Anlaß zur Hetze, weil sie zeitlich eingeplant werden; Hausaufgaben stellen weder Kinder noch Eltern vor harte Bewährungsproben, weil sie in der Schule vorbereitet werden und nicht die Funktion erhalten, den im Unterricht vorgestellten Lehrinhalt ausschließlich zu Hause ausgiebig nachzubereiten und zu üben.

Gut vorbereitete Unterrichtsstunden enthalten eine Fülle vorbeugender Angebote: interessante Neuigkeiten, Gefühl des geistigen Wachstums, aktive Beteiligung der Schüler am Unterricht, Abwechslung des Schulalltages und nicht zuletzt am Schulleben. Es liegt nahe, daraus zu folgern, daß hierdurch relativ wenig Störungen zu erwarten sind, die das zwischenmenschliche Verhältnis nachhaltig belasten könnten. Sollte ein gründlich vorbereiteter Unterricht dennoch Störungen verursachen, dann sind sie kaum mit therapeutisch zu betreuenden Fällen vergleichbar. Von diesen Störungen müssen jene unterschieden werden, die nicht von Schule ausgelöst worden sind. Außerschulisch verursachte Schädigungen junger Menschen kann die Schule (noch) nicht fachgerecht beheben.

Die Bedeutung der Unterrichtsvorbereitung bei der Anwendung erziehlicher Maßnahmen

Aus pädagogischer Verantwortung heraus fühlt sich der Lehrer verpflichtet, jede Erziehungsaktion insbesondere aber die folgeträchtigen sorgfältig zu prüfen. Stete kritische Reflexionen über bewährte *Erziehungsmaßnahmen* und *Lehreraktionen* in konfliktverdächtigen Situationen sind angebracht. Gelegentliche Lektüre einschlägiger Fachliteratur kann die Kompetenz des Lehrers als Erzieher erweitern.

Nicht nur die Maßnahmen, sondern auch die *Erziehungsstile* sind kritisch zu reflektieren. Eigenheiten und Ticks fixieren sich bei Lehrerhandlungen allzu schnell. Ein Erziehungsstil, der der Lehrperson angemessen ist, kann zu einem ausgeglichenen Lehrer- und Schülerverhalten beitragen.

Bei den genannten Präventiv-Maßnahmen ist zu berücksichtigen, daß nicht alle mit gleicher Intensität eingesetzt werden können. Eine *Schwerpunktbildung* bei dem Einsatz von Maßnahmen bietet sich als Ausweg an. Das gilt auch für die gründliche Unterrichtsvorbereitung. Es wäre realitätsfern, würde man eine tägliche, gründlich ausgearbeitet schriftliche Unterrichtsvorbereitung fordern wollen.

Grenzen

Die Grenzen der vorbereitenden Einwirkungsversuche sind in den letzlich *nicht exakt planbaren konkreten* Situationen zu sehen. In konfliktverdächtigen Situationen entstehen oft unerwartete Entscheidungszwänge, Hier kann sich der Lehrer nur durch vorher reflektierte Einstellung vorbereiten [14].

Grenzen liegen auch in den nur *indirekt erschließbaren* Wirkungen von Erziehungsmaßnahmen. Ferner in der Unmöglichkeit des erzieherischen *Vergleiches*: so kann man nicht mit Sicherheit sagen, ob eine andere Maßnahme als die eingesetzte in einer bestimmten Situation geeigneter gewesen wäre. In der Unterrichtsvorbereitung kann man lediglich ähnlich gelagerte Maßnahmen als Alternativen parat haben. Die Gefahr, unausgeglichen zu reagieren, wird dadurch überschaubar gehalten.

Schlußbemerkung

Vor übertriebenen Hoffnungen auf planmäßig erreichbare erzieherische Erfolge ist zu warnen. Dafür sorgen schon die Tatsachen mangelhafter erziehungspraktischer Ausbildung und begrenzter pädagogischer Einwirkungsmöglichkeiten der Lehrer an allen Schulen. Dies sollte jedoch nicht zu einer Berufsverdrossenheit von Lehrern führen. Zwar kann auch die Unterrichtsvorbereitung keine hinreichende Absicherung für Erziehungserfolge geben, aber der pädagogische Optimismus und das „Dennoch des pädagogischen Tuns" (*Weniger*) können dem Lehrer Mut machen, seine erzieherischen Aufgaben verantwortungsbewußt zu erfüllen.

Hans-Karl Beckmann/Karlheinz Biller

Modell zur Unterrichtsvorbereitung aus realistischer Sicht

Die generelle Voraussetzung für die Unterrichtsvorbereitung ist die möglichst genaue Kenntnis der anthropologischen und soziokulturellen Bedingungen der Klasse. Der Lehrer, der bereits länger eine bestimmte Klasse führt, wird sich in wachsendem Maße diese Kenntnisse verschaffen, ohne daß sie als absolut gesetztes „Bedingungsfeld" die gesamte Unterrichtsvorbereitung bestimmen; sie dienen als Hintergrundwissen für alle didaktischen, methodischen und erzieherischen Überlegungen. Bei der Übernahme einer neuen Klasse oder bei nur gelegentlichem Unterrichten (z.B. in der Ausbildung) sollte man den genannten Bedingungen große Aufmerksamkeit widmen, weniger durch das Lesen entsprechender Fachbücher, die zu allgemein sind, als durch das genaue Beobachten der Klasse bzw. einzelner Schüler. In diesem Zusammenhang möchte man sich wünschen, daß die Fähigkeiten unserer Lehrer zur Analyse bzw. Diagnose mehr entwickelt würden. – Zwei Vorbemerkungen sind noch nötig:

1. Es wird auffallen, daß – nach *Paul Heimann* – die Bedingungsfelder des Unterrichts (anthropogene und sozio-kulturelle Voraussetzungen) nicht direkt angesprochen werden. Der Begriff „Bedingungsfeld" sagt bereits, daß sie zu den Aspekten der Unterrichtsvorbereitung „quer" liegen, das hießt, *sie sind notwendigerweise bei jedem einzelnen Aspekt mit zu berücksichtigen.*

Das Ansprechen auf Bedingungsfelder am Anfang der Unterrichtsvorbereitung birgt eine Reihe von Gefahren: Zunächst verführt diese Reihenfolge zu der Auffassung, daß aus vermeintlich sicheren Aussagen anthropologischer und soziologischer Art die weiteren Schritte *abgeleitet* werden könnten; darüber hinaus werden diese Bedingungen nicht hinreichend bei den einzelnen Schritten der Unterrichtsvorbereitung berücksichtigt, und nicht zuletzt verführt das Voranstellen zu abstrakten Formulierungen, die mit der gegebenen konkreten Unterrichtssituation nichts zu tun haben. Dazu sagt *Wolfgang Schulz* mit Recht: „Die Abschrift der

entsprechenden Stelle im Lehrplan oder ein Zitat aus einem kulturkritischen Werk zeugen oft für Mängel an ernsthaftem Erfassen der eigenen Lage" [1]. Diese Gefahr ist in den letzten Jahren noch größer geworden: Aus vermeintlich sicheren Aussagen über die Klassen- oder Schichtzugehörigkeit meint man, Unterricht planen zu können. An dieser Stelle muß mit Entschiedenheit dafür eingetreten werden, daß man sich den lebendigen Kindern einer Klasse unmittelbar zuwenden sollte; hier spielen nach wie vor Erfahrung und Umgang eine große Rolle.
2. Lange schon ist umstritten, ob die Sachstruktur an die erste Stelle in einer didaktischen Analyse gesetzt werden darf [2]. Folgendes ist in diesem Zusammenhang zu bedenken:
– *Heinrich Roth* betont mit Nachdruck: „Es ist völlig verkehrt, bei diesen ersten Bemühungen schon an das Kind oder den Jugendlichen zu denken. Es geht zunächst nur um die Sache. Um das, was größer ist als wir. Was nicht wir zwingen, sondern was uns zwingt: die Wahrheit" [3].
– Nach den Erfahrungen der letzten Jahre muß vor einer Überbetonung der Frage nach der gesellschaftlichen Bedingtheit gewarnt werden. Schule droht unter dieser Maxime noch langweiliger zu werden als sie ohnehin schon ist: Religionsunterricht, Sozialkunde bzw. Gesellschaftslehre, Kunsterziehung, Deutsch – alles wird mit einer Normalelle vermessen und ausgerichtet. Der Sachanspruch würde die geistige Vielfalt im Unterricht absichern. Hier ist *Theodor Litt* zuzustimmen: „Als ob Wissenschaft und Kunst, Religion und Sittlichkeit, verstanden als die ewigen Objektgestaltungen des lebendigen Geistes, es nötig hätten, sich ihren Sinn und Wert von dem Beitrag zu erobern, den sie zur ‚Bildung' des Menschen leisten! Als ob nicht umgekehrt die bildende Wirkung, die ohne Frage von ihnen ausgeht, gebunden wäre an die Unabhängigkeit des Selbstwertes, der ihnen als solchen eignet" [4].
– Darüber hinaus ist nach wie vor darauf hinzuweisen, daß die weiteren Fragen der „Didaktischen Analyse" erst dann sachgemäß beantwortet werden können, wenn eine solide Sachkenntnis über den Unterrichtsinhalt gegeben ist.
– Zuletzt noch ein Argument, das aus Erfahrungen in der Lehrerausbildung kommt: In wachsendem Maße haben unsere Studenten Schwierigkeiten mit den fachlichen Voraussetzungen des Unterrichts. Sie müssen angestoßen werden, sich zunächst mit der Sache gründlich auseinanderzusetzen. Die erste Frage in der Unter-

richtsvorbereitung soll diesem Ziel dienen – alle didaktischen und psychologischen Überlegungen sind überflüssig, wenn der zu lehrende Inhalt falsch ist.

Modell

Voraussetzung

Genaue und umfangreiche Kenntnis möglichst vieler Bedingungen (z. B. anthropologischer, sozio-kultureller, situativer), mit denen sich der Schüler der jeweiligen Klasse auseinandersetzen muß [5].

a) Vorgeschichte und Zusammensetzung der Klasse
Welcher Kollege unterrichtete die Klasse bisher? Welchen Erziehungs- und Unterrichtsstil praktizierte er? Es besteht die Gefahr, persönliche Vorurteile zu übertragen.

b) Geistiges, affektives, soziales Klima in der Klasse
Duldet die Klasse geistige Außenseiter? Ist sie Argumenten zugänglich oder paßt sie sich Forderungen an? – Sind gefühlsmäßige Beziehungen sichtbar? (Z. B. zwischen Lehrer – Schülern, Schülern, und Lehrer – Eltern) Werden Emotionen gezeigt oder unterdrückt? Lassen sich die Kinder „gehen„? – Welche Rolle spielen Hilfsbereitschaft, Mitgefühl, Verantwortungsgefühl, gegenseitige Achtung u. a. m. in der Klasse und bei einzelnen Schülern? Werden Meinungsverschiedenheiten persönlich interpretiert und führen sie zu Unterrichtsstörungen? Steckt dahinter Methode?

c) Haltung und Arbeitsweise der Klasse
Sind Einstellungen und sittlich-moralische Haltungen vorhanden? Muß diesbezüglich ein *erziehlicher* Schwerpunkt gebildet werden? – Ist die Einstellung der Klasse zur Arbeit positiv? Kann die Klasse schnell, gründlich, verläßlich und selbständig arbeiten?

d) Leistungsstand und Ansprechbarkeit der Klasse
Ist die Klasse leicht ansprechbar, motivierbar oder hat es der Lehrer mit behäbigen Schülern zu tun? – In welchen Bereichen ist die Klasse leistungsbereit? (Es gibt Leistungen auch im musischen,

sportlichen, technischen, nicht nur im intellektuellen Bereich!) Wodurch sind die Schüler ansprechbar? (Neugierde, Belohnung, Versprechungen, Drohungen, Sachinteresse, Zwang usw.)

e) Arbeitsbedingungen in der Klasse und Schule
Die Beschaffenheit und Ausgestaltung der Schule ist vielfach schularten-bezogen. Die Lage und architektonische Gestaltung des Schulgebäudes sind zum Beispiel in die Reflexion über konkrete Erziehungsschwierigkeiten einzubeziehen: zentrale Lage, aber Lärmbelästigung – ruhige Lage, dafür Zubringerprobleme. Hier sind auch die Ergebnisse schulökologischer Forschung zu beachten.

f) Häusliche Verhältnisse und Erfahrungsbereich der Schüler
Zu den häuslichen Verhältnissen gehören auch die Erziehungspraktiken der Eltern. Worin unterscheiden sie sich von denen des Lehrers? – Kann der individuell unterschiedliche Umfang des Erfahrungsbereichs der Kinder durch Reise, Aufgeschlossenheit für Umwelt und Literatur, durch außerschulische Pflege von Spezialfähigkeiten und Fertigkeiten in den Bereichen von Sport, Musik, Kunst, Theater, Wissenschaft usw. unterrichtlich und erziehlich fruchtbar gemacht werden?

g) Atmosphärische, meteorologische und biorhythmische Einflüsse
Die unterschiedliche Ionisierung der Atmosphäre hat Einfluß auf die psychische und nervliche Befindlichkeit von Lehrern und Schülern. Föhn kann zu Gereiztheit und Kreislaufstörungen führen. Großstädtische Umweltbedingungen beeinflussen Sinnesempfindungen und können langfristig psychische Störungen hervorrufen. – Die unterschiedlichen Leistungskurven der Schüler könnten mit unregelmäßigen Leistungen in vorsichtigen Zusammenhang gebracht werden.

h) Auffälligkeiten einzelner Kinder
Die Auffälligkeiten festzustellen ist von humanbiologischem, kinderkundlichem und erzieherischem Interesse. Ist das Kind auffällig müde, blaß, haltungsgeschädigt, körperlich und leistungsschwach, sehgeschädigt, konzentrationsschwach usw.? – Hinter all diesen Fragen steht die Sorge um die *Gesundheit* der Kinder als

Zustand eines möglichst guten körperlichen, geistigen, psychischen und sozialen Wohlbefindens. – Hier wird bewußt der medizinische oder gesundheitliche Aspekt in die Vorüberlegungen aufgenommen. Damit ist letztlich der erzieherische Aspekt angesprochen.
Die gegenseitige Ergänzung der Punkte a bis h führt zu einem komplexen Bild von der Klasse und einzelnen Schülern. Eine gezielte individuelle Förderung und Führung ist aufgrund des differenzierten Informationsstandes möglich. Lehrer an Gymnasien und Oberstufen an Gesamtschulen scheinen hier überfordert.

Erster (vorläufiger) Schritt

Die Auswahl der Unterrichtsgegenstände und vorläufige Zuordnung zu vage formulierten Lernzielen (bzw. Lernziel) und Stundenaufbau setzen voraus, daß einstimmiges Verhältnis des Lehrers zum Lehrplan oder Curriculum, zu Schulaufsicht und Elternschaft hergestellt ist. – Bei Lehrgängen erübrigt sich vielfach dieser Schritt (z.B. in Mathematik, Fremdsprachenunterricht, Stenographie- und Schreibmaschinenkurs usf.). Vielfach mündet dieser erste Schritt bei langjähriger Lehrerfahrung bereits in den gedanklichen Rohentwurf des Stundenablaufs.

Sachgrundlagen des Inhalts/Die Auseinandersetzung des Lehrers mit dem Inhalt

a) Wissenschaftliche Analyse des Inhalts
Die Analyse der Sachstruktur des Inhalts ist notwendig.

b) Absicherung des nötigen Sachwissens durch den Lehrer
Eine schriftliche Formulierung des Sachwissens liefert dem Lehrer den Beweis für seine aktuelle Sachkompetenz (in Thesenform).

c) Stellung des Lehrers zu Inhalt oder Thema
Mit „Inhalt" sind nicht nur Fakten, sondern auch Methoden, Arbeitsweisen und Lerntechniken zu bezeichnen. Angemessener wäre es, von Bildungsinhalt bzw. „Unterrichtsgegenstand" zu

sprechen. Der Begriff „Thema“ sollte präziser als „Unterrichtsthema“ gefaßt werden.

Der Grad des *Sachwissens* eines Lehrers wird sein Anspruchsniveau an die Kinder direkt beeinflussen, wenn nicht pädagogische Reflexionen ihn davon zurückhalten. Unangemessene Sachanforderungen belasten das Lehrer-Schüler-Verhältnis und stellen eine vermeidbare Konfliktursache dar. Ein Lehrer, der von seinen *Aversionen* und (Spezial-)*Interessen* weiß, kann aversiven und interessierten Kindern verständnisvoll begegnen. Begründungen stellen eine Verbindung zu den Schülern auf der Ebene des personalen Bezugs her, der dadurch auch *erzieherisch* beeinflußt werden kann.

Der Lehrer kann eine gefühlsmäßige Bewertung des vorgegebenen Unterrichtsgegenstandes vornehmen (*eigene Stellungnahme*). Er wird den Stoff als gut-schlecht, interessant-langweilig, schwierig-einfach, kompliziert-leicht überschaubar usw. bewerten. Der Lehrer muß über seine besonderen Interessen und Einstellungen reflektieren; sie dürfen nur relativ in den Unterricht eingebracht werden. Er muß andere Positionen darstellen und den Schüler nicht zu Entscheidungen zwingen.

Didaktische Analyse

Die Funktion der didaktischen Analyse besteht vor allem darin, dem Lehrer ein relativ abgesichertes Instrument zur Verfügung zu stellen, um die Stoffülle zu begrenzen. Sie befaßt sich vorrangig mit Bedeutungsfragen des Unterrichtsgegenstandes, wobei sie die Fragerichtung sowohl auf den einzelnen als auch auf die Gruppe, Klasse oder Erwachsenenwelt lenkt.

Die Bedeutung eines Unterrichtsgegenstandes wird hier als „Wissen um mögliche Zusammenhänge“ (*Hörmann*) [7] verstanden. Die Bedeutungsanalyse eines Unterrichtsgegenstandes zielt also dahin, möglichst umfassend die Zusammenhänge herauszufinden, die einen Gegenstand konstituieren.

a) Das Exemplarische des Unterrichtsstandes

Das Exemplarische ist ein reflektierteres Auswahlprinzip als der „Mut zur Lücke“, der zu keinen systematischen Lösungen in der Schulpraxis führte. Die exemplarische Repräsentation großer

Stoffbereiche in gedrängten Beispielen ist ein legitimer Anspruch für alle Unterrichtsfächer. Daraus kann jedoch kein Absolutheitsanspruch abgeleitet werden. Vielmehr sollte sich exemplarisches mit orientierendem Lehren und Lernen ablösen.

Der Begriff des Exemplarischen ist ein Relationsbegriff, der an Unterrichtsgegenständen (Sachverhalten) orientiert ist. In der exemplarischen Relation wird ein umfasenderes Etwas (Allgemeines) durch ein herausgehobenes Etwas (Besonderes) vergegenwärtigt.

Die Arten des Exemplarischen stellen sich in jedem Fachzusammenhang anders dar: (a) *Exemplarische* Gegenstände sollen Sachstrukturen fundamentaler Art und grundlegende Methoden geistigen Verhaltens bewußt machen. (Z. B. in Naturkunde: Waldstück als Beispiel für eine kleine Lebensgemeinschaft). – (b) *Typische* Gegenstände stellen einen einmaligen Zusammenhang dar. (Z. B. in Erdkunde: die Sahara als ein Beispiel einer Wüstenlandschaft; in Geschichte: *der* mittelalterliche Ritter, *der* Revolutionär.) – (c) *Repräsentative* Gegenstände stellen charakteristische „Verdichtungen“ (Heimpel) dar, die einen bestimmten Zusammenhang vergegenwärtigen können. (Z. B. in Geschichte: Abschiebung unbequemer Intellektueller aus der DDR.) – (d) *Elementare* Gegenstände sind bedeutsame Einsichten und Erfahrungen, Zusammenhänge und Verfahren, die es in jedem geistigen Grundbereich (d. h. Unterrichtsfach) gibt. (Z. B. in Englisch: konstante Satzstellung Subjekt-Prädikat-Objekt). Elementare Gegenstände haben erschließende Wirkung. Damit ist der Bezug zum jungen Menschen möglich: ihm muß sich der elementare Gegenstand erschließen. Vielleicht kann sich der junge Mensch damit, gleichsam wie mit einem Schlüssel, weitere Grundbereiche oder Elementaria erschließen. (Kategoriale Bildung)

Bei der Festlegung des Exemplarischen des Unterrichtsgegenstandes geht es somit um die genaue Feststellung, in welchem Schulfach welcher Inhalt den Grundformen des Exemplarischen zuzuordnen ist.

b) Die Gegenwarts- und Zukunftsbedeutung des Unterrichtsgegenstandes für die Schüler dieser Klasse

Kann der Stoff erschließende Bedeutung in der gegenwärtigen geistigen, emotionalen physischen Befindlichkeit des jungen Menschen besitzen? Hat er die erschließende Bedeutung in und außerhalb der Schule? – Wird der Stoff von der Erwachsenengeneration als bedeutsam angesehen? Wenn ja, dann würde dies für die Zukunftsbedeutung eines Inhaltes sprechen. Trägt dieser Unterrichtsgegenstand zur grundlegenden Geistesbildung (Allgemeinbildung) bei? Ist er verfrühte Spezialbildung? Sind die Kinder „reif“ für die unterrichtliche Behandlung des Gegenstandes?

Wie ist das Verhältnis von Gegenwarts- und Zukunftsbedeutung anzusetzen? Welche Trends sind abzuschätzen? Wenn die Gegenwart des Kindes noch mehr verschult werden müßte, um einen vermeintlich zukunftsträchtigen Inhalt vermitteln zu können, dann muß der Gegenstand aus dem Curriculum gestrichen werden. Die Gegenwart darf nicht der Zukunft geopfert werden.

c) Die Gegenwarts- und Zukunftsbedeutung des Unterrichtsgegenstandes für den Aufbau eines Fachverständnisses

Hier muß schulstufen- und schulartenbezogen entschieden werden. Ein gemeinsamer verbindlicher Grundbestand (Fundamentum) in jedem Unterrichtsfach würde die Entscheidung erleichtern. Auch hier sollte ein ausgewogenes Verhältnis zwischen gegenwärtiger Belastung und Erwartung hergestellt werden.

d) Mögliche Zugänge zur Besprechung der Sache, Frage nach dem Einstieg, Vorverständnis der Schüler, mögliche Anknüpfungspunkte

Aus pädagogischer Verantwortung heraus, liegt es nahe, Kenntnisse über bisherige Lernerfahrungen der Schüler insbesondere Lernhemmungen zu sammeln. Im informellen Gespräch mit den Schülern können lernhemmende und -fördernde Faktoren benannt werden. Das ist unter *erzieherischem* Aspekt wichtig, weil damit künftigen Störungen vorgebeugt werden kann.

e) Die erzieherische Bedeutung der Inhalte

Der Beitrag von Inhalten zur Beeinflussung von Einstellungen, Werthaltungen und Verhaltensweisen läßt Rückschlüsse auf ihre erzieherische Bedeutung zu. Die erzieherische Implikation von Inhalten ist von Fach zu Fach verschieden. Sie ist wohl am stärksten in Erziehungslehre. Bei der Frage nach den Werthaltungen ist auf Begründung, Zusammenhänge und Schlußfolgerungen zu achten, ferner auf Übungs- und Anwendungsmöglichkeiten. Folgende Fragen sind denkbar:

Wie ist der Inhalt im Hinblick auf den *qualitativen* Aspekt (ästhetisch, humorvoll, sittlich, religiös, intellektbezogen, kurzweilig, tiefsinnig usw.), den *teleologischen* Aspekt (soziale und humane Komponenten, toleranzfördernd, musisch ansprechend, pragmatisch ausgerichtet, kreativitätsfördernd usw.) und den *psychologischen* Aspekt (regt er Emotionen an, birgt er ungewohnte psychische Schwierigkeiten, die Anlaß für Unterrichtsstörungen sein können usw.) hin zu beschreiben? – Welche Bedeutung hat der Inhalt für die Erziehung der jungen Menschen? Welchen Beitrag liefert er, um Einstellungen, Werthaltungen und (humane) Verhaltensweisen junger Menschen positiv zu beeinflussen? Worin liegen die Gefahren eines erziehungsträchtigen Inhalts? (Z.B. Manipulation, Indoktrination) – Es ist aber auch zu fragen, inwieweit die unterschiedlichen Beschäftigungen mit dem Inhalt Freundlichkeit, Humor, Geselligkeit, Empfindsamkeit, Phantasie, Tiefsinn, Spontaneität, Ausgeglichenheit, das Gefühl für Schönheit usw. ansprechen kann.

Lernziele

Lernzielorientierter Unterricht verlangt die Formulierung und die schrittweise Realisierung verhaltensbezogener Lernziele. Die Inhalte können unter ungerechtfertigter Vernachlässigung ihres Eigenwertes leicht in die Rolle gedrängt werden, lediglich eine Verhaltensänderung bei jungen Menschen zu erreichen. Gleichwohl sind Zielaussagen für Unterrichtseinheiten oder Unterrichtsstunden nötig.

a) Formulierung der Lernziele
Die Formulierung der Lernziele sollte möglichst konkret abgefaßt sein. Die Ergebnisse aus der wissenschaftlichen Analyse des Inhalts ermöglicht es dem Lehrer, den Sachzusammenhang differenziert zu erfassen. Aber auch die Ergebnisse der Reflexion über die erzieherische Dimension des Inhalts kann dazu führen, auch *erziehliche* Aspekte bei der Zielformulierung einzubeziehen. Nachdem alle möglichen Ziele ungeordnet gesammelt worden sind, werden sie in Beziehung zueinander und zu den jungen Menschen mit ihren Einsichten, Kenntnissen und Fertigkeiten sowie mit möglichst vielen Bezugspunkten aus ihrer Umgebung gesetzt.

Dazu kann das gesammelte Material über die Schüler wertvolle Hinweise geben.

Bei der Anordnung von Lernzielen ist zu beachten, daß es *inhaltliche* und *instrumentale Lernziele* gibt, die den *Lernzielstufen* Reproduktion – Reorganisation – Transfer – Problemlösung zugewiesen werden können [8].

b) Formulierung von Teillernzielen

Die präzise Formulierung (Operationalisierung) von Teillernzielen für die einzelnen Unterrichtsstufen (Schritten) bzw. für die Unterrichtsstunde ist in begrenztem Umfang angebracht, da nur so Ergebniskontrollen möglich sind. Wenn Lernziele operationalisiert werden sollen, muß ein Problemverlust in Kauf genommen werden. Das formale Verfahren der Operationalisierung von Teilzielen verlangt die Einarbeitung vieler Lernzielformulierungen. Bei dieser Kleinarbeit tritt ein Problemverlust ein [9].

c) Möglichkeiten und Grenzen einer Ergebniskontrolle

Ergebniskontrollen müssen sein, weil sie dem Lehrer eine Selbstkontrolle, dem Schüler aber ein Beweis seines geistigen Wachstums sind, also durchaus eine *erzieherische* Funktion haben können. Das bedeutet, daß sie in gewünschten, pädagogisch vertretbaren Abständen durchgeführt werden.

Ergebniskontrollen lassen sich pädagogisch sinnvoll vor allem in kognitiven und handwerklich-technischen (z. B. Stricken, Technisches Zeichnen) Bereichen durchführen.

Grenzen: Sie geben nur Augenblicksergebnisse wieder, schließen Zufallsergebnisse nicht aus, stellen nur fest, zeigen aber nicht auf, was unternommen werden kann, um bessere Ergebnisse zu erzielen. – Sie können leicht als Druck- oder Sanktionsmittel mit vermeintlich erzieherischer Wirkung mißbraucht werden.

d) Notwendiger Wissensbesitz oder die Beherrschung bestimmter Arbeitsweisen, Methoden oder Techniken im Zusammenhang mit der geplanten Unterrichtseinheit bzw. Unterrichtsstunde (Beachtung von Hintergrundwissen und abrufbarem Wissen).

Unterrichtsmethodische Überlegungen [10]

Bei der Reflexion über mögliche Formen einer Aneignung von Einsichten, Kenntnissen und Fertigkeiten müssen sowohl der geistige Fortschritt als auch die zu vermittelnde Sache bzw. die vorher entschiedenen Unterrichts- und Erziehungsziele berücksichtigt werden. Das geistige Fortschreiten muß den vorhandenen Kräften, also dem Entwicklungsstand des Schülers angemessen sein. Das bringt eine Einschränkung der Auswahl von Methoden mit sich. Dabei besteht jedoch kein deduktives Verhältnis zwischen Zielen, Entwicklungsstand des Kindes und Methoden: meistens eignen sich mehrere Methoden.

Einige Methoden beanspruchen, für alle Fächer gültig zu sein, zum Beispiel die sokratische Methode und die Arbeitsschulmethode. Andere sind für bestimmte Fächer (z.B. Englisch, Geschichte) und Altersstufen (zum Beispiel Grundschulmethoden) entwickelt worden. Aus der Vielfalt der Methoden seien folgende hervorgehoben: die Methode des Spiels, die vor allem der Entspannung dienen kann; die Methode des Erlebnisunterrichts (*Neubert*), die dem Erlebnis einen zentralen Rang in der Schularbeit einräumte; die Arbeitsschulmethode (*Kerschensteiner, Gaudig, Scheibner*), die das Gängeln der Schüler ablehnt; die Projektmethode (*Dewey, Kilpatrick*), die Überfachlichkeit und Praxisorientierung betont, das persönliche Engagement der Schüler anstrebt und erst in den oberen Klassen sinnvoll erscheint; und der Gruppenunterricht (*Petersen*), der auf das Gemeinschaftsleben besonderen Wert legt.

Die Kenntnis dieser und anderen Methoden, ihrer Vorzüge und Nachteile ist Voraussetzung für eine freie Methodenentscheidung des Lehrers und beugt dem unpädagogischen und Unterrichtsstörungen mitverursachenden Methodendogmatismus vor. – Methoden können den Stoff so präsentieren, daß ihn die Schüler geistig begegnend aufnehmen können. Dabei ist der Schüler aktiv, als Unterrichts- und Erziehungspartner ernst zu nehmen und wird insbesondere bei materialen Methoden in eine geistige Auseinandersetzung gebracht, in der er ablehnen oder zustimmen kann.

a) Folgerungen aus der Zielsetzung und didaktischen Analyse

Hinter dieser Formulierung steht die Überzeugung von der Abhängigkeit der Unterrichtsmethode von Zielsetzung und Thematik. Entscheidungen über Verfahren und Medien können vom Lehrer nur dann begründet getroffen werden, wenn er über die Ziele und zielorientierten Inhalte (das können auch Methoden sein, wenn sie Gegenstand des Unterrichts sind) entschieden hat. (Primat der Didaktik im engeren Sinne)

Bei der Methodenwahl ist auch der Aspekt des Kindes und seiner sozialen Beziehungen zu reflektieren: Nicht jedes Kind kann bei jeder Methode zufriedenstellende Leistungen erbringen. Alternative Methoden beugen Unterrichtsstörungen vor. Daraus folgt: Weder der *Ausschluß* noch der *Vorrang bestimmter Methoden* ist gerechtfertigt.

b) Die erzieherische Funktion von Unterrichtsmethoden

Die Methoden üben unterschiedliche erzieherische Wirkungen aus, die das unterrichtliche Geschehen beeinflussen können. In konkreten Situationen ist die ausgewählte Methode auf ihre erzieherischen Komponenten zu untersuchen: beispielsweise, wenn engagierte Selbständigkeit der Kinder kontinuierlich gefördert werden soll, eignen sich Vorhaben, Projekte oder Handlungseinheiten; wenn der Nachdruck auf die Hörfähigkeit und Emotionen gelegt wird, empfiehlt sich die Methode des Erzählens; wenn eine Überschau über Lebenszusammenhänge gegeben werden soll, ist der Gesamtunterricht geeignet; wenn in Ruhe und Vertiefung gelehrt und gelernt werden soll, hat sich der Epochenunterricht vorzüglich bewährt; wenn bestimmte Verhaltensweisen geübt werden sollen, dann sind Rollenspiele geeignet.

c) Möglichkeiten der Motivation

Dem Anspruch nach Motivation der Schüler stehen Sachanforderungen gegenüber. Es besteht die Gefahr der Absolutsetzung des Anspruches entweder der Motivation oder der Sachanforderung. Beides muß relativiert werden.

Schulerfolge ohne Motivation sind nicht denkbar. Eine Motivation, die nicht auf die Sache selbst gerichtet ist, sondern auf eine Wirkung, die mit der Sachanforderung verbunden wird, heißt sekundäre, indirekte oder extrinsische Motivation. – Eine Motivation, die von der Sache selbst ausgeht, dessen Wirkung in dem befriedigenden Gefühl besteht, die Sachanforderung erfüllt zu haben, heißt Sachmotivation, primäre, direkte oder intrinsische Motivation. Sie sollte vor allem in der Oberstufe möglich sein. Neben dieser Zweiteilung der Motivationsarten muß man berücksichtigen, daß diese beiden Arten in der Realität häufig kombiniert auftreten.

Erzieherisch bedeutsam ist hier, daß der Lehrer sich bemüht, eine günstige Motivationslage in der Klasse zu erzeugen: Wenn durch den geeigneten Unterrichts- und Erziehungsstil die Begeisterung der Kinder zum Lernen erzeugt wird, ist es leicht, die Kinder zu motivieren. Bei Fehlern Mut machen, mehr unberechtigt loben als berechtigt tadeln usf., diese Einstellungen des Lehrers tragen dazu bei, eine günstige Motivationsbasis in der Klasse zu erreichen. Hierher gehören auch alle Bemühungen um eine „pädagogische Atmosphäre" (*O. F. Bollnow*).

d) Gegebene Festlegungen durch die Großgliederung des Unterrichts

Die Großgliederung – zum Beispiel ein Jahresplan oder ein Lehrgang in Kurzschrift – stellt die größeren sachlichen und zeitlichen Zusammenhänge dar.

e) Gliederung der Unterrichtseinheit oder der Unterrichtsstunde

Die Frage der Artikulation ist von erheblicher Bedeutung für den Erziehungs- und Unterrichtserfolg. Von sekundärer Bedeutung ist die Wahl des Stufenschemas. Weithin hat sich ein Dreistufenschema durchgesetzt mit Darbietung, Auseinandersetzung und Zusammenhang oder Sinn – „Sinnen" – Sinnzusammenhang (*Beckmann*). „Sinnen" bedeutet, daß miteinander über eine Sache nachgedacht und darüber diskutiert wird. Das Neue wird durch das Nachdenken vertieft und in größere Sachzusammenhänge gestellt.

Auf die sechs Stufen des erfolgreichen Lernens von *Heinrich Roth* sei hier ausdrücklich hingewiesen: 1. Stufe der Motivation; 2. Stufe der Schwierigkeiten; 3. Stufe der Lösung; 4. Stufe des Tuns und Ausführens; 5. Stufe des Behaltens und Einübens; 6. Stufe des Bereitstellens, der Übertragung und der Integration des Gelernten [11]. – Diese sechs Stufen beziehen sich auf eine gesamte Lerneinheit, nicht auf eine Unterrichtsstunde.

Die Gefahr, die Schrittfolge eines Unterrichts als ein starres Gefüge zu gebrauchen ist besonders groß (z.B. Formalstufen). Bei Vorschläge zur Stufung ist eine kritische Reflexion über ihre lernpsychologischen Grundlagen oder unausgesprochenen lernpsychologischen Implikationen angebracht. Hierbei ist zu bedenken, daß die Ergebnisse lernpsychologischer Forschung bisher vorrangig nur auf elementare Lernvorgänge gestützt werden können. Das hat vor allem in denjenigen Unterrichtsbereichen Konsequenzen, die *Lern*ziele anstreben. Stufungen des Unterrichts in anderen Bereichen sind demnach mehr oder weniger dem Gespür des Lehrers überlassen, es sei denn, fachdidaktische Vorschläge sind akzeptierbar. – Ferner ist zu prüfen, ob die Stufenfolge die schrittweise Verselbständigung der Schüler unterstützt.

f) Sozialformen des Unterrichts und Aktionsformen der Schüler

Unter Sozialformen sind die Organisationsformen des Unterrichts verstanden, in denen die am Unterricht beteiligten Personen aufeinander bezogen sind. Jede Sozialform unterstützt das Unterrichtsziel, den Unterrichtsstil und ist von einer Methode abhängig. Die Dogmatisierung einer Sozialform ist ebenso abwegig wie die der Methode.

Frontalunterricht

Im Frontalunterricht in Jahrgangsklassen sollen alle Kinder gleichmäßig gefördert werden. Eine Herabsetzung der Klassenstärke soll der Effizienz des Unterrichts dienen. Die negativen Erfahrungen mit dem Frontalunterricht sprechen gegen seine Absolutsetzung.

Besonders in „schwierigen" Klassen greift der Lehrer gern zu typischen Sitzordnungen, die den Schüler isolieren, um einer steten Unruhe zuvorzukommen. Hier wird mit Sozialformen erzieherisch manipuliert.

Einzelarbeit

Der positive Aspekt der Einzelarbeit ist in der Förderung der Selbsttätigkeit zu sehen. Einzelarbeit ist während des Frontalunterrichtes möglich. Probearbeiten, getrennte Arbeit an einer Aufgabe, Stillbeschäftigungen und Hausaufgabenerledigungen sind Formen individualistischer Schülerarbeit.

Partnerarbeit

Die Partnerarbeit entspricht dem mitmenschlichen Bedürfnis des gegenseitigen Helfens. Bei der Arbeit mit einem gleichrangigen Partner kann jeder Schüler zum Lernen angeregt. aber genauso gut zur Lernverweigerung verleitet werden, je nachdem wie das Lehrer-Schüler-Verhältnis zu bewerten ist. Im positiven Sinn ist die Partnerarbeit für zahlreiche Aufgaben des Übens, Trainierens und Wiederholens geeignet. Sie läßt sich durchaus auch für Zwecke der *Erziehung* einsetzen: Hilfsbereitschaft, positive Beeinflussung durch Imitationslernen und kooperative Arbeitsformen können gepflegt werden.

Gruppenunterricht (arbeitsteilig und arbeitsgleich)

Die Sozialform des Gruppenunterrichts ist berechtigt, wenn exemplarische Inhalte und genügend Zeit vorhanden sind. Das Lernen in kleinen Gruppen setzt hohe soziale Anforderungen an die Gruppenmitglieder und an die Gruppen voraus: beispielsweise sollten die Arbeitsgeräusche möglichst gering sein. Bei der Zusammensetzung der Gruppen sollte auf Sympathie und Antipathie der Kinder sowie auf homogene und heterogene Zusammensetzung geachtet werden. Heterogene Zusammensetzung empfiehlt sich dann, wenn soziales Lernen im Vordergrund steht. Jede Fixierung auf bestimmte Gruppen ist unvorteilhaft. Der Lehrer und die Schüler müssen immer wieder neu über die Gruppenzugehörigkeit entscheiden.

Gruppenunterricht bewirkt: die Selbständigkeit und die individuelle Lernfähigkeit zu fördern, Arbeitsmethoden anzuwenden und zu Kooperation in der Gruppe zu befähigen. Insbesondere beim arbeitsteiligen Gruppenunterricht besteht die Schwierigkeit darin, Gruppenberichte für die ganze Klasse fruchtbar zu machen.

Großgruppenunterricht

Beim Großgruppenunterricht kommen mehrere Klassen zusammen, um einen Film, eine Fernsehübertragung u. ä. anzusehen. Die Zusammenkunft vieler Kinder birgt ein hohes Störpotential.

Die *Aktionsformen der Schüler* sind in die Sozialformen eingebunden. Bedenkt man die Aktivitäten der Schüler im Unterricht dann ergibt sich folgende Klassifikation: kognitive (denken, schlußfolgern, kombinieren . . .), bewertende (Stellung beziehen, urteilen . . .), produktive (schreiben, zeichnen, basteln . . .), soziale (helfen, unterstützen, dienen . . .), musische (singen, entwerfen, organisieren . . .) und schulhygienische Aktionsformen (Bewegungsübungen, Atemübungen bei geöffnetem Fenster, Konzentrationsübungen, psychosomatische Übungen)

g) Aktionsformen des Lehrers

Die Aktionsformen des Lehrers werden in der Literatur auch Lehr- oder Unterrichtsformen bezeichnet. Die *Darbietung* ist eine der bekanntesten Aktionsformen, bei der es darauf ankommt, den

Gegenstand möglichst aspektreich vor die Kinder zu stellen. Zur Erarbeitung zählen alle Unterrichtsformen, bei denen sich Lehrer und Schüler gemeinsam im Unterricht beteiligen sollen (z.B. Unterrichtsgespräch). Beim Lehrgespräch spielt die Lehrerfrage eine große Rolle. Kriterium für den Einsatz einer Frage ist die Förderung des Erkenntnisprozesses. Hier sind Denkanstoß und Impuls ertragreicher. Bei der *Diskussionsleitung* geht es um offene Gesprächssituationen. Die *Organisation von Lernprozessen* spricht vor allem die Übung des dargebotenen und erarbeiteten Unterrichtsmaterials an und ist von entscheidender Bedeutung. Die Überwachung der Tätigkeiten und der Hausaufgaben, die Kontrolle der Lernergebnisse, die Einzelbetreuung und die Gruppenbetreuung im Rahmen der inneren Differenzierung nach Lernzielen und nach dem Prinzip der individuellen Förderung in erziehlicher und unterrichtlicher Hinsicht sind weitere durchaus nicht unbedeutende Aktionsformen des Lehrers.

Der Lehrer ist kein Therapeut, kein Sozialpädagoge, auch kein Psychologe. Daher reduzieren sich seine Aktionsformen auf ein Normalmaß. Geht man davon aus, daß Erziehung sich im Umgang ereignet, vorwiegend auf sprachlicher Ebene stattfindet und in der Auseinandersetzung mit den Beteiligten besteht, dann lassen sich drei Gruppen von Aktionsformen des Lehrers bilden:

Leitung eines erziehlichen Gesprächs: wiedergeben (spiegeln), zusammenfassen, verstärken, generalisieren und erklären, mit dem Ziel, zur Einsicht zu führen, annehmen der Kinder, Mut machen usw. – *Anwendung von Erziehungsmitteln:* Befehlen, ermahnen, appellieren (im Sinne von Bollnow), Ratschläge erteilen, beraten, sich auseinandersetzen (i. Sinne von Makarenko). Die Erziehungsmittel sind in enger Verbindung zum Erziehungsstil zu sehen. Davon hängt auch die Strafe in ihren verschiedenen Ausprägungsformen ab. – *Organisation und Pflege von Schulleben:* Hier sind alle Aktionsformen, die damit zusammenhängen, insbesondere Vorleben und Anregen zu nennen.

h) Art und Umfang der Hausaufgaben-Belastbarkeit der Schüler

Der Punkt der Hausaufgaben wurde deswegen hier eigens aufgeführt, weil die Ansicht vertreten wird, daß die Hausaufgaben in unseren Schulen eine teils ungeklärte, teils unpädagogische Funktion erfüllen. Hausaufgaben sind durchaus berechtigt, so lange sie dem Schüler ein Erfolgserlebnis gewähren. Sie haben ihren Sinn verfehlt, wenn die Strecke der Übung, die dem Unterricht zugewiesen ist, in die Familie verlegt werden soll.

Wahl der Unterrichtsmedien

Die Wahl der Unterrichtsmittel wird oft von der verfügbaren Zeit des Lehrers, der Anwesenheit, der Einsatzbereitschaft und des Gerätezustandes entschieden. – Die Unterrichtsmittel lassen sich folgendermaßen gliedern:

Unterrichtsmedien
Unterrichtsmedien werden definiert als die Repräsentanten des Unterrichtsgegenstandes, z. B. Sprache, Schrift, Lehrbuch, Bilder, Filme, Fernsehaufzeichnungen (Video-) und -sendungen, Rundfunksendungen, Tafelbild usw.

Geräte und Hilfsmittel
Flanelltafel, Episkop, Zirkel, Dreieck, Lineal, Kreide (weiß, bunt), Tafellappen, Kartenständer, Tonbandgerät, Plattenspieler, Overhead-Projektor, Tageslichtprojektor, Tonbildschau, Filmapparat usw.

Arbeitsmittel
Die Arbeitsmittel werden als eine Sonderform der Unterrichtsmittel gesehen; denn sie dienen im besonderen Maße dem selbständigen Lernen, enthalten Arbeitsanweisungen, das Material zur Lösung der gestellten Aufgaben und die Möglichkeit zur Selbstkontrolle. Eine besondere Form ist das Unterrichtsprogramm. Aber auch Arbeitsblätter, die der Lehrer ausarbeitet, sind hier zu subsumieren. Damit ist zugleich ein bestimmtes Anspruchsniveau für die Konzeption von Arbeitsblättern im Unterricht angesprochen [12].

Verlaufsplanung

Neben der unterrichtlichen Verantwortung hat der Lehrer auch seine *erzieherische* Verantwortung zu erfüllen. Unter diesem Aspekt liegt es nahe, bei der Verlaufsplanung genügend Zeit vorzusehen, die bei Bedarf für die Beseitigung von Unterrichtsstörungen verwendet werden könnte. Daher ist jede rigide Zeitplanung pädagogisch unfruchtbar: sie ist eine Geißel für Lehrer und Schüler.

Zeit	Inhalte, Teillernziele	Lehrer- und Schüler-aktivitäten	Alternativen	Bemerkungen

Reflexion über die gesamte Unterrichtsvorbereitung

Nachdem der Plan der Durchführung fertiggestellt worden ist, prüft der Lehrer, ob die Unterrichtsvorbereitung ein gewisses Anspruchsniveau erfüllt. – Ist die geplante Unterrichtsstunde *schülergemäß* (Werden z.B. verschiedene Auffassungstypen berücksichtigt?), *sachgemäß* (Wird tatsächlich die „Wahrheit" vertreten oder wird sie durch eine „Brille" vorgestellt?), *lehrergemäß* (Stellt die Stunde zu viele Anforderungen an den Lehrer?), *zeitgemäß* (Ist die Stunde modern, aber nicht modernistisch?), *prinzipiengemäß* (Wird auf die jeweilige Antithese eingegangen?). Anschauung und Abstraktion; manuelle Selbsttätigkeit und Reflexion; Lebensnähe und mehr Möglichkeiten zur Entfaltung; Kindgemäßheit und Anspruch nach „Vorwegnahme"; Individualisierung und Integration; Erfolgssicherung aber nicht in jeder Unterrichtsstunde; Sachlichkeit und persönliche Repräsentation durch den Lehrer; Motivation und Sachanforderung)? Ist neben dem unterrichtlichen Aspekt der *erziehliche* ausreichend berücksichtigt?

Zur Absicherung einer Kontinuität von Unterricht und Erziehung ist eine „Nachbereitung" der Stunde oder Unterrichtseinheit unerläßlich. Positive und negative Ergebnisse sind die Ausgangslage für die nächste Unterrichtsvorbereitung.

II. Beispiele der Unterrichtsvorbereitung

Hildegard Kunze

Warum hat der Apfel eine Schale?

(Heimat- und) Sachkunde – 1. Schuljahr

Vorbemerkung

Zu den wesentlichsten Aufgaben der Sachkunde im ersten Schuljahr gehört es, über Gegenstände aus der kindlichen Umgebung Einsichten anzubahnen, Wissen zu vermitteln und einen Beitrag zur Daseinserhellung zu liefern. Dazu ist es nötig, den Gegenstand des Unterrichts zu kennen und die Beziehungen seiner Teile zueinander in ihren Funktionen zu begründen.

Im grundlegenden Sachunterricht haben zweifellos wissenschaftliche Erkenntnisse ihre Berechtigung. Der kindliche Erfahrungs- und Fragehorizont kann durch sie gedeutet und erweitert werden. Allerdings sollte genügend Zeit bleiben, um auf alltägliche Beobachtungen und Erlebnisse der Kinder verantwortungsvoll eingehen zu können. Eine einseitige Ausrichtung der Unterrichtsanlage zum Beispiel auf Wissenschaftssystematik würde die Aufgabe von Schule, allen Schülern gerecht zu werden, verfehlen.

Die besondere pädagogische Situation der Schulanfänger fordert eine Begrenzung der Stoffülle. Es ist unpädagogisch, Schulanfängern zuzumuten, 24 Wochenstunden zu bewältigen, in deren Verlauf sie in nahezu alle Unterrichtsfächer eingeführt werden müssen. Zu bedenken ist auch, daß die Einhaltung von Pause-, Haus- und Schulordnung für Schulanfänger belastend sein kann. Bedrohend können unsoziale Verhaltensweisen anderer – zumeist älterer – Schüler erlebt werden: Kinder sollten in der Schule entspannt und lustbetont leben und lernen können.

Bei der Festlegung der Stundenzahl und ihrer Aufteilung nach Fächern dürfen Hort-Kinder nicht übersehen werden. Ihnen erweist man kaum einen Gefallen, wenn man glaubt, ihre soziale Benachteiligung durch eine möglichst intensive Beschulung im obigen Sinne auszugleichen. Da ihre Eltern – nicht allein aus Arbeitsüberlastung

– in den wenigsten Fällen für ihre Schwierigkeiten ansprechbar sind, bleiben ihnen nur wenige Alternativen zur Lösung ihrer Probleme. Ist gar der Kontakt zum Lehrer unterbrochen – und dies braucht nicht am Kinde zu liegen – dann ist ein schulischer Erfolg bereits im ersten Schuljahr in Frage gestellt.

Eine drastische Reduktion des stofflichen Lehrangebots würde Unterrichtszeit freisetzen. Sie könnte zur Erfüllung wesentlicher erzieherischer Aufgaben von Schule genutzt werden. Es ließe sich denken, daß der Lehrer mit allen Kindern in einen engeren Kontakt kommen möchte, insbesondere mit denen, um deren schulische Leistungen er sich sorgt; es ließe sich auch die Möglichkeit einräumen, gemeinsam zu singen, zu musizieren, zu feiern und Feste zu veranstalten, vorzulesen, zu erzählen, zu malen, zu zeichnen, auszuschneiden, zu basteln usw. Alles könnte aus Freude an der Tätigkeit und ohne Notendruck geschehen. Es böten sich Organisations- und Verhaltensspiele mit oder ohne therapeutischer Absicht an. So würde Ruhe und Besinnung, Ausgeglichenheit und Muße, Beschaulichkeit und Leben in die Schule und – man verzeihe – in die Schulstube einziehen. Bereiche der kindlichen Umwelt wären am Schuljahresende zugegebenermaßen nicht so exakt fachwissenschaftlich erschlossen; dafür wären die pädagogischen Grundlagen gelegt, auf denen später das scheinbar Versäumte in kurzer Zeit nachgeholt werden könnte.

Hrsg.

1 Auswahl des Unterrichtsgegenstandes im Hinblick auf Lehrplan und Unterricht

Der Unterrichtsgegenstand „Warum hat der Apfel eine Schale?“ ist der verbindlichen Lehraufgabe II „Erfassen von Lebensvorgängen und biologischen Zusammenhängen“ im Biologie-Unterricht zuzuordnen.

Der Unterrichtsgegenstand ist wie folgt in den laufenden Lernprozeß einzuordnen:

– „Mein Pausenapfel“ – Lerninhalt: Untersuchung des Objekts mit Auge, Tastsinn, Nase, Mund;
– „Wir zerteilen einen Apfel“ – Lerninhalt: Aufbau des Apfels und Benennung der Einzelteile; Vergleich mit anderen Obstarten;

– *„Warum hat der Apfel eine Schale?“* – Lerninhalt: Bedeutung der Schale; Übertragen auf andere Obstarten;
– „Kernobst – Steinobst – Beerenobst“ – Lerninhalt: Formenvielfalt der Natur.

Die ersten beiden Themen sind keiner verbindlichen Lehraufgabe zuzuordnen. Ich halte sie aber dennoch für notwendig, da Kinder dieser Altersstufe Dinge noch mit allen Sinnen wahrnehmen müssen und wollen (s. 1. Std.) und da darüber hinaus die Begriffe für die Einzelteile des Apfels (s. 2. Std.) als Voraussetzung für die vorliegende Stunde anzusehen sind. Auf diese Weise ist gewährleistet, daß die Kinder ihre volle Aufmerksamkeit dem Unterrichtsgegenstand zuwenden.

2 Sachgrundlagen des Inhalts

2.1 Klärung der Sachstruktur

Der Apfel besteht aus dem Fruchtfleisch, der Fruchtschale und dem Kernhaus. Dieses bildet sich aus dem Fruchtknoten der Blüte, während das Fruchtfleisch sich aus der Verdickung des Blütenstils entwickelt. Die Frucht umschließt den Samen.

Die Fruchtschale stellt oft eine halbdurchlässige Membran dar (speziell beim Steinobst), die zwar Wasser begrenzt eindringen läßt, andere Stoffe (z. B. Salze) aber kaum aufnimmt. Andererseits ist die Fruchtschale durch eine dicke Wachsschicht abgeschlossen, wodurch Schutz vor Wasserverlust und Fäulnisbefall (Pilze, Bakterien) gewährleistet ist, sie bleibt aber luftdurchlässig (Atmung). Folgende Begriffe wurden eingeführt:

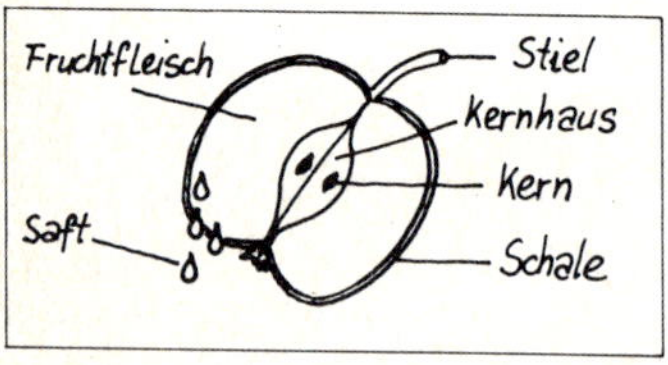

Abb. 1

2.2 Exemplarisches Lernen

Die Schutzfunktion der Schale für die Frucht wird in dieser Stunde exemplarisch für alle Früchte am Beispiel des Apfels erarbeitet, da er verschiedene Vorteile bietet: Die Schale ist gut ausgebildet, die Früchte leicht beschaffbar und billig.

2.3 Einengung des Unterrichtsgegenstandes bezüglich der unterrichtlichen Durchführung

Es kann in der einen Stunde unmöglich die ganze Palette der Schutzfunktionen der Apfelschale behandelt, vor allem auch nicht experimentell nachgewiesen werden. Schwerpunktmäßig soll in dieser Stunde der Schutz vor Austrocknen und vor Verschmutzung nachgewiesen werden, weil diese Funktionen der Schale für den kindlichen Umgang mit dem Apfel und ähnlichen Obstarten wichtig erscheinen. Bei guter Mitarbeit der Kinder und damit verbundener Zeiteinsparung empfiehlt sich zusätzlich, den Schutz vor Regen (Wasser perlt ab) nachzuweisen. Am Rande kann mit anklingen, daß die Schale nicht vor Druck und Würmern schützen kann. In jedem Fall sollte darauf hingewiesen werden, daß die Schale wegen der enthaltenen Vitamine gesund ist. Darüber hinaus müssen die Kinder dahingehend belehrt werden, daß jedes Obst, das mit der Schale gegessen wird, vor dem Genuß abzuwaschen ist.

3 Didaktische Analyse

3.1 Beitrag zu fachlicher Bildung

In der vorliegenden Stunde gilt es, die Kinder von der Problemfindung über Hypothesen, Problemlösungsversuche zur Problemlösung und Übertragung zu führen. Damit verhilft der Unterricht zu *fachgerechtem Erwerb von Wissen und Können.* Im Mittelpunkt der Stunde steht das Experiment, verbunden mit der Beobachtung und Verbalisierung des Ablaufes. Es werden also *fachliche Arbeitsweisen* angebahnt.

Die „Schutzfunktion der Schale“ wird am Beispiel des Apfels *exemplarisch* für andere Früchte erarbeitet.

3.2 Beitrag zur Bewältigung spezifischer Lebenssituationen

Ein Beitrag zur Bewältigung spezifischer Lebenssituationen wird weniger durch den Unterrichtsgegenstand selbst gegeben, als vielmehr durch die Ausweitung in bezug auf Gesundheit und Hygiene. Die Kinder sollen erfahren, daß die Schale des Apfels wegen der enthaltenen Vitamine gesund ist, daß sie aber unbedingt vor dem Essen abzuwaschen ist.

4 Individuallage der Klasse

4.1 Voraussetzungen bei den Kindern

4.1.1 Formale Voraussetzungen

Die Klasse umfaßt 38 Kinder (23 Buben, 15 Mädchen). 5 Kinder wurden vorzeitig eingeschult, 2 Kinder wiederholen die Klasse. Ein nach etwa drei Schulwochen mit der Klasse durchgeführter Test hat ergeben, daß der Klassendurchschnitt weit unter dem Durchschnitt der dem Test zugrundeliegenden Bezugsgruppe liegt. Diese Tatsache zeigt sich auch in der gesamten schulischen Arbeit.

Konzentration und Ausdauer der Kinder schwanken von Tag zu Tag, unabhängig vom Lerninhalt. Ebenso ist das Arbeitstempo sehr unterschiedlich. Problemverständnis ist erst bei wenigen Kindern zu beobachten.

Es fällt auf, daß die Kinder dem Unterricht besonders gut folgen, wenn sie an die Tafel dürfen. Sobald aber die gleiche Aufgabe in Alleinarbeit nachvollzogen werden soll, ist das Denkvermögen vieler Kinder scheinbar blockiert. Die Schulung des selbständigen Arbeitens ist also eine wichtige Aufgabe des laufenden Unterrichts.

Das Sozialverhalten im Klassenverband muß noch gefördert und ausgebaut werden. Es gibt in der Klasse recht viele Individualisten und Egozentriker, denen es schwerfällt, sich einzuordnen. Das macht sich besonders nachteilig in der Gruppenarbeit bemerkbar.

All den erwähnten Tatsachen muß innerhalb des Unterrichts durch kleine Lernschritte, abwechslungsreiche Unterrichtsplanung und entwicklungsgemäßen Unterrichtssituationen Rechnung getragen werden.

4.1.2 Voraussetzungen in bezug auf die Stunde

Der Apfel bedeutet für die Kinder kein Problem: Sie begegnen ihm fast täglich. Der Frage des Zugangs zum Unterrichtsgegenstand kommt deshalb eine wichtige Funktion zu. Schwierigkeiten dürfte den Kindern noch das Verbalisieren ihrer Vermutungen und Erkenntnisse bereiten, da das Sprachverhalten der Kinder dieser Klasse noch nicht sonderlich ausgeprägt ist. Es sollte aber dennoch auch in dieser Stunde darauf geachtet werden, daß die Kinder sich um exakte Formulierungen bemühen und möglichst in ganzen Sätzen sprechen.

Gruppenarbeit wurde in der Klasse erprobt. Es zeigte sich aber, daß Arbeitsverhalten und Disziplin noch sehr darunter leiden. Aus diesem Grunde werden die Experimente in Partnerarbeit durchgeführt.

4.2 Umweltbedingungen, unter denen die Schüler lernen

Die Kinder entstammen zu ca. 70 Prozent aus Arbeiterfamilien und zu ca. 30 Prozent aus der unteren bis mittleren Mittelschicht. Mangelnde häusliche Förderung schlagen sich zum Teil in Desinteresse und geringer Mitarbeit nieder. Auch durch die große Schülerzahl bedingt tritt das einzelne Kind häufig in den Hintergrund. Stichproben ergaben aber, daß die mangelnde Mitarbeit weniger auf das „Nichtwissen" als auf eine gewisse Bequemlichkeit, sich zu melden, zurückzuführen ist. Diese Beobachtungen zeigen, daß der Motivation eine erhöhte Bedeutung beizumessen ist.

Kontakte mit dem Elternhaus haben ergeben, daß die Eltern der Kinder, die in der Schule durch ihr Verhalten negativ auffallen, zu Hause Strafmaßnahmen ergreifen, wie Einsperren, Arrest, Fernsehverbot, um überhaupt einigermaßen mit den Kindern zurechtzukommen. Das hat zur Folge, daß die Kinder in der Schule ihre Aggressionen abzubauen versuchen und zwar durch verbalen oder körperlichen Angriff auf Mitschüler bzw. durch übersteigerte Motorik.

5 Lernziele

Grobziel:
Die Schüler sollen die Schutzfunktion der Fruchtschale am Beispiel des Apfels erklären können.

Feinziele:
Die Schüler sollen
1. das gezielte Betrachten, Untersuchen und Beobachten erlernen (Fähigkeit, Arbeitstechnik)
2. lernen, Vermutungen über den Unterrichtsgegenstand anzustellen und diese mit den durch Experimente erzielten Ergebnissen zu vergleichen (Arbeitstechnik)
3. wissen, daß die Schale eine Frucht vor dem Austrocknen, vor Verschmutzung und Regen schützt (kognitiv)
4. aufgrund von Kenntnissen und Einsichten in die Funktion der Apfelschale auf die Aufgabe der Schale bei anderen Obstarten und Dingen schließen können (kognitiv)

Nebenziele:
1. Die Schüler sollen üben, ihre Beobachtungen sprachlich exakt und eindeutig zu formulieren.
2. Bei den Schülern soll eine fragende Arbeitshaltung angebahnt werden.
3. Bei den Schülern soll die Bereitschaft zu partnerschaftlicher Arbeit gefördert werden.

6 Unterrichtsmethodische Überlegungen

6.1 Methodische Struktur

Die Artikulation des Unterrichts folgt den notwendigen Stufen eines naturwissenschaftlichen Unterrichts (Abb. 2).

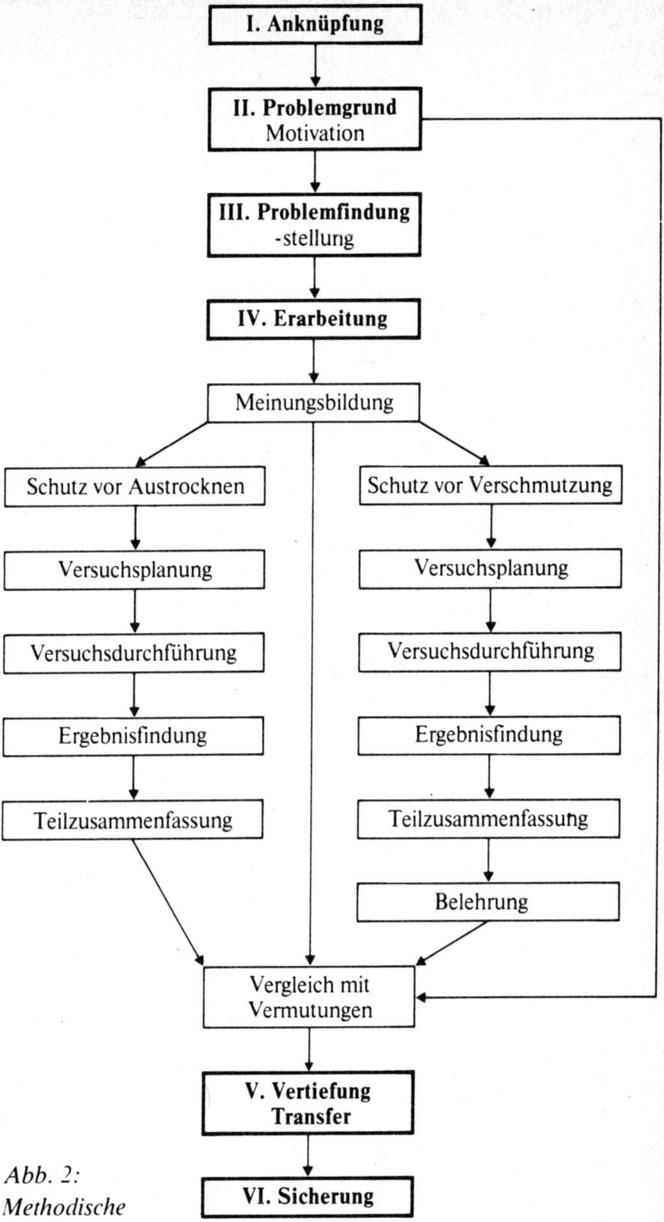

Abb. 2:
Methodische
Struktur

6.2 Gestaltungsgedanke

I. Anknüpfung; II. Problemgrund; III. Problemfindung

Der Stundenbeginn bietet verschiedene Möglichkeiten. So könnte man direkt über den Vergleich „geschälter Apfel – ungeschälter Apfel" einsteigen. Die Eigeninitiative der Kinder würde hierbei aber gebremst, weil sie ungenügend Raum für Vermutungen erhielten, deren Beweis erst ein Experiment zwingend notwendig machte.

Ein Gewichtsvergleich von geschältem und ungeschältem Apfel würde die Kinder schon eher zu einer eigenen Meinungsbildung über die Funktion der Schale anregen und auch das Experiment rechtfertigen. Allerdings fehlt dieser Variante – wie auch der ersten – die Einbettung in eine kindgemäße Situation. Ein Nachteil beider Möglichkeiten ist, daß sie nur auf das Problem des Austrocknens abzielen, nicht aber auf das Problem der Verschmutzung und auf die Schutzfunktion der Schale insgesamt.

So habe ich mich für folgende, der Individuallage meiner Klasse angemessene Möglichkeit entschieden: Ein Kind (Otto) mag Äpfel nur, wenn sie geschält sind. Mutter gibt ihm immer wieder den Apfel mit Schale. Mit der Zeit wird Otto ärgerlich, aber auch nachdenklich und fragt „Warum hat der Apfel eine Schale?" Nach Möglichkeit sollte diese Fragestellung von den Kindern selbst kommen. Diese Frage zwingt die Kinder geradezu zu einer Meinungsbildung und -äußerung. Außerdem ist eine Situation geschaffen, auf die während der ganzen Stunde zurückgegriffen werden kann.

Bevor den Kindern aber der Problemgrund eröffnet wird, halte ich es für notwendig, nochmals auf die Einzelteile des Apfels, die am Vortag erarbeitet wurden, einzugehen. Nur so ist gewährleistet, daß die Kinder bei der Versprachlichung ihrer Vermutungen und der Ergebnisse mit den gleichen Begriffen operieren und sich verstehen können.

IV. Erarbeitung

Die Erarbeitungsphase gliedert sich in vier Abschnitte:
- Meinungsbildung
- Nachweis des Austrocknens
- Nachweis der Verschmutzung
- Vergleich der Ergebnisse mit den Vermutungen

Die Vermutungen werden vom Lehrer an der Tafel schriftlich fixiert, um sie später auf der einen Seite als Grundlage für die Versuche und andererseits zum Vergleich mit den Versuchsergebnissen heranzuziehen.

Die Versuche werden in Partnerarbeit durchgeführt. Nachteil: großer Materialaufwand. Vorteil: gute Beobachtungsmöglichkeit, intensive Schülerarbeit am Unterrichtsgegenstand. Der geringste Materialaufwand wäre für den Demonstrationsversuch erforderlich. Nachteil: kein direkter Schüler-Objekt-Bezug verbunden mit zu wenig Schüleraktivität. Die Tatsache, daß die Kleingruppenarbeit (Partnerarbeit) der Gruppenarbeit vorgezogen wurde, wurde bereits in Punkt 4.1.2 begründet.

Bei der Durchführung der Versuche ist darauf zu achten, daß die Partnergespräche im Flüsterton erfolgen, daß jeder Partner in gleicher Weise Zugang zum Objekt erhält, daß Arbeitsaufträge genau beachtet werden. Dies ist nötig, um einen störungsfreien und reibungslosen Arbeitsablauf zu gewährleisten.

V. Vertiefung – Transfer

Nachdem jedes Experiment mit einer Teilzusammenfassung abgeschlossen und die Tafelanschrift nochmals gelesen wurde (Vertiefung), gilt es nun, die am Beispiel des Apfels exemplarisch erworbenen Kenntnisse bezüglich der Schutzfunktion der Schale auf andere Früchte und Dinge zu übertragen (Transfer). Im Rückblick auf den Problemgrund werden die Früchte und Dinge in zwei Gruppen geordnet: man ißt die Schale mit – man ißt die Schale nicht mit.

VI. Sicherung

Die Sicherung der Unterrichtsergebnisse erfolgt in Form einer Hausaufgabe. Die Kinder sollen Dinge und Früchte auf ein Blatt malen, die durch eine Schale geschützt sind. Sie sollen die Dinge mit eßbarer Schale grün und die Dinge mit nicht eßbarer Schale rot umfahren. Diese Hausaufgabe dient der selbständigen Nachbereitung des Unterrichts durch die Kinder und schult das selbständige schriftliche Erstellen von Zusammenfassungen. Der Lehrer erhält einen Überblick über den erreichten Leistungsstand der Kinder.

6.3 Unterrichtsformen – Unterrichtsmittel

Der Einsatz von Unterrichtsformen und Unterrichtsmitteln ist den entsprechenden Spalten der Verlaufsplanung zu entnehmen.

6.4 Organisation des Unterrichtsablaufes

Die Tafelanschrift vom Vortag bleibt zunächst verdeckt (s. 2.1). Das Versuchsmaterial wird vor der Stunde zum Austeilen geordnet bereitgestellt. Vor der Versuchsdurchführung werden die Tische mit Zeitung abgedeckt, um Sand und Wasser auffangen zu können. Auf diese Weise kann das Versuchsmaterial nach Abschluß der Versuchsreihe zügig wieder eingesammelt werden, ohne Zeit mit dem Säubern der Tische zu verlieren. Schüsseln und Eimer sind für das Einsammeln bereitzustellen.

7 Verlaufsplanung

Zeit	Meth. Gestaltung (U-Stufen)	Darstellung des geplanten Unterrichtsablaufes	U-Formen (Tätigkeiten)	U-Mittel
		Org.: Versuchsmaterial liegt bereit. Schülertische sind aufgeräumt.		
00	**I. Anknüpfung**	L (deckt TA 0 auf): Du kennst die Einzelteile des Apfels! ⇒ SS zeigen Teile an Tafel ⇒ Sprechreihen: Der Apfel hat einen Stiel . . .	*zus. wirk. Kl. U.* Zeigen Verbalisieren	TA 0 Sprache
05	**II. Problemgrund**	L: Otto ißt sehr gern Äpfel. Er mag sie aber nicht so, wie sie vom Baum kommen. Seine Mutter muß sie immer erst herrichten. L zeigt geschälten Apfel SS: Der Apfel hat keine Schale . . . L: Otto mag die Schale vom Apfel nicht. Jedesmal bekommt er den Apfel wieder mit Schale. Zuerst wird er ärgerlich, dann denkt er nach und stellt eine Frage!	*darb. Kl. U.*	Sprache gesch. Apfel
08	**III. Problemfindung** Zielangabe	⇒ SS-Vermutungen: Warum hat der A. eine Schale? TA 1 SS wiederholen Problemfrage, rufen sich gegenseitig auf. ⇒ SS lesen TA gemeinsam L: Wir wollen heute untersuchen, warum der A. eine Schale hat.	*Zus. wirk. Kl. U.* Vermuten Tafelanschrift Lesen	Tafel/Kreide
12	**IV. Erarbeitung** IV.*1. Meinungsbildung*	L: Du kannst dem Otto vielleicht schon etwas auf seine Frage antworten. ⇒ SS-Vermutungen werden von L an Tafel skizziert: Saft läuft weg, Apfel wird schmutzig, fault, schrumpft . . . Hilfsimpuls: Denke daran, daß der A. draußen am Baum wächst! ⇒ Sonne, Regen, Schmutz	*zus. wirk. Kl. U.* Vermuten	Sprache Tafel/Kreide

15	IV.2. *1. Versuch*	*Nachweis des Austrocknens*		
	Versuchsplanung	L: Wir wollen nachprüfen, ob es stimmt, daß die Schale den Saft festhält. Wie?	L-Ankündigung	
		⇒ SS-Vorschläge	*zus. wirk. Kl. U.*	
		L zeigt Versuchsmaterial: 1/2 geschälter A., 1/2 ungeschälter A., Löschblatt		
		⇒ SS beschreiben u. machen Vorschläge zur Versuchsdurchführung	Beschreiben Vorschläge	je Gruppe: Pappteller 1/2 gesch. A. 1/2 ungesch. A. Löschblatt Zeitung
		Org.: Tische mit Zeitung auslegen		
18	*Durchführung*	L teilt Vers.-Mat. aus: Versuche mit deinem Nachbarn herauszufinden, welcher A. mehr Saft hat!	L-Auftrag	
		Sobald ein Tisch herausgefunden hat, daß man d. Löschblatt auf d. Schnittfläche des A. drücken muß, wird diese Methode von einem Partner erklärt u. von d. and. Gruppe nachvollzogen.	Experiment in *aufg. Partn. U.* Erklären	
		Org.: Äpfel auf d. Teller zurück, Löschblatt unter d. Teller schieben.		
	Ergebnis	gesch. A.: trocken, schwammig, dunkel, hat keinen Saft, da kein Abdruck ungesch. A.: ist saftig, da Abdruck	*zus. wirk. Kl. U.*	Sprache
		⇒ SS verbalisieren: Die Schale schützt das Fruchtfleisch vor dem Austrocknen	Verbalisieren	
		TA 3	Tafelanschrift	Tafel/Kreide
	Teilzusammenfassung	⇒ SS lesen TA bis hier u. U. Gewichtsvergleich zweier Ä.: Welcher A. müßte leichter sein? Warum?	Demonstration	Kleiderbügel als Waage

	Versuchsplanung	L: Du hast vermutet, daß der gesch. A. leicht schmutzig wird. Das mußt du beweisen!	*zus. wirk. Kl. U.*	Sprache
		⇒ SS-Berichte		
		L zeigt Vers. Mat.: Behälter mit Sand		Sand
		⇒ SS-Vorschläge zur Vers. Durchführung	Vorschläge	
		L: Du sollst zeigen, wo d. A. am meisten, wo er am wenigsten schmutzig wird. (Schale? Schnittfläche?)	Arb.-Anweisung	
		⇒ SS-Vermutungen	Vermuten	
		L teilt Mat. aus		Äpfel
28	*Durchführung*	SS führen Arb.-Anweisung aus	*Experiment in*	Sand
		Org.: Vers.-Mat. an Tischkante schieben.	*aufg. Partn. U.*	
	Ergebnis	Am Fruchtfleisch bleibt d. Sand hängen, an d. Schale nicht	*zus. wirk. Kl. U.*	Sprache
		⇒ TA 4	Tafelanschrift	Tafel/Kreide
	Teilzusammenfassung	⇒ SS lesen TA	Lesen	
		Wann und wo kann d. A. schmutzig werden?		
	Belehrung	L: A. vor dem Essen waschen!		
33	IV.4. *3. Versuch*	L nimmt 2 SS-Ä: Man kann d. Schmutz doch abwaschen!		
		⇒ SS-Vermutungen	Vermuten	
	Durchführung	L läßt auf beide Ä. Wasser tropfen (Wenn Zeit – SS-Versuche)	Demonstration	Äpfel/Wasser
	Ergebnis	Wasser perlt von d. Schale ab Wasser dringt in d. Fruchtfleisch ein	Verbalisieren *zus. wirk. Kl. U.*	Sprache
		L: Die Sch. schützt d. A. also vor noch etwas!		
		⇒ Regen ⇒ TA 5	Tafelanschrift	Tafel/Kreide
	Zusammenfassung	⇒ SS lesen d. gesamte TA gemeinsam, einzeln	Lesen	

36	IV.5. *Vergleich* *Ergebn.-Vermutg.*	Org.: Vers.-Mat. einsammeln L: Am Anfang d. Stunde hast du vermutet, daß . . . (L liest Notizen vor) Jetzt weißt du es genau! ⇒ SS verbalisieren ihre Erkenntnisse.	*zus. wirk. Kl. U.* Verbalisieren	
	IV.6. *Rückgriff auf Ausgangsproblem*	L: Wenn d. Sch. d. Schmutz zurückhält, hat Otto doch recht, wenn er d. Sch. wegschneidet! ⇒ Schmutz kann man abwaschen! Sch. ist gesund!	Provokation	Sprache
40	**V. Vertiefung**	L: Du kennst andere Früchte u. Dinge, die auch eine Sch. zum Schutz haben! ⇒ SS nennen versch. Früchte L zeigt Nüsse, Birne, Ei, Banane, Kartoffel . . . ⇒ Sprechreihen: Die Nuß hat eine Sch. zum Schutz vor . . . L: Nicht immer ißt man d. Sch. mit! ⇒ SS ordnen	Impuls Verbalisieren Ordnen	Sprache versch. Dinge u. Früchte
	IV. Sicherung	L: Denke dir möglichst viele Früchte u. Dinge aus, die eine Schutzschale haben. Male sie auf ein Blatt! Umkreise die Früchte (Dinge), bei denen du die Sch. ißt, grün u. die, bei denen du die Sch. nicht ißt, rot.		

8 Nachbesinnung

Die Mitarbeit der Kinder war in dieser Stunde ausgesprochen gut. Ich führe das darauf zurück, daß der Unterrichtsgegenstand aus dem unmittelbaren Erfahrungsbereich der Kinder entnommen wurde. Wenn auch das Verbalisieren meinen Kindern noch Schwierigkeiten bereitete (die Stunde wurde nach ca. 4 Schulwochen gehalten), so war doch ihr Bemühen, sich klar auszudrücken, zu beobachten.

Es ist unbedingt zu empfehlen, den Kindern genügend Zeit zum Vermuten und Erproben ihrer Lösungsvorschläge zu geben. Es hat sich gezeigt, daß sich die Kinder so das Stundenproblem zu eigen machten und somit stark intrinsisch motiviert waren, und daß die Sprechbereitschaft dadurch gesteigert wurde. Das mit der Motivation verbundene starke Engagement der Kinder war m. E. der Grund dafür, daß der Zeitplan so gut eingehalten wurde, daß auch der dritte Versuch noch in Partnerarbeit durchgeführt werden konnte.

Die detaillierten Vorüberlegungen des Unterrichts erwiesen sich als vorteilhaft. Die stark motorisch veranlagten Kinder meiner Klasse wurden so während der Phasen des Frontalunterrichts nicht durch das Versuchsmaterial abgelenkt.

Vielleicht hätten bei den Teilzusammenfassungen die Einzelerkenntnisse durch kategoriale Ausweitungen noch mehr vertieft werden sollen, z.B. „Was trocknet noch aus?“; „Wo perlt das Wasser noch ab?“

9 Literatur

Amtsblatt des Bayerischen Staatsministeriums für Unterricht und Kultus. Sondernummer 12/1976, S. 319

Knaurs Jugendlexikon. München 1968, S. 27

Klautke/Spandl: Fachbereich Biologie. In: *Meißner/Zöpfl* (Hrsg.): Handbuch der Unterrichtspraxis. Band 2, München, 1973, S. 163

Kommentar

Die übersichtliche und klar gegliederte Unterrichtsvorbereitung zeigt die Gleichgewichtigkeit folgender vier Momente der Vorbereitung:

- *Klärung der Sachprobleme und Fakten,*
- *Bewußtmachen der Individuallage der Klasse,*
- *Klärung der didaktischen Probleme des Vorhabens,*
- *Planung des methodischen Aufbaues der Stunde bzw. Unterrichtseinheit.*

Hinsichtlich der Sachprobleme – früher sagte man nicht zu unrecht: Bildungsinhalte – hat sich weitgehend der Begriff „Sachstruktur“ eingebürgert. Vor einer generellen Verwendung dieses Begriffs ist zu warnen, da er zu formal ist und weithin nur für naturwissenschaftliche Inhalte anwendbar ist. Gerade bei geisteswissenschaftlichen Inhalten wäre auf das Spezifische des einzelnen Inhalts zu achten. Im vorliegenden Fall ist der Begriff „Struktur“ brauch-

bar, wenn er auch für den gemeinten Sachverhalt zu anspruchsvoll ist.

Hervorzuheben sind die Ausführungen über die Individuallage der Klasse. Zunächst muß betont werden, daß eine solche Analyse nicht aus Büchern psychologischer oder soziologischer Herkunft abgeleitet werden kann. „Theorie setzt Augen ein", das heißt, durch genannte Theorien kann der Blick geweitet und die Vielfalt der Aspekte bewußt werden. Aber dann muß man durch Beobachtung und Begegnung die Befindlichkeit der Schüler der Klasse analysieren. Dabei können auch Tests helfen. Aber vor zwei Gefahren muß mit Nachdruck gewarnt werden:

– Testergebnisse (aufgrund welchen Tests auch immer) dürfen nicht absolut gesetzt werden, sondern haben eine ergänzende Funktion.

– Eigene Analysen und Testergebnisse dürfen den Lehrer in seiner Einstellung nicht fixieren, sondern sollen ihm nur über die Befindlichkeit der einzelnen Kinder Tatbestände mitteilen, die zur Grundlage der pädagogischen Bemühungen gemacht werden.

Durchzuhalten ist in jedem Falle: Das Bemühen um das einzelne Kind. Menschliche Zuwendung und individuelle Förderung sind wir allen Kindern schuldig; die Analysen sollen „nur" helfen, den jeweilig richtigen Zugang zu erhalten.

Zur Analyse gehört auch das Wissen um entwicklungspsychologische Tatbestände. Kinder des ersten Schuljahres sind – wenn sie nicht längere Zeit im Kindergarten waren – „Individualisten" und „Egozentriker". Hier hat genau die Aufgabe des sozialen Lernens ihren Platz. Zur Erfüllung der Aufgabe gehören aber Einfühlungsvermögen und Geduld. Deshalb sollte man auch mit Gruppenarbeit zunächst zurückhaltend sein. Die dafür nötigen Voraussetzungen (z. B. Wille zur Kooperation, Arbeitstechniken) müssen erst gelernt werden, und das braucht Zeit. Deshalb geht der richtige Weg über die Partnerarbeit. Dann kann behutsam themengleicher Gruppenunterricht eingeführt werden.

Weil im ersten Schuljahr so viel an Voraussetzung geschaffen werden muß, sollte man hinsichtlich der sachlichen Anforderungen und vor allem hinsichtlich der Abstraktion zurückhaltend sein. – Es ist eine Frage des pädagogischen Taktes, ob man immer – wie in Richtlinien oft verlangt – auf der Beantwortung im ganzen Satz bestehen sollte. Die Forderung kann lähmend wirken; wichtiger ist wohl die Erhaltung der Bereitschaft zur Mitteilung.

Bedeutsam ist die Zusammenarbeit zwischen Schule und Elternhaus – auch im 1. Schuljahr. Im Gespräch muß es zu einer weitgehenden Übereinstimmung in Erziehungsfragen kommen.

Hrsg.

Siegfried Thiel

Wie entsteht Grundwasser?

Sachunterricht – 3. Schuljahr

Vorbemerkung

Im Zusammenhang mit dem rapiden Anwachsen wissenschaftlicher Erkenntnisse tauchte für die Schule das Problem der Weitergabe neuer Wissensstoffe auf. Der Heimatkundeunterricht wurde mit dem Ziel differenziert, möglichst viele Naturwissenschaften integrieren zu können. Naturwissenschaftliche Inhalte und Methoden sollten mithelfen, Kindern ihre Welt wirklichkeitsgerecht zu erschließen. Als Folge davon besteht seit 1969 die Tendenz zum lernzielorientierten Fachunterricht in der Grundschule.

So wie man dem Heimatkundeunterricht zu Recht die Ausklammerung fachspezifischer Fragestellung vorwarf, muß jetzt auf die Gefahr aufmerksam gemacht werden, die darin besteht, die Verfachlichung des Sachunterrichts in der Grundschule absolut zu setzen. Dadurch würde das Positive, das im Heimatkundeunterricht angelegt war, nämlich stets das Ganze des behandelten Gegenstandes vor Augen zu haben, verloren gehen. Dies ist beispielsweise der Fall, wenn Unmengen mitunter uneinheitlich gebrauchter fachspezifischer Begriffe bei der Erschließung ihrer Umwelt auf die Kinder herniederprasseln und wenn sie dabei mit einer Fächervielfalt konfrontiert werden, deren Gemeinsamkeiten sie nicht mehr erkennen können.

Die Orientierung des Unterrichts an dem Schüler scheint die einseitige Ausrichtung des Unterrichts auf Wissenschaftlichkeit in Inhalt und Methode aufzufangen. Die Etikettierung „schülerorientierter Unterricht ist wie alle anderen „Kampfbegriffe“ bedenklich, weil sie den Eindruck verstärkt, als müßte der Schüler im Zentrum allen unterrichtlichen Tuns zu jeder Zeit stehen. Ferner gerät der Lehrer in Verdacht, den Schüler bei der Planung, Gestaltung und Durchführung des Unterrichts bisher nicht genügend berücksichtigt zu haben. Dadurch könnte jedoch die wertvolle Intention dieser Orientierung des Unterrichts gefährdet werden, die darin zu sehen ist, die erzieherische Dimension von Unterricht zu begründen. Gerade aus der Schüler-Sicht ließen sich Korrekturen an allen einseitigen Akzentuierungen von Methoden und Erziehungsstilen vom Lehrer selbst anbringen.

Die ausgewählten sachkundlichen Themen in der Grundschule können zweifellos das Schülerinteresse wecken. Die Vorverlegung dieser Sachthemen in die Grundschule führt allerdings auch dazu, daß die meisten von ihnen aufgrund von Grenzen, die im Kinde selbst zu suchen sind, den wissenschaftlichen Standard gemäß nicht gründlich genug behandelt werden können. Daher wird die Wiederholung eines Themas notwendig. Im Rahmen des Spiral-Curriculums wird sie systematisch abgesichert. Hierbei ist zu bedenken, daß die veränderte Fragestellung die Kinder nur schwerlich überzeugen kann, etwas Neues zu erfahren. So wird der Lehrer vor Unterrichtsbeginn vielfach erst diese Voreinstellung der Schüler beseitigen müssen, wobei er seine erzieherischen Qualitäten unter Beweis stellen muß.

Hrsg.

1 Informationen zum Inhalt

Der Mensch verfügt über drei Möglichkeiten, seinen von Jahr zu Jahr steigenden Trinkwasserbedarf zu decken: Nutzung des *Grundwassers*, des *Quellwassers* und Aufbereitung von *Oberflächenwasser*. Für die Trinkwasserversorgung kommt in erster Linie das Grundwasser in Frage (1970 in der BRD 55%).

Somit ist der vorliegende Unterrichtsgegenstand ein Teilbereich und nötige Voraussetzung für die Unterrichtseinheit: Woher nimmt unsere Gemeinde das Trinkwasser. Dieses Thema kann im 3. oder 4. Schuljahr unter sozialkundlichen, biologischen, geographischen und physikalischen Aspekten behandelt werden. Die Grundwasserentstehung ist jedoch eindeutig dem physikalischen Fachbereich zuzuordnen. Grundwasser entsteht, wenn Regenwasser oder Schmelzwasser durch wasserdurchlässige Erdschichten, die sog. *Grundwasserleiter* oder auch *wasserführende Schichten*, sickert und auf wasserundurchlässigen Erdschichten, die sog. *Grundwasserstauer* oder auch *wasserstauende Schichten* trifft.

Grundwasserleiter sind in erster Linie Humus, Sande, Kiese und Schotter, die bei der Versickerung als natürliche Filter wirken. Das größte Wasserstauvermögen besitzen Ton und Mergel. Die Menge des Grundwassers hängt vor allem von der Niederschlagsmenge, der Pflanzendecke und der Wasserdurchlässigkeit der Erdschichten ab. Je nach Beschaffenheit des Geländes bzw. bei Gefälle der Bodenschichten tritt das Grundwasser als Quelle an die Oberfläche hervor oder muß aus der Tiefe an die Oberfläche gepumpt werden. Da nicht überall Grundwasser in ausreichender Menge bzw. Qualität vorhanden ist, wird es in letzter Zeit immer häufiger durch Versickerung von Oberflächenwasser angereichert.

2 Klassensituation

Die Stunde wurde Mitte 1977 im 3. Schuljahr einer gemischten Klasse (14 Mädchen, 18 Knaben) gehalten. Die Klasse zeigte damals ein sehr großes Leistungsgefälle in allen Fächern, stand aber dem Sachunterricht im allgemeinen und dem naturwissenschaftlichen Unterricht im besonderen sehr aufgeschlossen gegenüber. Besonders Themen, die „handelndes Lernen" ermöglichten, wurden durchwegs interessiert angegangen. Jedoch gelang es einer Reihe von Kindern nie bzw. nur selten, Kausalzusammenhänge zu erkennen; sie blieben größtenteils reproduktiv. Auf der anderen Seite waren viele Schüler zu produktivem Denken fähig und konnten Versuchsergebnisse und Teilaspekte in Kausalzusammenhänge einordnen. Diese beiden Gegebenheiten bestimmten Auswahl und Beschränkung des Unterrichtsziels, aber auch den Unterrichtsverlauf.

Mangelnde Sprachdifferenzierung und ein geringer Begriffsvorrat schränkten bei einigen Kindern die Ausdrucksfähigkeit ein, Skizzen und Zeichnungen bedeuteten für sie notwendige Hilfen.

Die Zusammensetzung der Klasse führte zu gelegentlichen Konflikten, die im Klassenrahmen ausgetragen wurden und auch Konsequenzen auf das soziale Klima der Klasse hatten. Drei Buben spielten eine dominierende Rolle und konnten nur schwer zur Ein- und Unterordnung bewegt werden. Sie saßen daher an verschiedenen Gruppentischen. Ein Junge verhielt sich äußerst aggressiv und jähzornig, die Gründe lagen dafür vorwiegend in der Familienkonstellation. Er lehnte anfangs soziale Arbeitsformen ganz ab bzw. verhielt sich äußerst passiv. Zum Zeitpunkt dieses Unterrichtsgegenstands war er jedoch immer dann bereit, in der Gruppe mitzuarbeiten, wenn er als „Gruppenschreiber" bzw.

„Gruppenhelfer“ fungieren konnte. Ein weiteres Charakteristikum des sozialen Klimas in dieser Klasse war die Weigerung von einigen Buben, zusammen mit Mädchen eine Gruppe zu bilden, während alle Mädchen bzw. fast alle Jungen gern in gemischten Gruppen zusammenarbeiteten. Zwei Mädchen wurden in eine Außenseiterrolle gedrängt; eines war aufgrund ihres Hüftleidens nur beschränkt körperlich belastbar, die zweite Schülerin wurde wegen ihrer Schwatzhaftigkeit, ihrer Petzsucht und ihrer Überheblichkeit von fast allen Kindern abgelehnt. Erst nach einigen Gesprächen unter vier Augen waren zwei Jungen und ein Mädchen bereit, zusammen mit ihr eine Gruppe zu bilden. Die behinderte Schülerin dagegen war allgemein beliebt und erfuhr von allen Kindern besondere Fürsorge.

Die bisher gezeigte Ansprechbarkeit der Klasse im naturwissenschaftlichen Unterricht ist mit ein Grund für das gewählte und mehrfach angewandte methodische Vorgehen, wobei intellektuelle und soziale Bedingungen für die Zusammensetzung der Gruppen den Ausschlag geben: Sieben Vierergruppen gemischt nach Geschlechtern und Begabungen, eine reine Bubengruppe. In jeder Gruppe ist ein Gruppenschreiber und Gruppenhelfer eingesetzt, die jede Woche nach einem vereinbarten Modus wechseln.

Da die Stunde am Anfang der Unterrichtseinheit steht, kann kein schulisches Vorwissen vorausgesetzt werden. Wohl aber als Erfahrungshintergrund die Beobachtung der Kinder, daß Wasser nach dem Regen „irgendwie“ verschwindet. Eingeschult sind sämtliche für den Unterricht erforderlichen Arbeitstechniken, Vermutungen äußern, einfache Versuche planen, Gruppenversuche durchführen und Versuchsergebnisse festhalten. Weiterhin bedeutsam für die Gestaltung der Stunde war der Umstand, daß in unmittelbarer Umgebung eine Baustelle war, wo aber nicht alle Bodenschichten vorhanden waren. Die nötigen Versuchsgeräte waren nur zum Teil vorhanden, Blumentöpfe mußten mitgebracht werden. (Anm.: Leider verfügte die Schule damals nicht über die CVK-Experimentierbox Wasser, Verlag Cornelson – Velhagen und Klasing, Berlin).

3 Lernziel

3.1 Hauptziel:

Die Schüler sollen erklären können, wie aus dem Regenwasser Grundwasser wird (kognitiv).

3.2 Teilziele:

Die Schüler sollen:
- verschiedene Bodenschichten kennenlernen;
- im Gruppenversuch die Wasserdurchlässigkeit dieser verschiedenen Bodenschichten erforschen;
- diese Versuchsergebnisse auf einen Demonstrationsversuch und auf die Wirklichkeit übertragen;
- das Unterrichtsergebnis auf einem Arbeitsblatt zur Ergebnissicherung festhalten.

3.3 Nebenziele:

Die Schüler üben
- die fachspezifische Arbeitsweise des naturwissenschaftlichen Unterrichts: Hypothesenbildung, Gruppenversuch, Auswertung und Transfer der Ergebnisse (kognitiv, instrumental)
- Unterrichtsergebnisse in Form von Skizzen zusammenzufassen.

4 Unterrichtsmethodische Überlegungen

Der Unterrichtsgegenstand selbst, die Eigengesetzlichkeit des naturwissenschaftlichen Unterrichts, die Individuallage der Klasse, lernpsychologische Erkenntnisse und nicht zuletzt die vorhandenen Unterrichtsmittel bedingen den methodischen Ablauf dieser Unterrichtsstunde, wobei ein Zeitaufwand von zwei Stunden angesetzt wird.

4.1 Benötigte Unterrichtsmittel

Versuchsmaterial: Für die Gruppenversuche:
Je Gruppe ein Blumentopf mit Loch am Boden, ein tiefer Unterteller, zwei Bechergläser.
Für den Demonstrationsversuch: Eine Glaswanne mit den 4 Bodenschichten.
Zusatzmaterial: ca. je 1 kg der verschiedenen Bodenarten: Humus (Blumenerde), Kies, Sand, Ton oder Lehm.

4.2 Methodische Struktur

4.2.1 Stufe der Problemgewinnung

Die Unterrichtsstunde wird für einen Regentag vorbereitet. Die Schüler beobachten, wie sich auf dem Pausehof (geteert) und auf dem Bolzplatz vor der Schule (Rasen) Wasserpfützen bilden. Auf diese Beobachtungen wird – je nach Wetterlage – in einer Stunde am nächsten oder gar übernächsten Tag zurückgegriffen, wenn die Pfützen verschwunden sind. Daran schließt sich die Problemfrage an, die an die Tafel geschrieben wird: Wo ist das Regenwasser geblieben?

Zwei Fotos bzw. Zeichnungen auf einer Folie (Bolzplatz pfützenübersät – später abgetrocknet) könnten zwar auch zum Problem führen, doch ginge dadurch die Unmittelbarkeit der Naturbegegnung verloren.

4.2.2 Stufe der Problemlösung

Hypothesenbildung
Im Frontalunterricht und wenig gelenkten Unterrichtsgespräch (Schüler rufen sich gegenseitig auf) gibt der Lehrer nun den Schülern Gelegenheit, Vermutungen zu äußern bzw. ihr Erfahrungswissen zu artikulieren. Die Schülervermutungen werden vom Lehrer an die Seitentafel geschrieben, auf sie wird in der Phase der Erfolgssicherung nochmals zurückgegriffen. Möglicherweise entwickelt sich wegen der verschiedenen Bodenbeschaffenheit vom Bolzplatz und dem Pausenhof schon in dieser Phase des Unter-

richts ein „Streitgespräch". Die unterschiedlichen Meinungen haben einen bedeutenden Motivationseffekt, wenn der Lehrer nicht klären und erklärend in das Unterrichtsgespräch eingreift, sondern sie als weitere Problemfragen verwendet.

Versuchsplanung
Jetzt werden die Schüler aufgefordert, Möglichkeiten zu nennen, wie die Hypothesen nachgeprüft werden können. Dabei wird sicherlich auch der Versuch genannt. Er ist für dieses Thema unerläßlich und hat als „Frage an die Natur" die Aufgabe, Naturvorgänge, die nicht beobachtet werden können, anschaulich zu machen. Der glückliche Umstand, daß gerade eine Baustelle vor der Schule ist, wird zu einem kurzen Unterrichtsgang genutzt. Dabei sehen die Kinder drei Bodenarten: Abgetragener Humus – sandige Schicht – Lehm und nehmen eine ausreichende Menge dieser Bodenarten mit. Wieder im Klassenzimmer zeigt der Lehrer eine weitere Bodenart (feiner Kies) und die mitgebrachten Versuchsgeräte.

Nachdem den Schülern jetzt das Experimentiermaterial bekannt ist, müßten sie zur endgültigen Versuchsplanung in der Lage sein. Falls diese Annahme nicht zutreffen sollte, demonstriert der Lehrer einen Versuchsaufbau:

Er füllt in einen Blumentopf eine ausreichende Menge z.B. Sand, stellt ihn auf einen Unterteller und ein Becherglas Wasser daneben. Die Schüler werden jetzt aufgefordert, die anderen drei Versuchsplanungen sprachlich zu erläutern.

Daraufhin bestimmt der Lehrer je zwei Gruppen, die den gleichen Versuch ausführen; der Gruppenversuch wird also im arbeitsteiligen Verfahren unter Verwendung einer Kontrollgruppe durchgeführt. Die Gruppenschreiber werden auf die schriftliche Fixierung der Versuchsergebnisse aufmerksam gemacht, die Gruppenhelfer holen das Experimentiermaterial ab. Dabei ist besonders darauf zu achten, daß ins Becherglas nicht zu viel Wasser bzw. in den Blumentopf eine zu große Menge der Bodenart gefüllt wird.

Versuchsdurchführung
Zur Kontrolle bzw. Klärung des Arbeitsauftrages wiederholt ein Gruppenmitglied nochmals, welchen Versuch seine Gruppe ausführt. Dabei klappt der Lehrer die Seitentafel um und vervollstän-

digt und beschriftet die Skizzen von den Versuchen, die er vor der Stunde schon gezeichnet hat. Jetzt erst führen die einzelnen Gruppen die Versuche durch. Der Lehrer geht von Gruppe zu Gruppe und greift, falls nötig, helfend ein. Er achtet besonders darauf, daß der Blumentopf auf den Unterteller gestellt wird und der Versuch auch als Gruppen- und nicht als Einzelversuch durchgeführt wird (Siehe Soziallage der Klasse!).

Versuchsauswertung
Nach dem Versuch berichtet der Gruppenschreiber über das Versuchsergebnis. Sollten sich die Ergebnisse der beiden Gruppen, die denselben Versuch durchzuführen hatten, widersprechen, so erfolgt ein Kontrollversuch als Demonstrationsversuch. Die Versuchsergebnisse werden an der Tafelskizze festgehalten (blaue Farbkreide). Die Frage des Lehrers, warum das Wasser die drei Bodenarten durchläuft (bzw. bei Lehm nicht), führt zu der Erkenntnis, daß es wasserdurchlässige und wasserundurchlässige Bodenschichten gibt. Um Ablenkungsfaktoren auszuschalten, wird das Experimentiermaterial vom Gruppenhelfer wieder eingesammelt **(siehe hierzu die Abbildungen auf Seite 104).**

Teilzusammenfassung
Dieses erste Unterrichtsergebnis wird nun auf einem Arbeitsblatt festgehalten, das der Gruppenführer austeilt und die Kinder in Stillarbeit ausfüllen.

Demonstrationsversuch
Es erfolgt nun ein Transfer der Erkenntnis auf den Demonstrationsversuch. Der Lehrer zeigt den schon fertigen Versuchsaufbau, läßt ihn von den Schülern sprachlich rekonstruieren und das Versuchsergebnis vorwegnehmen (theoretisierende Problemlösung für produktiv denkende Schüler). Der anschließend durchgeführte Demonstrationsversuch mit gefärbtem Wasser (Kaliumpermanganat) dient der Bestätigung und stellt das für manche abstraktionsschwache Schüler notwendige Bindeglied zur tatsächlichen Grundwasserbildung in der Natur dar.

Transfer auf die Realsituation
Die Hinweise auf die Problemfrage, auf die Besichtigung der Baugrube und den Gruppen- und Demonstrationsversuch ermögli-

chen der Klasse die Übertragung der Versuchsergebnisse auf die Realsituation: Das Regenwasser ist durch die wasserdurchlässigen Bodenschichten Humus, Sand, Kies gesickert und staut sich auf der wasserundurchlässigen Lehmschicht. Dieses Unterrichtsergebnis wird an der Mitteltafel in Form einer Skizze festgehalten, die auch die Begriffe *versickern, stauen* und *Grundwasser* zeichnerisch klärt, sowie den reproduktiven und sprachlich schwachen Schülern die Erkenntnis veranschaulicht und nachvollziehen läßt.

4.2.3 Lernzielkontrolle

Als erste Maßnahme zur Erfolgssicherung wird nun die Skizze versprachlicht, wobei die neuen Begriffe (versickern, Grundwasser, stauen) auch verbal geklärt werden.

Als weitere Sicherungsmaßnahme erfolgt nun ein Vergleich der Hypothesen mit den gewonnenen Unterrichtsergebnissen. Nach einer Phase der rechtschriftlichen Sicherung zeichnen die Schüler die Tafelskizze auf das Arbeitsblatt.

4.2.4 Ausblick

Der abschließende Hinweis des Lehrers soll die Klasse schon jetzt auf die Bedeutung des Grundwassers aufmerksam machen und zugleich zeigen, daß die vergangene Unterrichtsstunde Teil einer größeren Unterrichtseinheit war.

5 Unterrichtsverlauf

Zeit	Struktur U.-Ziel	geplantes Lehrerverhalten: Fragen, Impulse, U-maßnahmen	erwartetes Schülerverhalten
	I. Problemgewinnung	„Wenn du auf den Pausenhof schaust, weißt du, warum heute keine Hofpause war."	schauen aus dem Fenster – „Pfützen"
5 Min.		„Ich glaube, deine Mutti hätte auch etwas dagegen, wenn du jetzt auf dem Bolzplatz Fußball spielen möchtest."	schauen aus dem Fenster – „Pfützen"

	Problem-frage	nach ca. 2 Stunden (bzw. nächster Tag) „Schau jetzt auf den Pausenhof und auf den Bolzplatz!" *Alternative:* Die beiden Bilder bzw. Folien (pfützenübersäter Platz bzw. trockener Platz o. ä.) werden gemeinsam betrachtet und erörtert. TA: Wo ist das Regenwasser geblieben? (Mitteltafel!)	schauen aus dem Fenster – „keine Pfützen mehr" Beobachten, verbalisieren die Bilder
5 Min.	**II. Problem-lösung** *1. Hypothesen:* *NZ1:* Fachspezifische Arbeitsweise: Vermuten lassen	– L. deutet auf die Problemfrage. – L. schreibt die Vermutungen auf die Seitentafel	stellen Vermutungen an Eventuell: Streitgespräch über die geäußerten Vermutungen.
15 Min. oder 5 Min.	*2. Versuchsplanung* *NZ1:* Fachspez. Arbeitsweisen: Versuche planen *TZ1:* Bodenarten kennenlernen	„Wie könnten wir wohl nachprüfen, welche von euren Vermutungen tatsächlich stimmt? „Die Baugrube hinter dem Bolzplatz hilft uns vielleicht weiter!" – Vorbereitung kurzer U-gang Alternative: U-gang entfällt, L. zeigt Bodenarten.	nennen Möglichkeiten, u. a. Versuch Sch. und L. gehen zur Baugrube. Dort werden die Bodenschichten beobachtet und Bodenproben mitgenommen. Benennen der Bodenarten

5 Min.		*Im Schulzimmer* – L. zeigt die Versuchsgeräte und alle Bodenarten *Alternative:* L. demonstriert einen Versuchsaufbau	Beschreiben die Versuche: Wir füllen Sand . . . Nachvollzug der übrigen Versuchsplanungen
10 Min.	*3. Versuchsdurchführung:* *NZ1:* Fachspez. Arbeitsweisen: Gruppenversuch TZ2: Erforschung der Wasserdurchlässigkeit der Bodenarten	– L. teilt arbeitsgleiche Gruppen ein. – L teilt Experimentiermaterial aus. „Sag den anderen Gruppen welchen Versuch deine Gruppe durchführt!“ TA: Umklappen der vorbereiteten Seitentafel, ausmalen und beschriften der Versuchsskizzen mit Farbkreide. – L. kontrolliert die Gruppen, greift so wenig wie möglich ein.	Gruppenhelfer holen das Material ab. Wiederholung der Versuchsplanung. Grp.-versuche, Grp-schreiber hält die Ergebnisse schriftlich fest.
10 Min.	*4. Versuchsauswertung*	„Nennt mir euer Versuchsergebnis!“ (Grp. 1–8) Ggf.: Kontrollversuche TA: Ergänzen der Skizzen mit blauer Farbkreide (außer bei Lehm) „Warum läuft das Wasser durch die drei Bodenarten Sand (bzw. bei Lehm: läuft nicht)?“ – Beschriftung der Skizzen TA: wasserdurchlässig wasserundurchlässig	Grp-schreiber spricht Begriffsfindung: Wasserdurchlässig, wasserundurchlässig Grp-helfer sammelt Experimentiergeräte ein.

10 Min.	*5. Teilzusammenfassung:* *TZ4:* Arbeitsblatt ausfüllen	„Auf einem Arbeitsblatt habe ich dir den Versuchsaufbau gezeichnet. Zeichne die Versuchsergebnisse ein und beschrifte!“ – Klärung oder Arbeitsanweisung – Sicherung der Stillarbeit durch Vergleich mit TA	Grp-helfer teilt die zu vier gebündelten Arbeitsblätter aus. Stillarbeit Lesen vor
5 Min.	*6. Demonstrationsversuch* *NZ2:* Fachspez. Arbeitsweisen: Transfer *TZ3:* Transfer der Versuchsergebnisse auf den Dem.-versuch	– L. zeigt den Versuchsaufbau für den Demonstrationsversuch: Glaswanne mit den vier Bodenschichten. „Vermute und begründe was passiert, wenn ich gefärbtes Wasser in die Wanne schütte!“ – L. führt Demonstrationsversuch durch.	Beobachten Sprachlicher Nachvollzug des Versuchsaufbaus äußern sich und begründen anhand der Versuchsergebnisse aus den Gruppenversuchen. Beobachten, berichten davon, bestätigen, begründen.
10 Min.	*7. Transfer* *TZ3:* Transfer der Versuchsergebnisse auf Realsituationen *NZ2:* Zusammenfassung in Form einer Skizze	– L. deutet auf die Problemfrage an der Mitteltafel ggf. – Hinweise auf die Baugrube. – Begriffe ***versickern, stauen, Grundwasser*** werden gegeben. „Die Entstehung des Grundwassers kann man zeichnen. Hilf mir dabei!“ TA: Skizze entsteht vor der Klasse (Mitteltafel)	Übertragen Versuchsergebnisse: Das Regenwasser dringt (sickert) durch . . .; begründen den Vorgang der Versickerung Sch. sprechen: 1. Bodenschicht ist Humus . . . kommen zur Tafel und zeigen: Humus, Sand . . . Regenwasser versickert, Grundwasser . . .

	III. Lernzielkontrolle	– Vergleich der Skizze mit den Vermutungen. – *aber:* Pfützen auf dem Schulhof!	bestätigen bzw. verwerfen die Vermutungen aus der Phase der Hypothesenbildung
10 Min	*TZ4:* Arbeitsblatt ausfüllen	– rechtschriftliche Arbeit (Farbkreide) – Kontrolle der Stillarbeit	malen die Skizze auf das Arbeitsblatt
	IV. Ausblick	„Ohne Grundwasser ist ein Leben auf der Erde nicht denkbar. Denk mal darüber nach oder schau nach im Lexikon!“	

6 Nachbesinnung

Der Unterricht verlief fast exakt nach Plan. Über die Vorbereitung hinaus mußten jedoch noch einige Hinweise gegeben werden, die bei einem Nachvollzug dieser Unterrichtsstunde beachtet werden sollten:
– Erklärung „Schnittbild“ (für die Skizze)
– Die Bodenarten in der Erde sind nicht immer so angeordnet, bzw. es gibt noch weitere Bodenarten.
– Das Grundwasser kann sich je nach Bodenbeschaffenheit in verschiedener Tiefe sammeln.

Schwierigkeiten gab es in zwei Unterrichtsphasen:
– Die Phase der Versuchsplanung brachte nicht die gewünschten Ergebnisse. Es mußte auf die zuvor überlegte Alternative - Lehrerdemonstration des Versuchsaufbaus – zurückgegriffen werden.
– Bei einer Gruppe war die Lehmschicht wasserdurchlässig; sie hatte den Lehm nicht fest an den Blumentopf gedrückt, so daß das Wasser am Rand entlang lief. Der Versuch mußte als Demonstrationsversuch nochmals durchgeführt werden.

Abb. 1: Tafelanschrift vor der Stunde

Abb. 2: Tafelbild nach der Stunde (entstanden während der Stunde)

An folgenden Stellen wich der Unterricht vom geplanten Verlauf etwas ab:

– Vor dem Gruppenversuch stellten einige Kinder aufgrund ihres Erfahrungswissens Behauptungen auf: Das Wasser läuft (nicht) aus dem Blumentopf. – Der Gruppenversuch diente daher zum Teil der Bestätigung.

– Der Begriff *Grundwasser* mußte vom Lehrer dargeboten und die Klärung von der Klasse nachvollzogen werden.

– Gegenüber der Vorbereitung wurde auf das „Verschwinden" des Regenwassers auf dem geteerten Pausenhof verzichtet, da die Klärung des Vorgangs der Verdunstung nicht im Zusammenhang mit der Thematik der Unterrichtseinheit steht.

7 Weiterarbeit

– Vertiefung durch einen Film (entweder Super 8 oder Schulfernsehen Bayer. Rundfunk). Dabei auch: Entstehung einer Quelle.

– Wozu Wasser benötigt wird.

– Woher bekommt der Mensch das benötigte Wasser? (Grund-

wasser – Quellwasser – Oberflächenwasser auf die örtlichen Verhältnisse bezogen).
– Wie das Wasser ins Haus kommt. (Weg des Wassers von z. B. Quelle bis zum Wasserhahn);
– Maßnahmen zum Schutz des Wassers.

8 Literatur

CVK Lehrerheft Trinkwasser, Verlag Cornelsen – Velhagen & Klasing Berlin;
Katzenberger: Der Sachunterricht in der Grundschule, Prögel Ansbach 1972.

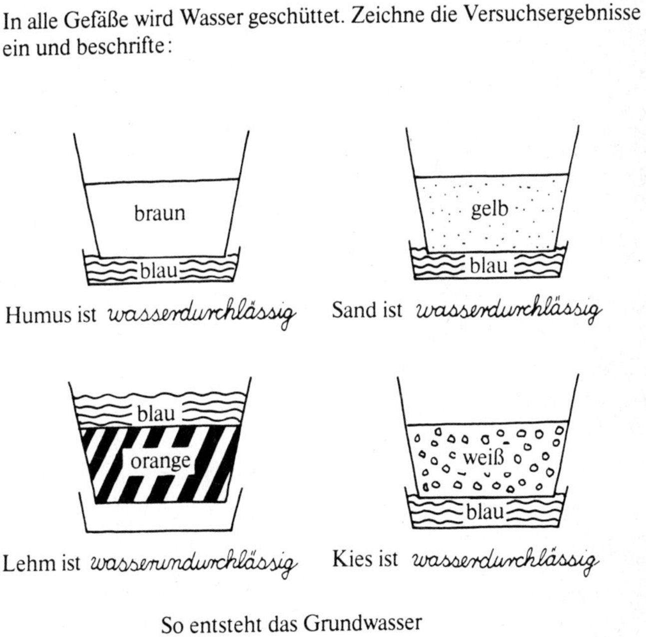

Abb. 3: ausgefülltes Arbeitsblatt

Kommentar

Die vorliegende Unterrichtsvorbereitung belegt, wie notwendig es für den Lehrer ist, für Erfahrungen im Unterricht offen zu bleiben, um bei auftretenden Schwierigkeiten didaktisch und methodisch flexibel reagieren zu können. Sie kann zu Recht die Funktion eines gründlich durchdachten Vorschlags für den Unterricht erfüllen. Methodische Alternativen, die gelegentlich an Nahtstellen des Unterrichts eingeplant werden, unterstützen diese Funktion. Die rigide Verfolgung eines einlinig ausgearbeiteten Unterrichtsplanes um des Planes willen wäre unpädagogisch und daher abzulehnen.

Der Zusammenhang von Sach- und Fachunterricht birgt viele Gefahren und Schwierigkeiten für Lehrer und Schüler. Die oft überzogenen curricularen Anforderungen an die Kinder legen den Verdacht nahe, aus ihnen Fachspezialisten machen zu wollen. Eine verfrüht angestellte fachspezifische Enge muß sich gegen die Vielfalt beeinflußbarer Anlagen der Kinder richten. Demgegenüber steht die Forderung, möglichst viele Fähigkeiten, Kenntnisse und Fertigkeiten der Kinder zu entwickeln und den ganzen Menschen anzusprechen.

In der vorliegenden Unterrichtsvorbereitung wird die Gruppenarbeit begründet eingesetzt. Bei der Bildung von Gruppen muß der Lehrer aber die Gefahr einer dogmatischen Festlegung erkennen. Um dem vorzubeugen, setzt er die Gruppen unter Einbeziehung des Unterrichtszieles nach verschiedenen Kriterien zusammen oder steuert zumindest ihre Bildung: einmal nach Leistung, dann nach Alter, ein anderes Mal nach Geschlecht und Interesse, sozialer Herkunft oder Schulweg usw. Dadurch entsteht eine hohe Gruppenfluktuation, die es den Kindern erlaubt, möglichst frühzeitig umfangreiche soziale Lernerfahrungen zu sammeln. Der indirekte und direkte erzieherische Einfluß des Lehrers ist dabei erfolgversprechender als bei unveränderten Gruppen. Das gilt insbesondere für das soziale Verhalten der Kinder. Sie erleben, daß sich Hilfsbereitschaft und natürliches Selbstwertgefühl nicht gegenseitig behindern müssen. Zur Artikulation des Unterrichts ist festzustellen, daß ein Dreischritt wie Problemgewinnung, Problemlösung und Lernzielkontrolle eine mögliche Form ist, die sich in der Praxis als vorteilhaft erwiesen hat. Allerdings sollte die Stufe der Lernzielkontrolle nicht so verstanden werden, als müßte in jeder Stunde eine überprüfbare Menge an Zielen erreicht werden. Es wäre auch einseitig, würden nur solche Unterrichtsinhalte aufgenommen werden, die sich überprüfen lassen.

In diesem Zusammenhang sei an die sechs Lernstufen von Heinrich Roth erinnert, die im Verlauf einer Unterrichtseinheit durchlaufen werden müssen. Damit wird auf die Notwendigkeit hingewiesen, die Übung, Sicherung und Anwendung des Gelernten zu einem zentralen Anliegen des Unterrichts zum Wohle von Eltern und Schülern zu machen.

Hrsg.

Christa Heinemann

Einem Ausländer etwas verständlich machen

Deutsch – 4. Schuljahr

Vorbemerkung:

Der Didaktiker hat den Eindruck, daß der Deutschunterricht seine tiefgehende Krise noch nicht überwunden hat. Das zeigt sich in der Theorie der Didaktik der deutschen Sprache und der Literatur, und es zeigt sich in der Praxis des Deutschunterrichts in unseren Schulen. Gerade hier ist die Gefahr von Einseitigkeiten und Dogmatismen außerordentlich groß:

- *Einseitigkeiten werden zum Beispiel bei hohen abstrakten Anforderungen oder in der Absolutsetzung sprachlicher Kommunikation deutlich,*
- *Dogmatismen herrschen bei der Orientierung an Konflikttheorien oder bei bedenklichen Konsequenzen aus den Untersuchungen über schichtenspezifische Sprachformen (z. B. Anpassung an den restringierten Code).*

Dazu kommt noch die Unsicherheit über die pädagogische Gestaltung der Grundstufe. Wenn man einmal Gutachten des „Deutschen Ausschusses für das Bildungswesen" aus dem Jahre 1964 mit dem „Strukturplan" des Bildungsrates aus dem Jahre 1970 vergleicht, dann drängt sich die Frage auf, ob das wissenschaftlich und pädagogisch verantwortbar sein kann, daß das, was 1964 noch Gültigkeit hatte, sechs (!) Jahre später absolut in Frage gestellt wurde. Es scheint doch so, daß 1970 bestimmte Theorien absolut gesetzt wurden und im Zuge einer Reformbegeisterung unmittelbar in die Praxis durchgeschlagen haben, ohne daß die Tragfähigkeit der neuen Postulate pädagogisch hinreichend geprüft wurde. Das gilt zum Beispiel für den Anspruch des wissenschaftsorientierten Unterrichts, die Betonung des „Lernens des Lernens", die Heraushebung des sozialen Lernens. Hier sollte das Geforderte im Blick auf die konkrete Situation pädagogisch geprüft und die Relativität der ein-

zelnen Forderungen erkannt werden. Der Lehrer darf sich nicht nur an einer Zielvorstellung orientieren, sondern muß das Bündel von Aufgaben für die Grundschule überhaupt und speziell für den Deutschunterricht bedenken. Das bedeutet zum Beispiel die Notwendigkeit eines allseitigen Deutschunterrichts für alle Schüler: Lesen, Sprechen, Schreiben, Verstehen.

Immer wieder muß bei der Unterrichtsvorbereitung bedacht werden, daß jeder Unterricht erziehend wirkt und daß der Lehrer – ob er will oder nicht – auch Erzieher ist. Zielsetzungen und Einstellungen zur Veränderung von Verhalten oder Haltungen sind zu reflektieren und ihre mögliche Umsetzung in der pädagogischen Praxis zu bedenken. Neben der bewußten Gestaltung eines Schullebens (WPB 8/77) und einer Klassengemeinschaft geht es um Lebensformen, in die die Schüler eingewöhnt werden, und um bewußte Erziehung einzelner und der Klasse. Die folgende Unterrichtsvorbereitung ist ein gutes Beispiel für die Erfüllung dieser Aufgaben.

Literatur

Hermann Helmers: Didaktik der deutschen Sprache, Einführung in die Theorie der muttersprachlichen und literarischen Bildung. Klett-Verlag, Stuttgart 1975, 4414 S.

Hrsg.

1 Zur Situation der Klasse

Die Klasse 4 besteht aus 14 Mädchen und 13 Jungen. Ein Schüler kam mit Beginn des Schuljahres 1974/75 als Repetent neu in die Klasse.

Die Väter der Schüler sind nahezu ausnahmslos Arbeiter (Facharbeiter) und Angestellte (kaufmännische Angestellte, Verwaltungsangestellte), ein Vater ist selbständiger Kaufmann, ein Vater Industriekaufmann in leitender Stellung, ein anderer Inhaber eines Bauunternehmens. Zwei Mädchen stammen aus geschiedenen Ehen und leben bei ihren Müttern, die halbtags berufstätig sind. Weniger homogen als nach ihrer sozialen Herkunft ist die Klasse nach ihrer altersmäßigen Zusammensetzung. Vier Jungen kamen zu Beginn des Schuljahres 1973/74 als Repetenten in die Klasse, zwei weitere hatten in vorausgegangenen Schuljahren eine Klasse

wiederholt. Ein Schüler, Mario, wiederholte das 3. Schuljahr bereits zum zweiten Mal. Er war zur Sonderschule gemeldet, verblieb aber nach einer Überprüfung in der Grundschule. Am Ende des 3. Schuljahres konnten alle Schüler in die 4. Klasse versetzt werden. Verteilung der Schüler nach Geburtsjahrgängen:
1962: 1 Junge; 1963: 4 Jungen, 1964: 2 Jungen, 6 Mädchen; 1965: 6 Jungen, 8 Mädchen.

Die Klasse, die sich im Durchschnitt sehr leistungsbereit und leistungsfähig zeigte und insbesondere in Unterrichtsgesprächen temperamentvoll und interessiert reagierte, wurde in den ersten Wochen und Monaten durch die Repetenten sehr stark belastet. Aufgrund frustrierender Mißerfolgserlebnisse – vier der fünf ältesten Schüler sind zudem Legastheniker, die an entsprechenden Kursen teilgenommen hatten – hatten diese Schüler resigniert und versuchten, durch aggressives Verhalten die Aufmerksamkeit auf sich zu lenken. Ständige Störungen des Unterrichts und Aggressionen gegenüber Mitschülern erschwerten die Arbeit in der Klasse, wirkten sich vor allem aber negativ auf das Verhältnis der Schüler untereinander aus. Insbesondere Mario beanspruchte wegen seiner altersmäßigen Überlegenheit eine besondere Rolle in der Klasse. Weitere Aggressionen gingen von Frank, einem schwer sprachgestörten Schüler (Poltern) aus. Ein Mädchen, Birgit, fiel durch extrem geltungssüchtiges Verhalten auf. Infolge eines schweren Nierenleidens mußte Birgit während des 3. Schuljahrs zweimal operiert werden und für mehrere Wochen dem Unterricht fernbleiben. Sie versuchte, gegenüber ihren Mitschülern ihre Krankheit auszuspielen und beanspruchte eine Sonderstellung innerhalb der Klasse.

Die Aggressionen der genannten Schüler wurden von der Klasse mit Gegenaggression und Ablehnung beantwortet. Dieser Eindruck, der durch Gespräche mit Schülern der Klasse und Beobachtungen während des Unterrichts und Pausen entstand, wurde durch das Ergebnis eines im Oktober 1973 durchgeführten Soziogramms bestätigt. Die Repetenten waren ohne Kontakt zur Klasse und bildeten eine in sich geschlossene, nach außen isolierte Gruppe; Frank hatte immerhin Kontakte zu einer Jungengruppe, während Birgit als Außenseiterin völlig kontaktlos außerhalb der Klasse stand.

Die Integration der Außenseiter wurde somit zum Hauptproblem der Arbeit in der Klasse. Es mußte versucht werden, der Resignation der leistungsschwachen Schüler zu begegnen, indem der Leistungsvergleich innerhalb der Klasse zugunsten individueller Maßstäbe abgebaut wurde. Individuelle Verbesserung der Leistung – etwa bei Klassenarbeiten – wurde von Lehrerin und Mitschülern durch Lob und Anerkennung verstärkt. Entsprechende Kommentare der betroffenen Schüler, aber auch ein gewisser Leistungsanstieg, zeigten, daß ihnen mehr Selbstvertrauen in bezug auf ihre Fähigkeiten vermittelt werden konnte. Daneben trugen wechselnde Arbeitsgruppen zur Verbesserung der Kontaktmöglichkeiten untereinander bei. Vor allem aber wurde versucht, durch regelmäßige Gespräche mit der ganzen Klasse die Schüler dazu anzuleiten, das eigene Verhalten und das der Mitschüler zu beobachten und zu reflektieren, das Problem der Außenseiter nicht als selbstverschuldet, sondern als Ergebnis unterschiedlicher Ursachen zu erkennen und unterschiedliche Verhaltensweisen als wechselseitig bedingt zu sehen.

Die Schüler der Klasse entwickelten bei der Analyse ihres Verhaltens und seiner Konsequenzen im Laufe der Zeit erstaunliches Einfühlungsvermögen; insbesondere Birgit, deren Integration sich anfangs als schwierig erwies, zeigte sich später sehr lernfähig in bezug auf die kritische Beobachtung ihres eigenen Verhaltens. Sie wurde unterstützt von einer Gruppe von Mädchen, die sie zunehmend an ihren Pausenspielen beteiligten und in außerschulische Spiel- und Arbeitsgruppen aufnahmen (etwa gemeinsame Erledigung der Hausaufgaben, Flötengruppen, Chor etc.). Mario, der anfangs mit Hilfe inadäquater Verhaltensweisen eine Führungsrolle beanspruchte, gewann zunehmend durch Hilfsbereitschaft und positives Sozialverhalten Achtung und Anerkennung seiner Klassenkameraden und wurde in der 2. Jahreshälfte zum Klassensprecher gewählt. Frank entwickelte in dem Maße, in dem seine Mitschüler bereit waren, ihm ruhig und geduldig zuzuhören, Selbstbewußtsein beim Sprechen. Ein Soziogramm vom Mai 1974 bestätigte, daß die Außenseiter besser integriert waren als zuvor.

Ein anderes Problem in der Klasse konnte bisher nicht in ähnlicher Weise positiv bewältig werden. Es handelt sich um die Schüler, die eher zurückhaltend und rezeptiv am Unterrichtsgeschehen teilnehmen und sich wenig äußern. Durch Ermutigung sowie Beteiligung zurückhaltender Schüler an Podiumsgesprächen wurde versucht, dieser Schwierigkeit zu begegnen. Es zeigte sich aber, daß ein Teil der Schüler nach wie vor dazu neigt, in Unterrichtsgesprächen temperamentvolleren Mitschülern die Gesprächsführung zu überlassen.

2 Vorbereitungen zum Unterrichtsgegenstand und zu den Lernzielen

Im Lehrerband 4 des Sprachwerks „Sprache und Sprechen" werden für die Lerneinheit „Einem Ausländer etwas verständlich machen" folgende Gesichtspunkte genannt: „Sprachverhalten: Sich mit einem Ausländer, der die deutsche Sprache nicht oder kaum beherrscht, verständigen; Absicht: Verständigungs- und Integrationsschwierigkeiten überwinden helfen."

Als Lernziele für die Einheit werden angeführt:
„Der Schüler lernt,
a) an Hand vorgegebener Situationen die besonderen sprachlichen Schwierigkeiten zu erkennen, in denen sich die Kinder ausländischer Arbeitnehmer befinden;
b) abzuschätzen, welche Integrationsprobleme sich aus sprachlichen Schwierigkeiten für einen ausländischen Arbeitnehmer ergeben;
c) daß Aktivitäten für eine Verbesserung der Situation von demjenigen ausgehen müssen, der die Sprache beherrscht;
d) sich auf jemanden, der die Sprache nicht beherrscht, einzustellen und nach Verständigungsmöglichkeiten zu suchen." [1]

Damit wird die Lerneinheit in einen engen Zusammenhang zu den für das Sprachwerk genannten Grundsätzen gerückt, die als allgemeine Grundsätze für den Sprachunterricht gelten können:
– „Die Schüler sollen ihre Sprache als Mittel der Kommunikation begreifen und verwenden, indem sie sich der sprachinternen und situationsbedingten Möglichkeiten und Beeinträchtigungen des Mediums bewußt sind.
– Durch den unmittelbaren Bezug von Sprachverhalten und Sprachanwendung auf das soziale Handeln soll der Schüler befähigt werden, sich situationsgerecht einzustellen und seinen Absichten gemäß planvoll zu reagieren." [2]

3 Didaktische Überlegungen

Im Schülerband 4 von „Sprache und Sprechen" [3] werden eine Reihe von Situationen aufgeführt, die zeigen, in welche Schwierigkeiten Yüksel, ein türkischer Junge gerät, weil er die deutsche Sprache nur unvollkommen versteht und spricht. Die dargestellten Situationen sind repräsentativ für andere und könnten nahezu beliebig erweitert werden. Alle Situationen sind Beispiele für gestörte Kommunikationsvorgänge, weil die Kommunikationspartner nur begrenzt über gemeinsame Zeichen verfügen. Darüber hinaus wird deutlich, daß kommunikative Schwierigkeiten in vielen Fällen soziale Schwierigkeiten bedingen und zur Diskriminierung der Betroffenen führen können, was wiederum Auswirkungen auf die Bereitschaft der „überlegenen" Gesprächspartner hat, nach adäquaten – auch non-verbalen-Mitteln der Verständigung zu suchen. Als angemessene Mittel werden im Lehrerband 4 genannt:

– „Die deutlich als solche erkennbare Wiederholung einzelner Wörter und Sätze,

– das Hervorheben dessen aus dem Redefluß, auf das es ankommt,

– das Aufgliedern komplexer Sachverhalte,

– das ständige Vergewissern, wieweit der Sprachunkundige verstanden hat, was ihm mitgeteilt werden soll,

– das persönliche Ansprechen des Ausländers in der Gruppe und das Vorbereiten, daß ihm die folgende Mitteilung gilt." [4]

Der vorgegebene Text bietet Gelegenheit zum Reflektieren über das Sprachverhalten und das soziale Verhalten der Kommunikationspartner. Bei der Analyse des Sprach- und Sozialverhaltens sowie bei der Suche nach alternativen verbalen und non-verbalen Kommunikationsmitteln kann erfahren werden, in welchem Grad die Sprachverwendung vom situativen und sozialen Kontext abhängig ist. Es ist kaum anzunehmen, daß den Schülern der 4. Klasse die Integrations- und Kommunikationsschwierigkeiten ausländischer Arbeitnehmer und ihrer Kinder in vollem Umfang bewußt sind. Die Schule wird nur von verhältnismäßig wenigen ausländischen Schülern besucht. Zwar befindet sich in der Klasse Shirin, ein persisches Mädchen; Shirin ist aber in Kassel geboren und beherrscht die deutsche Sprache recht gut. In Zweifelsfällen verlangt und erhält sie Erläuterungen durch ihre Mitschüler. Immerhin ist damit zu rechnen, daß einige Schüler der Klasse in ihrem privaten Bereich Kontakte mit Kindern ausländischer Arbeitnehmer haben, aber gerade die Seltenheit solcher Kontakte birgt die Gefahr, daß sie „die aus seiner besonderen Situation resultierenden Verhaltensweisen des Kindes eines ausländischen Arbeitnehmers . . . für ganz persönliche Merkmale des einzelnen Kindes" [5] halten. Auch der „Fall Yüksel" könnte möglicherweise für ein persönliches Problem gehalten werden. Aus diesem Grund soll ein Zeitungsbericht über die Einschulung zweier türkischer Mädchen einerseits die Aktualität des Problems aufzeigen und zum anderen darauf hinweisen, daß Yüksels Sprach- und Integrationsschwierigkeiten gemeinsames soziales Schicksal der Kinder ausländischer Arbeitnehmer sind.

Der Zugang zum Unterrichtsgegenstand wird möglicherweise durch eigene Erfahrungen der Schüler im Ausland erleichtert, da sie hier ähnlichen Schwierigkeiten ausgesetzt sind. Eine sehr wesentliche Voraussetzung für den Unterricht dürften aber die in den Bemerkungen zur Situation der Klasse genannten Erfahrungen sein, die die Schüler der Klasse in bezug auf die Integrationsschwierigkeiten von Außenseitern gemacht haben. Somit kann eine grundsätzliche Bereitschaft vorausgesetzt werden, sich in die Situation eines ausländischen Schülers hineinzuversetzen und diese nicht als selbstverschuldet anzusehen.

4 Lernziele der Stunde

Die Schüler sollen

- Ursachen entstehender Kommunikationsschwierigkeiten erkennen und nennen,
- situationsgerechte verbale und non-verbale Kommunikationsmittel erarbeiten.

5 Methodische Überlegungen

Die Stunde gliedert sich in vier verschiedene Phasen.

1. Phase:

Als Einstieg wird ein Zeitungsbericht (Abb. 1) über die Einschulung zweier türkischer Mädchen gewählt: Wegen seiner Aktualität – die Einschulung liegt erst ca. zwei Wochen zurück, die Kinder wurden in eine Kasseler Grundschule eingeschult – ist der Text geeignet, die Schüler für das Thema der Stunde zu motivieren.

Der Text macht eine Reihe von Aussagen, die für den weiteren Verlauf der Stunde wesentlich werden können und später an spezifischen Situationen konkretisiert und vertieft werden sollen:

– Die türkischen Mädchen sind zwei von rund hundert Ausländerkindern.
– Die Mädchen fallen auf; sie haben beispielsweise keinen Ranzen.
– Die beiden Mädchen verstehen nichts; auch die Lehrerin kann sich mit ihnen nicht verständigen und ist ratlos.
– Die Mädchen werden von den Mitschülern für dumm gehalten; sie werden ausgelacht.

Zwei kleine Türkinnen saßen in der letzen Bank:

Die haben ja keinen Ranzen

Kassel: Fatma und Serefi saßen in der letzten Bank, ihre Stühle hatten sie eng zusammengeschoben, aufmerksam beobachteten sie die Lehrerin. Doch nur wenige Worte konnten sie verstehen: Die kleinen Türkinnen sind nur zwei von rund hundert Ausländerkindern, die gestern mit den deutschen Abc-Schützen in die Grundschulen einzogen.
Fatma und Serefi sind die einzigen Kinder ohne Schulranzen in der Klasse. Auf den Ausruf: „Die haben ja keinen Ranzen", reagieren sie nicht. Ob sie es verstanden haben, man weiß es nicht.
Mühsam versucht der Vater, mit der Lehrerin zu diskutieren, deren Anweisungen er nicht verstanden hat. Hilflos reagiert die Klassenlehrerin. „Wir müssen es versuchen", meint sie immer wieder. Schließlich zieht der Vater ab, Fatma und Serefi verfolgen ihn mit ihren Blicken und rücken näher aneinander.
Während die Abc-Schützen allmählich auftauen, bleiben die türkischen Mädchen still. Das eingefrorene Lächeln weicht nicht von ihren Lippen. Später bekommen sie von der Lehrerin eine Plastiktüte, damit sie das Unterrichtsmaterial mit nach Hause nehmen können. Das Gelächter der anderen geht über ihre Köpfe hinweg.

In einem halben Jahr können Fatma und Serefi vielleicht mit dem Deutschen zurechtgekommen sein, sie können aber auch die stillen Außenseiter geblieben sein. Das „Die sind ja dumm" haben sie dann sicherlich oft gehört.

Abb. 1: Textauszug aus der „Hessischen Allgemeinen" vom 15. 8. 1974

Die Gefahr einer Vorwegnahme ist nur gering. Der Zeitungstext umreißt das Problem der Gastarbeiterkinder in allgemeiner Form. Die zitierten Aussagen können Voraussetzung sein für die Verhaltensanalyse und -beurteilung an konkreten Situationen; damit kann vermieden werden, bei der eigentlichen Erarbeitung erneut auf die allgemeine Situation von Kindern ausländischer Arbeitnehmer einzugehen.

Die Umkehrung der Situation – eigene Sprachschwierigkeiten im Ausland – soll den Schülern zeigen, daß sie selbst Betroffene sein können und Hilfe brauchen; sie soll ihnen das Einfühlen in die Situation ausländischer Kinder erleichtern.

2. Phase

In dieser Phase machen sich die Kinder mit dem Text aus „Sprache und Sprechen" vertraut (Abb. 2).

Sie haben Gelegenheit, sich spontan zu dem Gelesenen zu äußern, den Text mit dem Zeitungsbericht zu vergleichen und erste persönliche Bewertungen vorzunehmen. Dabei entsteht die Notwendigkeit, die eigenen Aussagen am Text zu überprüfen.

Yüksel

Im Laden

„Kannst du die Tür nicht zumachen, Yüksel? Ich werd dir helfen. Steh nicht so rum! Verstehst du wieder nichts? Dann zeig' ich's dir mal."

Der Verkäufer führt ihn zur Tür und legt Yüksels Hand auf die Klinke. Sie schließen zusammen die Tür.

„So macht man das. Klar? Merk's dir für das nächste Mal!"

Im Bus

„Zeig deine Monatskarte noch mal her. Zeig her. Die Monatskarte. Ja. Die Monatskarte! Endlich. Warum nicht gleich? Rück mal!" Yüksel hält noch immer die Karte hin. „Nun hab ich sie ja gesehen! Steck sie weg! Rücken sollst du! Andere wollen auch noch mit." Der Busschaffner schiebt ihn schließlich grob beiseite.

Auf der Straße

Yüksel rempelt versehentlich jemanden an. Er murmelt etwas Unverständliches. „Kannst du dich nicht richtig entschuldigen?" Yüksel wird gefragt: „Wo geht es zum Bahnhof?" Yüksel bleibt einen Augenblick stehen. Er sieht den Fremden fragend an. „Bitte schön was?" Er zögert noch. Dann geht er plötzlich weiter. Der Fremde ist empört und schimpft hinter ihm her.

In der Schule

Lehrer: „Hol dein Buch raus, Yüksel!" Yüksel verläßt den Klassenraum. Der Lehrer ist verblüfft. Alle lachen.
Petra und Karola verabreden sich. Yüksel steht dabei. „Kommst du auch? Klaus und Oliver kommen auch." „Was?" „Ach, der hat wieder nicht verstanden? Na ja, dann eben nicht!"
„Morgen ist Wandertag?" – hatte die Lehrerin gesagt. „Brauchen wir Mappen?" „Nein, ihr kommt natürlich ohne." Yüksel kommt als einziger mit seiner Mappe zur Schule. Er wird ausgelacht.
„Yüksel, warum spielst du nicht mit?" „Ich kann nicht." „Möchtest du gern?" „Ja." „Machen wir es dir vor. Warte, ich hole Gisela, dann." Yüksel geht weg. – „Wir arbeiten wieder in drei Gruppen. Wer war in Gruppe 1? – In Gruppe 2? – In Gruppe 3?" „Yüksel hat sich ja dreimal gemeldet! Ist der blöd!"

Abb. 2: Auszug aus: „Sprache und Sprechen", Schülerband 4, Schroedel, Hannover/Darmstadt/Dortmund/Berlin 1973, S. 13

3. Phase

Die Erarbeitung des Problems – Verständigungsschwierigkeiten und -möglichkeiten – erfolgt eng am Text in der Reihenfolge der einzelnen Episoden. Wesentliche Aspekte des Gesprächs sind:
– Vermutungen über Yüksels Gefühle und Gedanken;
– Einstellungen und Verhaltensweisen verschiedener Personen gegenüber Yüksel und deren Bewertung;

– Erarbeitung von Problemlösungen für die jeweils konkrete Situation.

Das Gespräch muß nicht unbedingt in der im geplanten Unterrichtsverlauf skizzierten Reihenfolge ablaufen; so können zum Beispiel Analyse, Bewertung und Lösungsvorschläge gleichzeitig vorgenommen werden. Wesentlich bleibt dabei, daß die oben genannten Aspekte angesprochen werden.

4. Phase

Diese Phase dient der Anwendung und Vertiefung des bereits Erarbeiteten. Beim Umschreiben eines Textes müssen die Schüler die im Gespräch erarbeiteten Lösungsvorschläge daraufhin überprüfen, wieweit sie als Verständigungsmittel in der von ihnen gewählten Situation tauglich sind. Die schriftliche Arbeit kann auch die Schüler aktivieren, die das Gespräch überwiegend rezeptiv verfolgt haben. Für alle Schüler hat das Schreiben die Funktion, den Handlungsablauf einer Episode kontrollierter und sorgfältiger zu planen [6].

Ein veränderter Text auf einem Arbeitsblatt (Abb. 3) dient den Schülern als Muster bei ihrer eigenen Arbeit.

Die Möglichkeit der Partnerarbeit kann für die Schüler hilfreich sein, die noch Schwierigkeiten beim Aufschreiben eines Textes haben. Gleichzeitig ermöglicht das Partnergespräch eine wechselseitige Kontrolle bei der Planung des Handlungsablaufs und fördert das Erarbeiten weiterer Verhaltensalternativen.

Voraussichtlich kann die 4. Phase in dieser Unterrichtsstunde nicht mehr abgeschlossen werden. Insbesondere das Vorlesen und Besprechen fertiger Schülerarbeiten muß möglicherweise entfallen. Die Lerneinheit kann vom Klassenlehrer in einer der folgenden Unterrichtsstunden weitergeführt werden. Die Hausaufgabe – Vorbereitung eines Rollenspiels – dient der Hinführung zu dieser folgenden Unterrichtsstunde mit den Aufgaben:

1. Fertigstellen, Vorlesen und Besprechen der Schülerarbeiten
2. Rollenspiele: Wie andere Kinder Yüksel etwas verständlich machen [7].

Lehrer: „Hol dein Buch raus, Yüksel!" Yüksel verläßt den Klassenraum. Der Lehrer ist verblüfft. Die Kinder rufen: „Yüksel, bleib doch hier!" Peter läuft ihm nach und führt ihn zu seinem Platz zurück. Der Lehrer sagt: „Yüksel du hast mich nicht verstanden. Paß auf: Hol dein Buch raus, Yüksel!" Er nimmt Yüksels Hand und führt sie zur Tasche. Gemeinsam holen sie das Buch heraus und legen es auf den Tisch. Yüksel hat verstanden. Alle freuen sich.

Abb. 3: Text einer veränderten Episode aus „Sprache und Sprechen", Schülerband 4. Schroedel, Hannover/Darmstadt/Dortmund/Berlin 1973, S. 13

6 Unterrichtsmedien

1. „Hessische Allgemeine" vom 15. August 1974
2. Arbeitsblatt mit Textauszug aus der „Hessischen Allgemeinen" vom 15. August 1974
3. „Sprache und Sprechen", Schülerband 4, Hannover 1973, S. 13
4. Arbeitsblatt mit dem veränderten Text einer Episode aus „Sprache und Sprechen".

7 Verlaufsplanung

Zeit	Inhaltliche Gliederung	Methodische Schritte
(in Min.)		
10	*1. Phase* „Hessische Allgemeine“ vom Donnerstag, 15. 8. 74, mit Foto zweier türkischer Mädchen Arbeitsblatt mit Textauszug aus der Zeitung: (Text. s. Methodische Überlegungen, 1. Phase)	Austeilen der Arbeitsblätter Ankündigung des Textes Vorlesen des Textes durch die Lehrerin, Demonstrieren des Zeitungsfotos
	Lehrerin: In der Woche, als die Schule begann, habe ich in der Zeitung einen Text gefunden, den ich für euch abgeschrieben habe und den ich euch vorlesen möchte. Vermutliche Schüleräußerungen, etwa: Das sind sicher Gastarbeiterkinder. Vielleicht halten die anderen sie für dumm. Vielleicht werden sie oft ausgelacht. Die haben sicher Angst. In Wirklichkeit sind sie vielleicht gar nicht dumm; die können nur die Sprache nicht und verstehen deshalb nichts. Wenn die anderen ihnen helfen, können sie vielleicht die Sprache lernen.	Spontane Schüleräußerungen zum Text Schülererzählungen, durch Impulse gelenkt
10	*2. Phase* Lehrerin: Es ist sicher nicht immer leicht, einem Ausländer etwas verständlich zu machen. In eurem Sprachbuch stehen einige Gedanken, die zeigen, wie schwer das sein kann. Die Geschichten handeln von Yüksel, einem Türkenjungen, der in Deutschland lebt und zur Schule geht Text aus:	Stillarbeit der Schüler: Lesen des Textes im Sprachbuch

	Die sind aber alle gemein zu Yüksel. Die erklären ihm nichts und haben keine Geduld. Die Kinder lachen ihn aus und machen sich über ihn lustig. Wenn die ihn nur auslachen und nichts erklären, dann wird er bestimmt nie die Sprache lernen. Man muß ihm was zeigen und ihm was vormachen. Wenn man zu viel und zu schnell spricht, versteht er gar nichts.	zum Text
15	*3. Phase* Lehrerin: Wir wollen uns die Geschichten noch einmal genau ansehen und feststellen, wie sich die einzelnen Personen gegenüber Yüksel verhalten.	Arbeitsanweisung
	Text-Episoden: Im Laden – Im Bus – Auf der Straße – In der Schule	Vorlesen der einzelnen Episoden des Textes durch Schüler
	Folgende Aspekte werden im Gespräch erarbeitet: Was die anderen über Yüksel denken. Wie sich die verschiedenen Personen gegenüber Yüksel verhalten. Wie Yüksel dabei zumute ist.	Gespräch über die einzelnen Episoden, durch Impulse gelenkt
	Lehrerin: Ihr seht, viele Personen verhalten sich Yüksel gegenüber falsch. Sie helfen ihm nicht.	Impuls
	Vermutliche Schüleräußerungen, etwa: Der Verkäufer hat es aber richtig gemacht. Der hat es ihm vorgemacht. Er hat ihm gezeigt, wie er es machen muß. Das könnten die anderen doch auch so machen. Sie könnten vielleicht auch langsamer sprechen und deutlicher und nicht so viel auf einmal sagen. Sie müßten doch merken, warum er sie nicht so gut verstehen kann.	Schüleräußerungen, evtl. weitere Impulse
	Lehrerin: Versucht doch einmal, Beispiele zu nennen, wie man es besser machen könnte.	Impuls
	Mögliche Alternativen zu dem Verhalten einzelner Personen (vgl. Didaktische Überlegungen: sprachliche Mittel)	Schüler nennen Beispiele

10	*4. Phase* Arbeitsblatt mit Text einer veränderten Episode (alternative Verhaltensweisen, vgl. Methodische Überlegungen, 4. Phase)	Austeilen von Arbeitsblättern Vorlesen des Textes durch Schüler
	Vermutliche Schüleräußerungen, etwa: Die Geschichte ist jetzt so ähnlich wie die mit dem Verkäufer. Da steht drin, wie man es besser machen kann.	Schüleräußerungen
	Lehrerin: Sicher könnt ihr selbst andere Geschichten umschreiben. Versucht es einmal. Sucht euch eine der Geschichten aus. Wenn ihr wollt, könnt ihr auch zu zweit eine Geschichte anders schreiben.	Arbeitsanweisung
	Veränderung (Umschreiben) einzelner Episoden – alternative Verhaltensweisen	Stillarbeit der Schüler, Einzel- und Partnerarbeit
	Schülerarbeiten mit veränderten Texten Hausaufgabe: Vorbereiten eines Rollenspiels (in Gruppen): Wie andere Kinder Yüksel etwas verständlich machen.	Vorlesen und Besprechen einiger fertiger Schülerarbeiten (kann entfallen), Besprechung der Hausaufgabe

8 Auswertung des Unterrichtsverlaufs

Zusammenfassend läßt sich zum Ablauf des Unterrichts sagen, daß das Ziel der Stunde trotz gewisser methodischer Mängel bei der Durchführung erreicht werden konnte. Die Schüler erkannten, welche Ursachen für die Kommunikationsschwierigkeiten verantwortlich waren und erarbeiteten geeignete Mittel zu ihrer Überwindung.

Es zeigte sich, daß die in den Vorbemerkungen zur Situation der Klasse angesprochenen Erfahrungen des vergangenen Schuljahrs wichtige Voraussetzungen waren: Die Schüler waren motiviert, sich mit dem Unterrichtsgegenstand zu befassen; das Gespräch über die Situation der beiden türkischen Mädchen und des Außenseiters Yüksel verriet starke emotionale Anteilnahme und wurde zeitweise mit großem Engagement geführt.

Neben einigen anderen Schülern fiel vor allem Birgit durch Anzahl und Qualität ihrer Gesprächsbeiträge auf. Ihre Fähigkeit zu kritischer Reflexion, die sie im vergangenen Schuljahr an eigenen Erfahrungen entwickeln konnte, ermöglichte es ihr, sich in die Situation des Schülers Yüksel hineinzudenken und dessen anders geartete Probleme zu verstehen. Kritisch ist zu bemerken, daß sich die Anzahl der Gesprächsbeiträge sehr unterschiedlich verteilte. Die Auszählung nach der Tonbandaufzeichnung ergab folgende Verteilung:

Birgit:	14
Martina:	12
Hans-Ekkehard:	11
Manuela:	9
Mario:	8
Thorsten, Angelika:	4
Hans-Jürgen, Bärbel:	3
Jörg, Matthias, Silvia, Karin, Frank, Michael:	2
Shirin, Heike, Thomas, Joachim:	1

Sieben der anwesenden Schüler äußerten sich nicht. Immerhin weisen die vorliegenden schriftlichen Arbeiten aus, daß auch diejenigen Schüler, die sich wenig oder gar nicht äußerten, den Unterrichtsablauf aufmerksam verfolgt hatten und in der Lage waren, die Ergebnisse des Gesprächs auf ihre eigenen Arbeiten zu übertragen. Die Gesprächsbeteiligung der einzelnen Schüler entsprach etwa den Erwartungen. Jedoch ist – nachdem das vordringliche Problem der Integration von Außenseitern in die Klasse weitgehend gelöst wurde – die Aktivierung zurückhaltender Schüler eine Hauptaufgabe für die künftige Arbeit in der Klasse.

Kommentar:

Die vorliegende Unterrichtsvorbereitung, der Unterricht selbst und die Auswertung zeigen eine beispielhafte erzieherische Arbeit der Klassenlehrerin. Dabei drängt sich zunächst die Feststellung auf, daß bewußte Erziehung Zeit und Geduld braucht. Hier ist mit kurzatmigen Lernzielbestimmungen und Lernzielkontrollen nichts zu machen.

Bereits die Aussagen zur „Situation der Klasse" zeigen eine notwendige Konkretisierung dessen, was als Beachtung von anthropologischen und sozio-kulturellen Bedingungen gefordert wird. Deutlich wird hier das Problem der Außenseiter (ggf. Gastarbeiterkinder) und der Sitzenbleiber. Zu beachten ist nun, wie die Lehrerin die Erziehungsprobleme analysiert und wie sie Lösungen angeht. Soziogramme – im Abstand von einem Jahr erstellt – geben Hinweise auf Einstellungen und Veränderungen. In den Sachanforderungen ist dabei wichtig, die jeweilige individuelle Leistung anzuerkennen. Den Teufelskreis von Mißerfolg zu Mißerfolg kann der Schüler allein nicht durchbrechen. Er braucht die Hilfe des Lehrers: Zuwendung, Ermutigung, Anerkennung. Dabei ist auch auf die Grenzen der Pädagogik hinzuweisen: Sie kann auch nur in einem begrenzt variablen Rahmen Möglichkeiten ausschöpfen; aber das sollte sie auch tun, selbst wenn man immer wieder ungelöste Probleme entdeckt. So muß man wohl sagen, daß grundsätzliche Einstellungen (Rezeptivität, Zurückhaltung, Langsamkeit) nur sehr begrenzt verändert werden können.

Das Thema der Stunde zielt auf Kommunikation und soziales Lernen. Ohne Zweifel sieht die Lehrerin in diesem Ziel einen besonderen Schwerpunkt ihrer Arbeit, aber sie vernachlässigt auch nicht die anderen Aspekte des Deutschunterrichts, wie an einzelnen Bemerkungen deutlich wird. Kindern des 4. Schuljahres muß erst einmal bewußt gemacht werden, wie schwer es für ein Gastarbeiterkind ist, sich einzuleben und die anderen sprachlich zu verstehen.

Im Blick auf die methodischen Überlegungen könnte unter Hinweis auf das Prinzip der didaktischen Ökonomie gefragt werden, ob der doppelte Einstieg (einmal über das Sprachbuch, zum anderen über den Zeitungsabschnitt) notwendig war. Zeitraubend ist er auf jeden Fall.

Hrsg.

Charlotte Seibel

Wie mißt man eine Länge, und was bedeutet „Messen"?

Mathematik – 5. Schuljahr

Vorbemerkung

Die weltweite Reform des Mathematikunterrichts, für die in Deutschland durch die Rahmenpläne der Kultusminister-Konferenz im Jahre 1968 das offizielle Signal gegeben wurde, ist noch im Gange. Die hierdurch bedingten Veränderungen überschneiden sich mit den allgemeinen Bestrebungen der Unterrichtsreform: Mathematikunterricht soll grundsätzlich wissenschaftsorientiert sein, nicht erst vom 10. Lebensjahr an und nicht nur für angehende Akademiker. Der Lehrgang soll im Prinzip ein einheitliches Fundament für alle haben, das möglichst lange Aufstiege ermöglicht.

Beide Forderungen verlangen naturgemäß der Grundschule und der Hauptschule am meisten ab, deren Mathematikunterricht sich traditionell als Rechen- (und Raumlehre-)Unterricht verstand. Während in der Grundschule jetzt von einer Konsolidierungsphase gesprochen werden kann, sind die Probleme des Mathematikunterrichts für leistungsschwächere Schüler noch nicht gelöst. Der Eigengesetzlichkeit dieses Unterrichts müssen die neuen fachdidaktischen Intentionen angepaßt werden; dies setzt voraus, daß der Lehrer sich mit ihnen vertraut macht.

Die Mathematik besinnt sich heute wieder stärker auf ihre Grundlagen; dementsprechend soll der Unterricht gewissen tragenden Ideen folgen. Als solche nennen wir: Menge, Relation, Abbildung, Struktur. Sie sind auf jeder Stufe bedeutsam, zum Beispiel bei der Vertiefung der Zahlbegriffe im 5. und 6. Schuljahr und auf derselben Stufe beim Größenbegriff, von dem dieses Unterrichtsbeispiel zur Mathematik handelt.

Größen wurden früher „nebenbei" erledigt, der pragmatische Gesichtspunkt stand im Vordergrund („Maße und Gewichte", „Sachrechnen" usw.), die Abgrenzung zum Zahlbegriff wurde nicht thematisiert. Das Unterrichtsbeispiel samt seiner didaktischen Analyse möge zeigen, daß der Begriff „Größe“ eine Denkkategorie sui generis ist (Größen sind ihrerseits zum Beispiel für die Bruchrechnung bedeutsam) und daß die moderne Betrachtungsweise nützlich, ja notwendig ist, um einen lebensbedeutsamen Lehrgegenstand wie etwa den Meßprozeß auch lernpsychologisch geeignet abzustufen.

Während früher beim Rechnen mit Größen vorwiegend in materialer Hinsicht bedeutsame Lernziele (z. B. die Umwandlung „benannter Zahlen“ in eine größere oder kleinere Maßeinheit) angestrebt wurden, richtet sich heute das Interesse stärker auf formale Ziele wie etwa die Einsicht, was eigentlich Messen bedeutet. Dies ist in gewisser Weise typisch für die Richtungsänderung, die im Mathematikunterricht vorgenommen wird. Die Aufzählung der Lernziele zeigt die vielfältigen Aspekte, die bei einem so einfach erscheinenden Thema zu beachten sind, vor allem in formaler Hinsicht. Bei aller kritischen Distanz darf daher in der Forderung, detaillierte Lernziele zu formulieren, der Vorteil gesehen werden, daß der Lehrer *sich der Bedeutung der Lehrinhalte stärker bewußt wird.*

Es sollte sich von selbst verstehen, daß formale Lernziele nicht überbewertet werden dürfen. Um auch diesen Gedanken an dem vorliegenden Unterrichtsentwurf zu exemplifizieren, sei vor der Vorstellung gewarnt, der Schüler soll über den Größenbegriff nur verbal im Sinne der dahinter stehenden didaktischen Theorie reflektieren. Das Erreichen formaler Lernziele gibt sich (insbesondere beim Hauptschüler) in sicheren *Fertigkeiten zu erkennen, noch konkreter: Wenn der Schüler den Sinn des Messens von Größen verstanden hat, und nur dann, wird er eine in Metern gegebene Länge ohne mechanische Stützen kraft seiner Vorstellung richtig in Kilometer umrechnen können.*

Heinz Schwartze

Rahmen der Unterrichtsstunde und fachwissenschaftlicher Hintergrund

Der hier dargestellten Unterrichtsstunde [1] war die Erarbeitung der Unterscheidung und der richtigen Benutzung der Begriffe „Strecke“ und „Länge“ vorangegangen. Ihr folgen das Umwandeln von Maßeinheiten und das Rechnen mit Längen sowie das Lösen von Sachaufgaben, die das Rechnen mit Längen erfordern.

Es wird hier ein Unterrichtsinhalt behandelt, der – wie das gesamte Thema „Größen" – lange Zeit in den Lehrplänen und Schulbüchern vernachlässigt wurde. Man hat sich lange darum gestritten, wo die Behandlung von Größen überhaupt einzuordnen ist, in den Mathematikunterricht oder in das Fach Physik. Das Einbeziehen der Größen in den Mathematikunterricht ist jedoch heute erforderlich, nachdem die neuere Didaktik den grundsätzlichen Unterschied zwischen Zahlen und Größen herausgearbeitet hat [2]. Zur Einführung in den Begriff der „Größe" eignen sich die Längen besonders gut, da die Schüler mit diesem Größenbereich schon vertraut sind und da er am leichtesten darstellbar ist. Am Beispiel der Längen können die Besonderheiten und die Struktur eines Größenbereiches besonders gut deutlich gemacht werden.

Damit ist bereits die für den Lehrer bei seiner Unterrichtsvorbereitung wichtige Frage des fachwissenschaftlichen Hintergrundes oder der „Struktur des Gegenstandes" angesprochen. Der fachwissenschaftliche Hintergrund ist durch das Stichwort „Größenbereich" gekennzeichnet.
Unter einem *Größenbereich* versteht man im mathematischen Sinne jede Menge G mit einer Verknüpfung + und einer Relation $<$, für die folgende Gesetze gelten [3]:

1. Kommutativgesetz ($a + b = b + a$)
2. Assoziativgesetz ($a + [b + c] = [a + b] + c$)
3. Trichotomiegesetz (für zwei beliebige Größen a, b gilt stets $a < b$ oder $a = b$ oder $b < a$)
4. Lösbarkeitsgesetz ($a + x = b$ ist lösbar genau dann, wenn $a < b$)

Aus der letzten Bedingung wird die Subtraktion abgeleitet.

Da die Menge der natürlichen Zahlen mit der Addition und der Kleinerrelation aufgrund der angeführten Definition ebenfalls einen Größenbereich darstellt, haben in dem Größenbereich der Längen alle Gesetze und Regeln Gültigkeit, die vom Rechnen mit natürlichen Zahlen her bekannt sind. Dennoch ist der Begriff der Größe von dem der Zahl zu unterscheiden; so führt etwa die Multiplikation zweier natürlicher Zahlen zu einer natürlichen Zahl, die Multiplikation zweier Längen aber nicht wieder auf eine Länge.

Wichtig ist ferner die Unterscheidung zwischen Größen und ihren „Repräsentanten“: Eine Länge wie „5 cm“ ist eine Größe, jede 5 cm lange Strecke ein Repräsentant dieser Länge. Mögliche Repräsentanten sind ferner Kanten eines Quaders, Holzstäbe oder auch gekrümmte Linien.

Der Größenbereich „Längen“ hat einen weiteren bemerkenswerten Unterschied zum Rechenbereich der natürlichen Zahlen: Jede Strecke läßt sich erfahrungsgemäß in beliebig viele gleich lange Teilstrecken zerlegen. Dementsprechend fordert man zusätzlich zu den oben angegebenen Eigenschaften 1.–4., daß eine Länge durch jede natürliche Zahl dividiert werden kann und das Ergebnis wieder eine Länge ist. Mann nennt dies die *Teilbarkeitseigenschaft* des Größenbereiches der Längen. Im Gegensatz dazu läßt sich eine natürliche Zahl nicht durch jede andere natürliche Zahl so teilen, daß wieder eine natürliche Zahl entsteht. Die Zahl 1, die kleinste natürliche Zahl, läßt sich nur durch sich selbst teilen. Sie stellt eine natürliche Einheit dar, während es wegen der Teilbarkeitseigenschaft in dem Bereich der Längen keine natürliche Maßeinheit gibt. Deshalb hat man *willkürlich* eine bestimmte Länge als Längeneinheit ausgewählt und sie mit „1 Meter“ bezeichnet.

Das *Messen* einer Strecke ist nun das Aufteilen der Strecke in Einheitsstrecken (d. h. in „Repräsentanten“ der Längeneinheit). Läßt sich die Strecke in genau n Einheitsstrecken aufteilen, so heißt n die Maßzahl ihrer Länge bezüglich der gewählten Längeneinheit. Die Angabe, eine Strecke habe die Länge 5 m, bedeutet also, daß sie in 5 Teilstrecken der Länge 1 m zerlegt werden kann; allgemeiner formuliert: Eine Strecke hat die Länge n Meter, wenn sie in n Teilstrecken der Länge 1 m aufgeteilt werden kann. Kann man jedoch eine Strecke nicht mit dieser Längeneinheit aufteilen, so muß man zu einer kleineren Längeneinheit übergehen. Daß man aus der Grundeinheit 1 m weitere, kleinere Längeneinheiten gewinnen kann, ist eine Folge der Teilbarkeitseigenschaft der Längen. Bekanntlich führt man durch jeweilige Zehnteilung die Maßeinheiten 1 dm, 1 cm und 1 mm ein. Hinzu kommt noch die Maßeinheit 1 km, die größte gültige Maßeinheit für Längen. Vor jeder Messung ist zu überlegen, welche Einheitslänge am günstigsten ist.

Theoretisch könnte man die Teilung beliebig fortsetzen, das heißt, beliebig kleine Maßeinheiten einführen und damit jede praktisch vorkommende Länge mit einer ganzzahligen Maßzahl darstellen. In der Praxis beschränkt man sich auf wenige Maßeinheiten und nimmt es in Kauf, daß die Maßzahl unter Umständen unganzzahlig ist, zum Beispiel 1/100 mm oder 0,01 mm. Dies ist jedoch im 5. Schuljahr noch nicht anzusprechen, weil sich der Mathematikunterricht dieser Jahrgangsstufe auf die natürlichen Zahlen beschränkt. Zu betonen ist jedoch, daß die Behandlung des Messens im 5. Schuljahr auch eine Vorbereitung der Bruchrechnung ist. Der Bruchbegriff läßt sich nach einhelliger Meinung in der heutigen Didaktik am besten durch das Messen von Größen motivieren. Auch hierin liegt schließlich die große didaktische Bedeutung der Begriffe „Größe“ und „Messen“.

Unterrichtsvorbereitung

Didaktische Vorbemerkungen

In seiner Umwelt wird jeder Mensch und somit auch das Kind dieser Altersstufe täglich in vielfacher Weise mit Größen konfrontiert. Zum großen Teil hat es dies bisher nur unbewußt wahrgenommen, doch muß im Unterricht der Sekundarstufe die Bedeutung des Meßvorganges zunehmend bewußt gemacht und die Kenntnis der konventionellen Maßeinheiten und ihr sicherer Gebrauch vertieft werden. Dies soll am Beispiel der *Längenmessung* erreicht werden; dieser Unterrichtsinhalt ist nämlich exemplarisch für das Messen von Größen überhaupt. Daß die Längenmessung schon im geistigen Leben des Kindes eine Rolle spielt, zeigen folgende Überlegungen: Schon im Vorschulalter wurde häufig die Frage gestellt: „Wieviel bin ich gewachsen?“, oder es wurde die Länge der eigenen Fußabdrücke im Sommer auf den Steinfliesen des Schwimmbades oder im Winter im Schnee mit denen anderer Menschen verglichen. Bei Wettspielen wurden Spielfelder mit Hilfe von Schrittlängen abgemessen. In der Grundschule erfolgte dann das Erlernen einiger Längeneinheiten und des Umganges mit Lineal und Maßband, der für den Schüler vor allem im Zeichen-, Werk- und Handarbeitsunterricht sowie im Geometrieunterricht unerläßlich ist. Das gleiche gilt für das Basteln, Malen oder Handarbeiten in der Freizeit.

Vor diesem Hintergrund setzt nun die Erarbeitung des Meßprozesses ein. Als Einstieg für eine solche Einführungsstunde wählt man sinnvollerweise einen Sachverhalt, der die Schüler selbst betrifft und somit direkt anspricht; in der hier beschriebenen Stunde wird das Herstellen von Malunterlagen für die Schultische zur Motivation gewählt.

Das Messen von Größen vollzieht sich zweckmäßig in folgenden Schritten [4]:

1. Einführung von Maßeinheiten
a) Nichtkonventionelle Einheiten
b) Konventionelle Einheiten
2. Angabe einer Größe mit Maßzahl und Maßeinheit

Das in der Klasse vorhandene Tafellineal wurde absichtlich zu Beginn dieser Unterrichtseinheit aus dem Klassenraum entfernt und durch eine einfache glatte Holzleiste ohne Meßskala ersetzt. Die Schüler werden deshalb nach anderen möglichen aber nichtkonventionellen Maßeinheiten suchen. Das Messen mit solchen nichtkonventionellen Maßeinheiten wie zum Beispiel „Schrittlänge“ oder „Handbreite“ macht dem Schüler die Notwendigkeit konventioneller Einheiten zur Erzielung eindeutiger Längenangaben deutlich. Auch daß man mit nur einer Maßeinheit, zum Beispiel dem Meter, allein nicht auskommt, soll der Schüler einsehen, und dies ist beim praktischen Messen verschiedener Längen einfach zu erreichen.

Die Namen „Kilometer“, „Meter“, „Dezimeter“, „Zentimeter“ und „Millimeter“ sind den Schülern aus dem täglichen Leben und von der Grundschule her schon bekannt, nur haben sie größtenteils noch keine sicheren Vorstellungen von diesen Längen. Deshalb muß auf das Darstellen der einzelnen Längen und das Erarbeiten des Zusammenhanges der Einheiten untereinander genügend Zeit verwandt werden. Besonderer Wert sollte auch auf die praktische Durchführung des *Meßprozesses* gelegt werden. Hierbei bekommen die Schüler eine deutlichere Vorstellung davon, welche Streckenlängen man mit 1 Meter, 1 Dezimeter, 1 Zentimeter usw. bezeichnet und welche Längeneinheit jeweils sinnvoll ist. Die einzelnen Einheiten und ihr Zusammenhang lassen sich sehr gut mit Hilfe von Holzstäben der Längen 1 m, 1 dm und 1 cm oder auch mit Papierstreifen der genannten Längen erarbeiten. Die Papierstreifen haben den Vorteil, daß sie billig und leicht herstellbar sind.

Holzstäbe bzw. Papierstreifen der Länge 1 km sowie 1 mm sind jedoch kaum herzustellen und zu handhaben. Hat man aber die Beziehungen zwischen den übrigen Einheiten schon erarbeitet, so reicht eine kurze Erklärung des Lehrers aus, um die Eingliederung dieser beiden Einheiten in das Maßsystem verständlich zu machen.

Auch die Begründung für die Abstufung der Maßeinheiten nach dem Zehnersystem wird für die Schüler kein Problem darstellen, da im 5. Schuljahr vor der Erarbeitung der Größenbereiche die Behandlung der Positionssysteme, insbesondere des Zehnersystems, erfolgt ist.

Eine exakte Kenntnis der einzelnen Maßeinheiten und die richtige Einsicht in den Meßprozeß wird es dem Schüler erleichtern, weiterhin diese Einheiten richtig anzuwenden, das heißt, den Meßprozeß richtig nachzuvollziehen und sinnvolle Umwandlungen innerhalb des Maßsystems durchzuführen.

Lernziele und Verlaufsplanung

Klasse: 5. Jahrgangsstufe, Hauptschule
Fach: Mathematik
Unterrichtseinheit: Längen
Thema der Stunde: Wie mißt man eine Länge, und was bedeutet „Messen"?
Lernziele [5]:
1. Grobziel: Die Schüler sollen Einsicht in den Meßprozeß gewinnen und diesen bei Längen richtig nachvollziehen können.
2. Feinziele:
a) Die Schüler sollen erkennen, daß zum Messen einer Länge eine Längeneinheit festgelegt werden muß.
b) Die Schüler sollen wissen, daß Messen das Vergleichen mit einer Maßeinheit ist.
c) Die Schüler sollen erkennen, daß man zu einer kleineren Maßeinheit übergehen muß, falls die zu messende Länge kein ganzzahliges Vielfaches der gegebenen Maßeinheit ist.
d) Die Schüler sollen eine vorgegebene Länge messen und in einer geeigneten Maßeinheit darstellen können.
e) Die Schüler sollen eine beliebige Länge durch Maßzahl und Einheit angeben können.
f) Die Schüler sollen wissen, daß mit dem Lineal der Meßvorgang abgekürzt wird.

Geplanter Stundenverlauf:

		Unterrichtsgeschehen			
Lernziele	**Phasen**	**Lehrerverhalten**	**Erwartetes Schülerverhalten**	**Arbeits- und Sozialformen**	**Medien**
	Einstieg	Der Lehrer stellt folgenden Sachverhalt dar: Der Hausmeister der Schule, Herr S., soll für alle Tische Malunterlagen anfertigen, da das bisher benutzte Zeitungspapier zu leicht zerreißt. Aus diesem Grunde muß Herr S. Länge und Breite der Tische wissen.	Die Schüler äußern sich dazu und sagen, daß man die Breite und die Länge der Tische messen muß.	Unterrichtsgespräch	
	Hinführung	Da in der Klasse kein Tafellineal vorhanden ist, fordert der Lehrer die Schüler auf, andere Möglichkeiten zum Messen der Tischlänge bzw. -breite vorzuschlagen.	Die Schüler erklären unter anderem, daß man Länge und Breite des Tisches mit	Unterrichtsgespräch	

		Der Lehrer schreibt die sich ergebenden Werte an die Tafel	den Fingern oder den Händen messen kann, und führen dies auch durch.	Schüler-aktivität Lehrer-aktivität	Tafel
Erkennen, daß zum Messen einer Länge eine Längeneinheit festgelegt werden muß.	Erarbeitung I	Da in jedem Klassenraum die Tische jeweils gleiche Abmessungen haben, die ermittelten Meßwerte jedoch variieren, erarbeitet der Lehrer mit den Schülern, daß Messen in Handbreiten und ähnlichem nicht praktisch ist, sondern ein einheitliches Maß benötigt wird, das jeder in gleicher Weise benutzen kann. Der Lehrer erzählt den Schülern daraufhin, daß man sich erst im Laufe der beiden letzten Jahrhunderte auf die Einheit „Meter" geeinigt hat, daß in Paris ein sogenannter Urmeterstab aufbewahrt wird und daß alle Dinge, die ebenso lang sind wie dieser Stab, die Länge 1 m haben.		Unterrichts-gespräch Lehrer-äußerung	
Wissen, daß Messen das Vergleichen mit einer Maßeinheit ist. Erkennen, daß man zu einer kleineren Maßeinheit übergehen muß, falls die zu messende Länge kein ganzzahliges Vielfaches der gegebenen Maßeinheit ist.	Erarbeitung II	Der Lehrer teilt nun Papierstreifen von der Länge 1 m aus. Es zeigt sich, daß sich die Kanten eines Tisches nicht genau mit den Meterstreifen aufteilen lassen. Der Lehrer erarbeitet mit den Schülern, daß man dazu kleinere Streifen benötigt und daß man, um diese zu erhalten, den Meterstreifen in	Die Schüler versuchen durch Aneinanderlegen der Streifen Länge und Breite der Tische zu messen.	Lehrer-aktivität Schüler-aktivität Unterrichts-	Papierstreifen von 1 m Länge

Wissen, daß Messen das Vergleichen mit einer Maßeinheit ist. Eine vorgegebene Länge messen und in einer geeigneten Maßeinheit darstellen können.		Meterstreifen in 10 gleich große, kleinere Streifen zerschnitten hat, und teilt an jede Tischgruppe die Streifen aus.		Lehrer-aktivität	
			Die Schüler messen nun durch Aneinanderlegen der Dezimeterstreifen Länge und Breite der Tische.	Schüler-aktivität	Papier-streifen von 1 m Länge
		Der Lehrer schreibt das einheitliche Ergebnis an die Tafel und erklärt, daß man die Länge eines solchen Papierstreifens 1 Dezimeter (1 dm) genannt hat und daß man nun dem Herrn S. genau angeben kann, wie lang und wie breit die Malunterlagen sein müssen.		Lehrer-aktivität	Tafel
			Die Schüler geben die beiden Längen durch Maßzahl und die Einheit „dm" an.	Schüler-äußerung	
		Der Lehrer schreibt dies an die Tafel.		Lehrer-aktivität	Tafel
			Die Schüler dürfen nun Gegenstände nennen, die sie messen möchten, und den Meßprozeß durchführen. Sie erkennen, daß man nur mit den beiden Einheiten „m" und „dm" nicht auskommt. Es wird noch eine kleinere Einheit benötigt. Analog zu dem Vorausgegangenen wird die Ein-	Schüler-aktivität	Papier-streifen von 1 m bzw. 1 dm Länge, die ggf. weiter unter-teilt werden

			heit „cm“ erarbeitet. Die Schüler messen anschließend verschiedene Strecken auch in „cm“ aus.	Lehrer- und Schüler-aktivität	
		Die sich bei den Messungen ergebenden Werte werden vom Lehrer an die Tafel geschrieben.		Lehrer-aktivität	Tafel
		In einem kurzen Gespräch wird folgende *Ergebnisfeststellung* vorgenommen: Die Länge der Tafel beträgt: $1\ m \cdot 4 = 4\ m$.		Unterrichts-gespräch	
		Der Lehrer ordnet in obiger Gleichung die Begriffe „Maßeinheit“ und „Maßzahl“ richtig ein und erklärt, daß die Maßzahl angibt, wie oft eine Strecke von 1 m Länge bei der Längenmessung abgetragen wird.		Lehrer-aktivität	Tafel
Wissen, daß mit dem Lineal der Meßvorgang abgekürzt wird.	Erarbeitung III	Der Lehrer geht nun darauf ein, daß es nicht sehr praktisch ist, die einzelnen Papierstreifen immer wieder aneinanderzulegen, und man sich eigentlich nach Möglichkeiten umsehen müßte, diesen Prozeß zu vereinfachen.		Lehrer-äußerung	
			Die Schüler äußern sich dazu und nennen unter anderem die Möglichkeit, ein Lineal zu benutzen.	Schüler-äußerung	
		Der Lehrer zeigt den Schülern		Lehrer-	Tafel-

		lung in die einzelnen Maßeinheiten.			
Eine beliebige Länge durch Maßzahl und Einheit angeben können.	Anwendung		Die Schüler können sich nun Gegenstände aussuchen, die sie abmessen möchten. Jeweils zwei Schüler messen die Länge des gewählten Gegenstandes und geben sie durch Maßzahl und Einheit an. Sie notieren Gegenstand und gemessene Länge in ihrem Heft.	Gruppenarbeit	Lineal, beliebige Gegenstände im Klassenraum

Länge des Tisches			Breite des Tisches		
Handbreiten	Papierstreifen	dm	Handbreiten	Papierstreifen	dm

Länge der Tafel: $1\ \text{m} \cdot 4 = 4\ \text{m}$ ← Maßeinheit
↑
Maßzahl

Länge der Fensterbank: $1\ \text{m} \cdot 5 = 5\ \text{m}$

Länge des Spiegels: $1\ \text{dm} \cdot 5 + 1\ \text{cm} \cdot 5 = 5\ \text{dm} + 5\ \text{cm}$

Länge des Klassenschrankes: $1\ \text{m} + 1\ \text{dm} \cdot 2 = 1\ \text{m} + 2\ \text{dm}$

Abb. 1: Tafelanschrift

Nachbetrachtung und Ausblick auf den weiteren Unterrichtsverlauf

Der gewählte Einstieg erwies sich als günstig. Die Schüler fühlten sich, da es ein Problem zu lösen gab, das sie selbst betraf, sofort angesprochen und machten spontan Vorschläge zu seiner Lösung. Da kein Tafellineal zur Verfügung stand, wurde als nichtkonventionelle Maßeinheit unter anderem die Hand zum Messen einer Länge gewählt. Die Schüler erkannten sehr schnell, daß eine solche Maßeinheit nicht sehr brauchbar ist und man ein einheitliches, für jedermann verbindliches Maß benötigt. Das Arbeiten mit Papierstreifen der Länge 1 m, 1 dm und 1 cm bei der Einführung der konventionellen Maßeinheiten erwies sich als sehr sinnvoll.

Die Notwendigkeit von kleineren und größeren Maßeinheiten zum Messen verschiedener Längen wurde von den Schülern beim praktischen Messen leicht eingesehen.

Nachdem die Schüler sich einige Zeit mit dem „umständlichen" Messen mit Hilfe von Streifen abgemüht hatten, wurde ihnen deutlich, welche Vereinfachung der Gebrauch eines Meßlineals erbringt. Das Messen der Länge von selbstgewählten Gegenständen machte ihnen offensichtlich Spaß. Es zeigte sich jedoch, daß auch Schüler des 5. Schuljahres noch Schwierigkeiten beim Anlegen des Lineals und beim Ablesen der Meßzahlen haben. Deshalb ist darauf hinzuweisen, daß auch in dieser Schulstufe das praktische Messen noch einmal intensiv durchgeführt und die richtige und exakte Handhabung des Lineals geübt werden sollte.

Es war nicht zu erwarten, daß mit dieser einen Stunde der Meßprozeß in seiner vollen Bedeutung erfaßt wurde. Dies ist erst möglich, sobald auch die übrigen Größenbereiche wie Flächeninhalt, Gewicht, Zeit usw. erarbeitet sind. Ob die Kinder gelernt haben, was es heißt, eine Größe zu messen, kann man überdies nicht dadurch erfahren, daß man sie danach direkt fragt. Eine verbale Antwort auf diese Frage in dem unter A dargestellten Sinne würde das Abstraktionsvermögen der Schüler dieser Jahrgangsstufe, zumal in der Hauptschule, überfordern. Die Begriffsbildung „Messen" kann nur *indirekt* überprüft werden, nämlich dadurch, daß die Kinder die entsprechenden *Handlungen* sinnvoll auszuführen in der Lage sind. Am Ende der Stunde zeigte sich, daß die Kinder bei der Anwendungsphase den Meßvorgang im Sinne des Aufteilens in Teilstrecken richtig handhabten und auch den Zusammenhang von Maßzahl und Maßeinheit mit dem entsprechenden Meßvorgang erkannt hatten.

Bei den folgenden Unterrichtsstunden dieser Unterrichtseinheit „Längen" besteht Gelegenheit, die in dieser Stunde erworbenen Fertigkeiten und Einsichten zu vertiefen. Sie stehen dann auch zur Verfügung, wenn die übrigen Größenbereiche behandelt werden, und unterstützen deren Erarbeitung. Prinzipiell verläuft die Erarbeitung in denselben Stufen wie bei den Längen. Der Meßprozeß ist dort allerdings wesentlich problematischer, zum Beispiel bei den Flächeninhalten. Daß man die Längen, bei denen der Meßprozeß recht unproblematisch ist, an den Anfang setzt, rechtfertigt sich somit auch durch das Prinzip von der Isolierung der Schwierigkeiten.

Kommentar:

Der Vorgang des Messens läßt sich am Beispiel der Längen am einfachsten erklären, nicht zuletzt, weil es dort technisch am einfachsten durchführbar ist. Dies dürfte an dem Unterrichtsentwurf ebenso deutlich geworden sein wie seine exemplarische Bedeutung für die Behandlung anderer Größen wie Gewicht, Zeit und Flächeninhalt. Die Unterrichtsvorbereitung gibt also auch hierfür eine Hilfe an die Hand.

Das Thema leidet unter der besonderen Schwierigkeit, daß der Längenbegriff einschließlich der Längeneinheiten bereits Gegenstand der Grundschulmathematik ist. Im Prinzip gilt dies sogar schon für die Idee des Messens von Größen, die hier nur im Sinne des Spiralprinzips auf eine höhere Bewußtseinsstufe zu heben ist. Diese Schwierigkeit dürfte dadurch überwunden worden sein, daß die Lehrerin sich in besonderem Maße um die notwendige Motivation bemüht hat.

Die Schüler waren die ganze Unterrichtsstunde über selbsttätig. Dies ist bei dem behandelten Thema unabdingbar, denn die Bedeutung des Messens kann nur handelnd erfahren werden. Dem Ausmessen eines Gegenstandes mit einem Vergleichsmaß entspricht in der schriftlichen Darstellung die Angabe der Größe durch Maßzahl und Maßeinheit. Dieser Gedanke kann, wie in der Nachbetrachtung sinngemäß bemerkt wird, von den Schülern nicht in einer Stunde voll erfaßt werden. Dieses übergreifende Lernziel läßt sich nur durch eine längere Unterrichtseinheit realisieren.

Als Form des geplanten Unterrichtsverlaufs wurde eine tabellarische Anordnung gewählt. Sie bot sich hier an, weil ein regelmäßiger Wechsel von Lehrer- und Schüleraktivitäten geplant war. Innerhalb jeder einzelnen Etappe war der Verlauf nicht in alle Einzelheiten festgelegt, sondern nur im großen beschrieben.

Äußerlich gesehen, scheint die Stunde nicht sehr viel Ertrag gebracht zu haben, weil „Merksätze", Zusammenfassungen und sonstige reproduzierbare Ergebnisse fehlen. Dies liegt aber nur an dem Wiederholungscharakter des Themas und der formalen Natur der Lernziele. Der Ertrag einer solchen Stunde liegt eben darin, daß die Schüler in dem Erfassen der Begriffe „Messen", „Länge", „Maßzahl und Maßeinheit" usw. ein Stück weiterkommen.

Heinz Schwartze

Almut Geschwinde

Übung der Formen des „present perfect“

Englisch (B-Kurs) – 6. Schuljahr

Vorbemerkung

Das Ergebnis der historischen Entwicklung des Schulaufbaues und der Schulorganisation ist im Bereich des Fremdsprachenunterrichts mit der Formel „obligatorischer Englischunterricht“ zu fassen. Der verpflichtende Englischunterricht für alle wird unter anderem mit der Förderung geistiger Kräfte und Anlagen des Kindes, der Gewinnung von Haltungen, Wertungen und Folgerungen für die eigene Einstellung und der Bereicherung der Person durch Erweiterung des geistigen Horizontes begründet. Die zumeist formalen Begründungen können jedoch von Lehrern und Schülern nicht immer akzeptiert werden. Inhaltliche Forderungen werden vor allem von starken gesellschaftlichen Kräften in ihrer Funktion als Abnehmer künftiger Schulentlassener erhoben. Die Schule kann sich der divergierenden Vielfalt der Forderungen nur dadurch entziehen, daß sie ihre Hauptaufgabe nicht darin sieht, die Kinder zum Beispiel an die Industrie, die Wirtschaft oder den Staat „abzuliefern“. Die Hauptaufgabe von Schule ist und bleibt die Entfaltung (oder: Entwicklung, Bildung) des jungen Menschen.

Mit Englisch als ordentlichem Lehrfach an Hauptschulen ist ein Niveauanstieg für intelligente Schüler verbunden; die schwachen und hilfsbedürftigen sind jedoch stark belastet. Zur Korrektur dieser Diskrepanz böte sich an, die emotionalen und sozialen Aspekte verstärkt im Unterricht anzusprechen und handwerkliche sowie künstlerische Tätigkeiten in den Unterricht einzubeziehen. Auch der Englischunterricht soll und kann dazu beitragen, die Gesamtpersönlichkeit der Schüler zu bilden (z. B. Projekte im Rahmen schulnaher Unterrichtsplanung).

Das wichtigste Ziel des Englischunterrichts lautet zur Zeit „kommunikative Kompetenz“. Methode, Medien und Inhalte muß-

ten sich in einem bedenklichen Ausmaß an dieses Ziel anpassen. Die weit verbreitete Auffassung, ein „guter" Englischunterricht sei ohne einen technischen Medienpark nicht mehr durchführbar, ist nur eines der negativen Ergebnisse dieser einseitigen Anpassung. Zu bedenken ist, daß im Umgang mit technischen Medien vorwiegend die Sprechtätigkeit der Kinder geübt wird. Die Anbahnung von Einsichten und die Vermittlung von zusammenhängendem Wissen zum Beispiel über Sprache, Land und Leute, ihre Gewohnheiten und Denkweisen, ihre Literatur können beim Einsatz zu vieler Medien unverdient in den Hintergrund unterrichtlicher Zielsetzungen geraten. Der Umgang mit und die Herstellung von einfachen Lehr- und Lernspielen (Tafelzeichnungen, Puzzles, Kreuzwort-, Bilder- und Silbenrätsel, Karten- und Würfelspiele, Memory usw.) können ein pädagogisch wichtiges Pendant zu den technischen Medien sein.

Die Methode der zweisprachigen Unterweisung (Übersetzungsübungen „translation/version", oft sinnleeres Einpauken von Regeln, Unterrichtsgespräche in der Muttersprache, Wortschatzkontrolle in Wortgleichungen „To do = tun", *Betonung des Schriftlichen im Unterricht und bei Prüfungen u. a. m.) wurde von der Methode der Einsprachigkeit nahezu vollständig abgelöst („pattern drills", „contextualism", „situational teaching", keine Regeln, imitierend-wiederholendes Einüben, Betonung des Mündlichen im Unterricht und des Schriftlichen in der Prüfung usw.). In der rigiden ausschließenden Anwendung einer der beiden Methoden zeigt sich, wie recht* Paul Heimann *mit seinem Wort vom ärgerlichen Methodendogmatismus hatte.*

Pädagogische Überlegungen, die Notwendigkeit, ökonomisch zu unterrichten und das Erfahrungswissen sollten den Lehrer befähigen zu entscheiden, welche Methode in einer konkreten unterrichtlichen Situation am angemessensten ist. Beide Methoden haben eine Daseinsberechtigung: variierende Worterklärungen in Mutter- und Fremdsprache; phonetisch korrektes Sprechen und Singen und orthographisch richtiges Schreiben; situationsbezogene „pattern drills" und überschaubares Regelwissen; entspannendes Spiel und leistungsbezogenes Lernen; überprüfbare kognitive und nicht überprüfbare emotionale Inhalte; zunächst geschlossener Lehrgang und später offene Projektgestaltung; verbale und non-verbale Kommunikation; Beachtung von Verhaltensweisen von Schülern usw.

Lehrersein bedeutet auch, bewußt unpädagogische, einseitige Methoden im Unterricht zu vermeiden. Man sollte sich der großen

Bedeutung der „Kunst der Vermittlung“ (Schleiermacher) *für eine effektive Unterrichtsgestaltung wieder bewußt werden.* Hrsg.

1 Analyse der Sachstruktur

Die Unterrichtsstunde steht am Ende von Kapitel 5, Englisch H 2, Verlag Cornelsen – Velhagen & Klasing. In diesem Kapitel erfolgte unter dem Rahmenthema „shopping“ die erste Begegnung mit der Verwendung und den Formen des Present Perfect. Um möglichst natürliche Situationen und Gesprächsformen schaffen zu können, wurden außer der regelmäßigen Bildung des Present Perfect bereits drei unregelmäßige Verben eingeführt:
to be – been
to buy – bought
to do – done

Das Present Perfect wird bei den regelmäßigen Verben durch Anhängen der Endung -ed an den Wortstamm und das Hilfszeitwort „to have“ gebildet, wobei folgende Besonderheiten zu beachten sind:
Das stumme End -e entfällt, z.B. to dance – he has danced
y wird zu i, z.B. to carry – she has carried

Phonetisch ist zu beachten, daß bei Verben, die auf -t enden, die Endung [id] gesprochen wird, bei den übrigen Verben [d] oder [t] nach p, k und Zischlauten.

Das Present Perfect wird verwendet, wenn eine Verbindung zwischen Vergangenheit und Gegenwart ausgedrückt werden soll. Es steht häufig in Verbindung mit folgenden Zeitangaben: already, so far, up to now, since, for, ever, never, yet, just, today, this morning, this week (vgl. Campbell, English Grammar for All, Klett-Verlag).

Daß eine in der Vergangenheit begonnene Handlung in Verbindung mit der Gegenwart gesehen wird, ist in folgenden Fällen der Fall:

1. Die in der Vergangenheit begonnene Handlung dauert in der Gegenwart noch an:
I have known her since 1950.
2. Der Vorgang hat sich unmittelbar vor dem augenblicklichen Zeitpunkt ereignet:
I have just come home.

3. Die Folgen der Handlung reichen in die Gegenwart hinein: She hasn't done her homework yet.
4. Die Aussage oder Handlung hat auch jetzt noch Gültigkeit: During the last week he has worked hard.

In dem benützten Lehrwerk werden zunächst nur die unter Punkt 2. und 3. beschriebenen Funktionen des Present Perfect eingeführt, in diesem Kapitel gekoppelt mit den Signalwörtern „just" und „already", im folgenden mit „not – yet" verbunden.

2 Didaktische Analyse

Die Schüler sind – nachdem sie sich fast 1 ½ Schuljahre lang nur in den Formen des Present und des Present Continuous ausdrücken konnten – nun zum erstenmal einer Vergangenheitsform begegnet, die allerdings nur in einigen Anwendungsfällen Analogien zur Muttersprache aufweist. Dennoch wurde durch diesen Schritt die Verständigungsmöglichkeit mit dem englischsprachigen Ausländer auf eine wesentlich breitere Basis gestellt. Die Möglichkeit, diese Zeitstufe zu gebrauchen, eröffnet neue Bereiche der Kommunikation im Unterricht; zum Beispiel kann nun auf die Mahnung des Lehrers „Why aren't you writing, Tom?" die Antwort gegeben werden „I've already finished my work." Die Schüler können also Aussagen über das machen, was gerade abgelaufen ist. Die Verknüpfung mit den Signalwörtern „just, already, not – yet" muß auf dieser Stufe noch die Einsicht in das unterschiedliche Verständnis dieser Zeitstufe durch Deutsche und Engländer ersetzen. Das unbewußte, schematische Koppeln von Signalwort und Present Perfect soll eine Habitualisierung bewirken, es sollen eine Art sprachlicher Reflexe entstehen, die zu richtigem Gebrauch führen. Dies ist besonders dann von Wichtigkeit, wenn das Present Perfect in den Fällen auftritt, wo eine Handlung bereits in der Vergangenheit begann und jetzt noch andauert. Den Schülern wird dann einsichtig, daß die Denk- und Sprachgewohnheiten der Völker durchaus verschieden voneinander sein können. – Zwei Kapitel später erfolgt die Begegnung mit dem Past; erst danach wird es sinnvoll sein, bewußt nach einer Abgrenzung dieser beiden Zeitstufen gegeneinander zu suchen und sie intellektuell zu durchdringen. Die Bildung der Formen dagegen, das Bewußtmachen, daß sprachliche Bildungen Gesetzmäßigkeiten unterliegen, trägt bereits zum jetzigen Zeitpunkt dazu bei, Einsicht in den Aufbau einer Sprache zu gewinnen.

Wir befinden uns jetzt noch in einem Vorfeld, das seine Rechtfertigung und Ausweitung teilweise erst im Laufe des weiteren Lehrgangs erhält.

3 Zur Individuallage der Klasse

Die Unterrichtsstunde wird in einer Englischgruppe der 6. Klasse Hauptschule gehalten, bestehend aus 26 Schülern des B-Kurses. Die Kinder sind im Durchschnitt 11 bis 12 Jahre alt, lernen das 2. Jahr Englisch. Die Freude am Erlernen einer fremden Sprache ist noch immer erhalten; die Schüler sind fast ausnahmslos mit Eifer bei der Sache, so lange sie sich mündlich äußern können. Schriftlich arbeiten sie weniger gern; das ist zum Teil darin begründet, daß viele Schüler – auch im Deutschen – Rechtschreibschwierigkeiten haben, Fehler befürchten. Die Unterrichtssprache ist fast durchweg Englisch; nur wenn grammatische Fragen zu besprechen sind, wird die deutsche Sprache gebraucht.

In dieser Stunde sind – bezogen auf die Rollenspiele – von der inhaltlichen Seite her keinerlei Schwierigkeiten zu erwarten. Daß das Wochenende einen starken Arbeitsanfall bringt, ist den meisten wohlvertraut, da in fast allen Familien auch die Mütter berufstätig sind, die Hausarbeit also oft aufs Wochenende verschoben werden muß. Verstärkt wird die Identifikation mit der Familiensituation durch das szenische Spiel, das die Schüler – trotz beginnender Pubertät – noch immer sehr gern durchführen. Sie sprechen dann tatsächlich nicht nur englische Sätze, sondern gestalten Rollen, was an ihrer Mimik und Gestik leicht zu beobachten ist. Der Wunsch, eine Rolle übernehmen zu dürfen, ist noch immer sehr groß, vielleicht auch, weil er die Möglichkeit gibt, seinen Platz zu verlassen, sich frei zu bewegen.

Die Zeitformen des Present Perfect sind bekannt. Die Kinder lernten zunächst die regelmäßige Bildung kennen, dann die drei unregelmäßigen Verbformen. Alles wurde bereits isoliert geübt. Einige Schwierigkeiten in der Aussprache sind festzustellen: Manche Schüler neigen dazu, nach Zischlauten die Endung [id] zu sprechen; die Endung [d] wird häufig – analog zu deutschen Sprachgewohnheiten – zu hart gesprochen. Durch gezielte Hörübungen (minimal pairs) muß hier ständig an einer Verbesserung der Aussprache gearbeitet werden.

Es wurden bisher, wie auch in dieser Stunde, nur Beispiele gewählt, wo die Verwendung des Present Perfect etwa dem Deutschen entspricht, so daß von daher keine Schwierigkeiten zu erwarten sind. Die gedankliche Durchdringung eines Sprachfalles und das Formulieren von Regeln oder Gesetzmäßigkeiten bereitet den Schülern große Schwierigkeiten, während die Habitualisierung sprachlicher Muster ohne Einsicht in deren Aufbau durch ständige Übung bei fast allen Schülern gelingt.

4 Festlegung der Lehrziele

Hauptziel:

Die Schüler sollen die Formen des Present Perfect üben und den Zusammenhang mit dem Present erkennen.

Teilziele:

1. Die Schüler sollen die Form des Present, 3. Person Singular, flüssig anwenden können
2. Die Schüler sollen die Zeitstufe des Present Perfect dem Signalwort „already“ zuordnen können
3. Die Schüler sollen die regelmäßige Bildung des Present Perfect üben
a. in der 1. Person Singular (have)
b. in der 3. Person Singular (has)
4. Die Schüler sollen die Formen der drei unregelmäßigen Verben „be, do, buy“ im Present Perfect üben
5. Die Schüler sollen eine Zuordnung der Formen des Present zu denen des Present Perfect vornehmen können

Nebenziele:

1. Die Schüler sollen das Hörverstehen üben (Lehrererzählung, Arbeitsanweisungen)

2. Die Schüler sollen die phonetisch richtige Aussprache der Endungen üben (cleaned [d], washed [t], posted [id])
3. Die Schüler sollen zu flüssigem Sprechen gelangen (szenisches Spiel)
4. Bereits eingeführte Wörter und Satzmuster sollen habitualisiert werden

5 Planung und Begründung des methodischen Entwurfs

5.1 Hinführung (Erwärmungsphase durch Wiederholung)

In der Erwärmungsphase – die sehr kurz gehalten wird – sollen die Schüler wieder mit dem Medium der englischen Sprache vertraut werden. Mit der Frage „What must she do?" wird eine Sprechreihe der Schüler eingeleitet, die sich auf einfachstem Niveau bewegt: Die Verben treten ohne Endung auf, die Satzstellung ist unkompliziert. Das erscheint wichtig zu Stundenbeginn, damit gerade schwächere Schüler nicht von vornherein abschalten in der Meinung, sie seien sowieso überfordert. Die Thematik entspricht bereits der tragenden Situation der Stunde: Es wird von den häuslichen Verhältnissen der Schüler ausgegangen; kurz darauf erfolgt die Übertragung auf die englischsprechende Familie Pim, den Kindern aus dem Lehrbuch wohlvertraut. Beim Lesen der Liste wird keinerlei Denkanforderung an die Schüler gestellt, so daß sich nun auch die schwächsten beteiligen können; das Chorlesen bringt alle Schüler zum Sprechen. Da es sich um einen B-Kurs handelt, erscheinen die geringen Anforderungen gerechtfertigt.

5.2 Situative Übung der unregelmäßigen Verben „be, do, buy" im Present, 3. Person Singular

In der gegebenen Arbeitsliste sind zwei der drei bis jetzt bekannten unregelmäßigen Verben enthalten, das dritte wird vom Lehrer durch Tafelanschrift gegeben. Die Schüler müssen nun sinnentnehmend die Tätigkeiten heraussuchen, die von der Mutter durchgeführt werden. Sie sind so ausgewählt, daß die drei unregelmäßigen Verben in der Tafelanschrift im Block erscheinen, nicht durchmischt mit den regelmäßigen Verben, entsprechend dem Prinzip der Isolierung der Schwierigkeiten. Die Kinder müssen nun selbständig das Verb mit der richtigen Endung gebrauchen. Die Bereitstellung der Verben auf dieser Stufe des Unterrichts im Present wurde deshalb gewählt, damit bei den Kindern später die Zuordnung der Present- und der Present Perfect-Formen vorgenommen werden kann, so daß die Present Perfect-Formen nicht als isolierte neue Vokabeln gelernt werden, ohne Bezug zur Grundform.

5.3 Situative Übung der regelmäßigen Verben im Present, 3. Person Singular

Es erfolgt eine ähnliche Übung mit den regelmäßigen Verben, zunächst in der einfacheren Futurform, ohne Endung, dann in der 3. Person Singular. Die Schüler nehmen selbständig die Zuordnung der Tätigkeiten zu den Personen vor, wobei durchaus unterschiedliche Auffassungen ausgesprochen werden sollen. Es ist zu erwarten, daß das typische Rollenverständnis jedoch den Spielraum einschränkt. Die Vermutungen werden in der Form „Peter will . . .“ ausgesprochen. Nachdem durch verschiedenfarbiges Unterstreichen eine eindeutige Zuordnung vorgenommen wurde, können nun die gesicherten Aussagen in der 3. Person Singular erfolgen „Peter cleans . . .“

5.4 Schriftliche Sicherung des Present, 3. Person Singular

Die Schüler fixieren nun schriftlich, in Einzelarbeit, die Sätze im Heft. Zum einen ist – gerade im B-Kurs – aus arbeitshygienischen Gründen ein Wechsel von Frontalunterricht zur Stillarbeit angebracht, zum anderen wird dadurch die Grundlage für die spätere Gegenüberstellung der Formen gegeben. Als Hilfe wird je ein Satz pro Person der Handelnden vom Lehrer an die Tafel geschrieben, damit schwächere Schüler einen Anhaltspunkt haben. Weitere Hilfe erfolgt durch Einzelkorrektur des Lehrers beim Umhergehen.

5.5 Situative Übung des Present Perfect der regelmäßigen Verben im szenischen Spiel

Die Situation wird weitergeführt zu einem etwas späteren Zeitpunkt, so daß die Tätigkeiten – soeben beendet, der Erfolg ist noch sichtbar – nun in der Rückschau erscheinen und die Form des Present Perfect erfordern. Dabei werden zunächst beide Rollen, die der Mutter und die der übrigen Familienmitglieder, kurz vom Lehrer übernommen, damit es nicht zu sprachlichen Fehlleistungen kommt, die schnell von der Klasse übernommen wurden. Bevor die Schüler selbständig die Formen verwenden, erfolgt ein Nachsprechen durch einzelne Kinder und die ganze Klasse, damit das Satzmuster „I've already . . . . . .ed . . . . . .“ sich einschleift. Nach kurzer Übung erfolgt die Anwendung im szenischen Spiel; alle Rollen werden von den Schülern übernommen, die Tätigkeitsliste dient weiterhin als Anhaltspunkt. Im Spiel erfolgt die Beschränkung auf zwei Satzmuster, die Sätze folgen rasch aufeinander. Durch mehrfaches Durchspielen mit handlungsbegleitendem Sprechen sollen möglichst viele Kinder zu Wort kommen.

5.6 Schriftliche Sicherung der Present Perfect Form regelmäßiger Verben in der 3. Person Singular

Die Sätze werden nun – die Schüler fungieren erneut als objektive Beobachter – in der 3. Person Singular reproduziert, die Formen dabei noch einmal wiederholt und geübt. Während die Frage-Antwort-Kette der Schüler läuft, schreibt der Lehrer drei der Sätze im Present Perfect an die Tafel, wobei er das Signalwort „already“, das Hilfszeitwort „has“ und die Endung „-ed“ unterstreicht, um die Verwendung und Bildung des Present Perfect deutlich zu machen.

5.7 Situative Übung des Present Perfect der unregelmäßigen Verben im szenischen Spiel

Die Situation wird weitergeführt, indem die Familienmitglieder nun etwas über die Tätigkeit der Mutter während ihrer Abwesenheit erfahren wollen. Dabei wird die Fragerolle zunächst vom Lehrer übernommen, so daß die Form des unregelmäßigen Verbs vom Schüler in der Antwort nur nachgeahmt zu werden braucht. In einem A-Kurs würde dies wohl eine Unterforderung bedeuten, in einem B-Kurs erscheint diese Maßnahme gerechtfertigt, da wir uns noch in einer Übungs- und noch nicht in einer Anwendungsphase befinden. In einem zweiten Durchgang, der erneut szenisch gestaltet wird, übernehmen die Schüler die Rollen der Fragenden und der antwortenden Mutter. Inzwischen erfolgt die Tafelanschrift durch den Lehrer. Durch andersfarbiges Unterstreichen wird deutlich hervorgehoben, daß es sich hier um eine andere Verbgruppe handelt.

5.8 Zusammenfassende Gegenüberstellung der beiden Zeiten

Jetzt wird erstmalig der situative Rahmen verlassen, der formale Aspekt rückt in den Vordergrund. Die Schüler lesen – gegenüberstellend – in zwei Gruppen jeweils den Satz im Present und den dazugehörigen im Present Perfect. Wenn es die Zeit erlaubt, werden in deutscher Sprache die beiden Gruppen von Verben verglichen.

5.9 Schriftliche Übung des Present Perfect

Als Hausaufgabe füllen die Schüler die rechte Seite im Heft aus, schreiben also die Sätze im Present Perfect nieder. Die Hausaufgabe erfolgt noch nicht auf der Anwendungsstufe, sondern stellt eine Wiederholung und Sicherung dessen dar, was in dieser Stunde geübt wurde. Sie ermöglicht dem Lehrer die Kontrolle, wie weit sein Unterrichtsziel erreicht wurde.

6 Einsatz von Medien

Die Situation, innerhalb derer die Übungen durchgeführt werden, wird zu Begin durch die Lehrererzählung, also das Medium Sprache, kurz umrissen. Dies scheint hier der günstigste Weg; ein Bild könnte zwar ebenso diesen Anstoß geben, es würde ebenfalls Sprechanlässe schaffen, aber nicht so gezielt auf die zu übenden Satzmuster hinführen; dieses Medium wäre sinnvoller einzusetzen auf der Stufe der Anwendung, wenn die Schüler über die Strukturen bereits frei verfügen können. Die Situation wird präzisiert durch die vorbereitete Tafelanschrift, die die zu übenden Verben bereitstellt. Da sie die ganze Stunde über als Gedächtnisstütze für die Schüler dienen soll, wurde keine Overheadprojektion eingesetzt. Eine wesentliche Rolle spielt die Verwendung der Farbkreide, die zur Hervorhebung wichtiger Bauelemente und Markierung von Unterschieden dient (Abb. 1).

Sprache und Tafelanschrift bleiben die – zugegebenermaßen sparsamen – Medien während der ganzen Unterrichtsstunde, solange nicht die Schüler selbst als Medien fungieren, wo von der Rollenübernahme neue Sprechanlässe ausgehen. Da in dieser Stunde auf situative Übung Wert gelegt wird, entfällt auch die Möglichkeit, entweder das Tonband oder das Buch zu Drillübungen einzusetzen.

linke Seitentafel (innen)	Mitteltafel	
	It's 9 o'clock	It's half past ten
do the shopping	Mrs Pim is at the supermarket.	Mrs Pim has been at the supermarket.
clean the shoes	She does the shopping.	She has done the shopping.
wash Father's shirts	She buys the comics.	She has bought the comics.
post the letters	Peter cleans the shoes.	Peter has already cleaned the shoes.
buy the comics for the children	He	....
water the flowers	He	....
wash up	Betty waters the flowers.	Betty has already watered the flowers.
pick some flowers for the table	She	....
cook the dinner	Mr Pim posts the letters.	Mr Pim has already posted the letters.
clean Peter's room	He	....
	He	....

Abb. 1: Geplante Tafelansicht

7 Plan der Durchführung

Verwendete Abkürzungen: L = Lehrer
S = Schüler
TA = Tafelanschrift

Zeit	Stundenverlauf	Organisation	Tafelanschrift
9.50	*1. Hinführung (Erwärmungsphase durch Wiederholung*		
	L: You know that a housewife has a lot of work, especially at week's end. Think of your mother What must she do?		
	S: She must . . . Sprechreihe der Schüler		
	L: Now let's have a look at the Pims' household. On Friday Mrs Pim writes a list of what she has to do on Saturday. Read the list, please.	Vorbereitete TA wird aufgeklappt	siehe Seite 152
	S: lesen zweimal, einmal einzeln, einmal im Chor		
9.55	*2. Situative Übung der unregelmäßigen Verben „be, do, buy" im Present, 3. Person Singular*		
	L: That's a lot of work. Now it's Saturday morning.		It's 9 o'clock.
	S: lesen die Zeitangabe		
	L: We have a look into the Pims'house. Mrs Pim isn't at home.		
	S: vermuten: Is she . . .? Is she at the super market?	Eventuell stummes Deuten auf „do the shopping"	Mrs Pim is at the supermarket.
	L: Look at the list.	Zeigen der Tätigkeiten	

		Tätigkeiten	
	S: She does the shopping. She buys the comics for the children. Chorlesen der TA		She does the shopping. She buys the comics for the children.
10.00	*3. Situative Übung der regelmäßigen Verben im Present, 3. Person Singular* L: But Peter, Betty, and Mr Pim are at home. Suddenly Betty says, „Let's help Mummy. Let's do all the work for her." „That's a good idea", Mr Pim says. „I'll help, too." What will Mr Pim (Betty, Peter) do?		
	S: Mr Pim will . . . Peter will . . . Betty will . . . Sprechreihen der Schüler		Dreifarbiges Unterstreichen in der Liste als Zuordnung zu den Personen
	L: Now you can see what each of them does. S: Peter cleans . . . Betty waters . . . Schüler sprechen die Sätze einmal einzeln, einmal im Chor.	Zeigen auf zusammengehörige Farben	
10.05	*4. Schriftliche Sicherung des Present, 3. Person Singular* L: Take your exercise-book and write down what each of them does. (schreibt jeweils einen der Sätze an, als Hilfe für schwächere Schüler)	Doppelseite im Heft nötig, Hinweis auf Beginn auf der linken Seite Kontrolle der Einzelarbeit	Peter cleans the shoes. He . . . He . . . Betty waters the flowers. She . . . She . . . Mr Pim posts the letters.
10.15	*5. Situative Übung des Present Perfect der*		

	regelmäßigen Verben im szenischen Spiel L: At half past ten Mrs Pim comes home with her heavy shopping bag. „And now I must clean the shoes", she says. But Peter answers, „No, Mummy, I've already cleaned the shoes." S: Nachsprechen der Antwort einzeln, im Chor. L: Mrs Pim says, „And now I must water the flowers." S: Betty says, „No, Mummy, I've already watered the flowers." L/S: einige weitere Beispiele L: Now let's act. S: spielen und sprechen „And now I must..." „No, I've already..." Zweimaliges Durchspielen		It's half past ten.
10.25	*6. Schriftliche Sicherung des Present Perfect der regelm. Verben in der 3. Person Singular* L: Must Mrs Pim clean the shoes? S: No, Peter has already cleaned the shoes. L: Go on, asking. S: Frage-Antwort-Kette		Peter *has already* clean*ed* the shoes. Betty *has already...* (3 Beispiele)
10.30	*7. Situative Übung des Present Perfect der unregelmäßigen Verben im szenischen Spiel* L: And now the children ask, „Where have you been, Mummy?"		

	S: I've been at the supermarket. Nachsprechen einzelner, Chorsprechen. L: „What have you done, Mummy?" S: I have done the shopping. Nachsprechen, Chorsprechen. L: . . . S: . . . L: Now let's act. S: spielen die Szene	Währenddessen TA durch den Lehrer	Mrs Pim ***has been*** at the supermarket. She ***has done*** the shopping. She ***has bought*** the comics for the children
10.35	*8. Zusammenfassende Gegenüberstellung der beiden Zeiten* L: You, boys, read the sentences on the left, you, girls, the sentences on the right. S: lesen in zwei Gruppen Falls noch Zeit bleibt, folgt eine Klärung der beiden durch verschiedene Farben gekennzeichneten Gruppen in deutscher Sprache. *9. Schriftliche Übung des Present Perfect* Als Hausaufgabe füllen die Schüler die rechte Seite im Heft aus, bilden also Sätze im Present Perfect.	Mitzeigen an der Tafel	

8 Verwendete Literatur

Lehrerhandbuch H 1, Verlag Cornelsen-Velhagen & Klasing, 1970
English Grammar for All, herausgegeben von E. Campbell, Verlag Ernst Klett, Stuttgart 1970

Kommentar

Im Mittelpunkt der vorliegenden Englischstunde stehen situationsbezogene Übungen. Die überschaubaren Sprechanlässe sind so vereinfacht worden, daß sie die Anwendung lediglich einer einzigen grammatikalischen Zeit zwingend erfordern (Isolierung von Schwierigkeiten). Die Stunde gibt ein gutes Beispiel dafür, wie man in dem schulischen Alltag unterrichten kann, ohne daß die Situationen allzu konstruiert wirken, ohne in sturen Drill („pattern drill") zu verfallen, ohne die Anwendungsmöglichkeiten dozierend zu vergleichen. Die Funktion des Lehrers ist eine andere als die des Dozenten.

Die Aufgabe des Lehrers, verantwortlich zu sein, daß das Unterrichtsziel von allen Schülern erreicht wird, ist mit dem Ruf nach mehr Demokratie in der Schule nicht immer vereinbar. Der Wechsel an Situationen und Tätigkeiten im Stundenverlauf kann im B-Kurs nur sehr selten Gegenstand einer Mehrheitsentscheidung sein. In der Regel wird am besten der Lehrer den Zeitpunkt abschätzen können, an dem ein Wechsel begründet angebracht ist.

Die notwendige Führung des Lehrers im Unterricht ist nicht mit autokratischem Stil gleichzusetzen: sie reduziert sich in dem Maße, in dem die Selbständigkeit der Schüler zunimmt. Außerdem kann das Verhältnis zwischen Lehrern und Schülern gerade im B-Kurs entspannt sein, weil hier pädagogisch gerechtfertigt der Stoff- und Leistungsdruck um ein Vielfaches gemildert sein kann. Damit kollidiert jedoch die Vorstellung, B-Kurs-Schülern den Anschluß an A-Kurse zu ermöglichen. Das Prinzip der Durchlässigkeit dürfte nicht nur hier kaum realisierbar sein. Der Lehrer in B-Kursen kann sich der aktuellen Lage des Schulunterrichts, die u.a. durch Überbewertung von Noten in (Vor-)Schulen und Sammlung schriftlicher „Belege" als Noten„unterlagen" gekennzeichnet ist, nur schwer entziehen. Durch intensive Übungen und Anwendungen besonderer

Sprachfälle kann er seine Schüler auf die schriftliche Überprüfung ihres Wissens gezielt vorbereiten. Er versucht durch Übung und Wiederholung ein erreichtes Niveau zu festigen, damit neben dem quantitativen nicht auch ein qualitatives Mißverhältnis zwischen A- und B-Kursen überdimensional werde. Die Intention von Übungsstunden wie der vorliegenden besteht auch darin, allen Schülern das Angebot eines auf Einsicht angelegten Spracherwerbs zu machen. Die Habitualisierung von Sprache allein wird der Gesamtpersönlichkeit der Schüler nicht gerecht.

Geschickt ausgedachte situationsgezogene Sprechanlässe können der Anonymisierung des Lehrer-Schüler-Verhältnisses entgegenwirken. Hier sind jedoch Lehrbuchautoren überfordert. Gute Lehrbücher bieten zwar die Gewähr für einen systematischen Fortgang und unterbreiten methodische und didaktische Vorschläge für die innere Differenzierung und können bei Einhaltung gewisser Bedingungen unterrichtlichen Mißerfolg vermeiden; aber sie binden Lehrer und Schüler über die gesamte Schulzeit und damit zu lange (Schwierigkeiten bei Schulortwechsel). Daher stellt sich dem Lehrer immer wieder die Frage der Lösung von dem Lehrbuch, insbesondere dann, wenn der aufbauende Grundkurs beendet ist. Im Rahmen einer schulnahen Unterrichtsplanung könnte auf spezielle Bedürfnisse konkreter B-Kurse eingegangen werden: auf langsames Vorgehen, übendes Verweilen, Anpassung der Unterrichtsstoffe an den klasseninternen Erfahrungshintergrund, Herstellung und Einsatz von Medien, pädagogisches Bemühen um den einzelnen Schüler und anderes mehr. Auch die Schüler in B-Kursen haben ein Recht darauf, „kindgemäß" unterrichtet zu werden. Hrsg.

Literatur:

Käte Lorenzen, Englischunterricht. Bad Heilbrunn/Obb.: Klinkhardt, 3. Auflage 1977 (Didaktische Grundrisse). (erstm. 1972).
Harald Gutschow, Englisch an Hauptschulen. Probleme und Arbeitsformen. Berlin: Cornelsen, 7. Aufl. 1971. (erstm. 1964).

Gerhard Martin

Hat Gott wirklich geredet?

Religionsunterricht – 7. Schuljahr

Vorbemerkung

Wir gestehen ein, daß die Aufgabe des Religionsunterrichts wohl die schwierigste im Rahmen des allgemeinbildenden Unterrichts ist. Die Gründe sind vielschichtig:
– einmal besteht Unsicherheit darüber, welche Zielsetzung der Religionsunterricht im Rahmen einer allgemeinbildenden Schule haben soll (die Begriffe „evangelische Unterweisung", „Religionsunterricht", „problemorientierter Religionsunterricht" deuten das Problem an),
– zum anderen muß man sich auf die Suche begeben nach dem fachwissenschaftlichen und fachkompotenten Gesprächspartner: die Theologie als Wissenschaft zeigt sich in einem vielgestaltigen Gegenüber (von der bekenntnistreuen, bibelzentrierten Position bis hin zur politischen Theologie oder zur „Theologie der Befreiung" ist alles zu finden),
– die allgemeinbildende Schule leidet eindeutig an einem Sinndefizit: Die Erziehergeneration hat weithin keinen Mut mehr, sich zu den Werten und Normen zu bekennen, aus denen sie selbst leben. Die antiautoritäre Erziehung ist im Grunde eine Flucht vor dem Druck, sich zu Zielen zu bekennen. Hat hier der Religionsunterricht nicht eine Aufgabe?

Klaus Wegenast *hat in einem Vortrag das Verhältnis von Theologie und Religionsunterricht in vier Modellen zutreffend charakterisiert:*
– Das „Autarkiemodell" betrifft die absolute Dominanz der Theologie gegenüber dem Unterricht; sie zeigt sich fachdidaktisch in der Konzeption der „evangelischen Unterweisung".
– Das „Dominanzmodell" umschreibt die Reflexion der Theologie auf den jeweiligen Adressaten; sie zeigt sich im „verstehenden Religionsunterricht".

– Das „Konvergenzmodell" charakterisiert die partnerschaftliche Position; die angebotenen Inhalte sollen auch in Frage gestellt werden können, der Partner wird nicht nur als Verstehender, sondern auch als Fragender ernst genommen. Fachdidaktisch liegt die Antwort auf der Linie des „problemorientierten Unterrichts".
– Das „Exodusmodell" schließlich registriert den Auszug der Theologie aus dem Unterricht, der sich als Hort der Selbstbestimmung ausschließlich dem Ziel der Emanzipation widmet. Fachdidaktisch zeigt sich dieses Modell in einem politisch verstandenen Religionsunterricht.

Es wäre nichts dagegen zu sagen, wenn ein geistig und theologisch souveräner Lehrer die Kraft und die Phantasie hätte, jeweils abwechselnd – fortschreitend die genannten vier Modelle des Religionsunterrichts wirksam werden zu lassen. Im Blick auf die allgemeindidaktischen und fachdidaktischen Situationen wäre die Absolutsetzung des ersten und vierten Modells höchst bedenklich, während das „Dominanzmodell" und das „Konvergenzmodell" *unmittelbare praktische Relevanz haben. Die Herausgeber gestehen ihre besondere Sympathie für das „Dominanzmodell" in der Grundüberzeugung, daß wir unseren jungen Menschen die biblische Botschaft und die Kenntnis zentraler Aussagen der Bibel schuldig sind. Mit Recht hat* Hans Stock *einmal formuliert: Wir müssen den jungen Menschen zeigen, wo die Entscheidungen eigentlich fallen.*

Darin würden wir auch heute noch die Aufgabe des Religionsunterrichts sehen: Solide Kenntnisse vermitteln aus der Biblischen Geschichte, aus der Kirchengeschichte und aus dem Liedgut unter der Perspektive, was geht mich das heute an, und wo liegen zentrale Aussagen, die mich irgendwann zur Entscheidung fordern. Unter dieser Zielsetzung relativieren sich die so pointierten fachdidaktischen Positionen: Verkündigung, vorbereitender Religionsunterricht, problemorientierter Unterricht. Ohne den Anspruch der jeweiligen Position zu nivellieren, sei gesagt:
– Verkündigung kann nicht geplant werden, aber wir sollen dankbar sein, wenn sie sich auch im Rahmen der Schule hin und wieder ereignet,
– Deiktischer Unterricht ist unseres Erachtens die Regelform; wir sollen der jungen Generation die christliche Tradition erläutern und die Bedeutung für die Gegenwart erhellen,

– Problemorientierter Unterricht ist als „Gelegenheitsunterricht" hin und wieder sinnvoll, aber nur dann, wenn die Probleme die Existenz des jungen Menschen treffen und eine Problemlösung aus biblischen Aussagen möglich ist.

Wie in jedem anderen Unterricht geht es auch im Religionsunterricht darum, die jeweilige Lebenssituation zu beachten. Deshalb ist es angezeigt, daß der Religionsunterricht wesentlich stärker als bisher wieder auf die Beachtung des Kirchenjahres achtet.

*Im übrigen: Es hat einmal jemand gesagt (*Fechter: *Der Zauberer Gottes): Singen ist bester Weg zum Evangelium! Im Rahmen eines pädagogisch sinnvollen Schullebens sollten Lied und Gebet in der Schule und im Religionsunterricht wieder ihren Platz bekommen. Wie steht es mit dem Religionslehrer? Wir können ihm nur Mut machen zu der schweren, aber notwendigen Aufgabe. Allerdings müssen zwei Extrempositionen ausgeschaltet werden: Religionsunterricht ist keine „Einübung" in christlichen Glauben, und Einstellungen sind nicht zu bewerten, – und schließlich, eigene Glaubensprobleme gehören nicht vor die Klasse.*

Literatur

Ingo Baldermann, Der biblische Unterricht, Westermann-Verlag, Braunschweig 1969.

Hrsg.

1 Altersstufe – Thema – Fragestellungen der Schüler

a) Haben die Menschen, die von Gott reden, dafür Beweise? Gibt es Gott überhaupt?

Fragen dieser Art rücken von der 7. Klasse an ins Zentrum der Probleme, mit denen es der Religionsunterricht zu tun hat. Jungen und Mädchen können nicht länger mit einem von Eltern oder Lehrern „geborgten" Glauben leben; sie müssen eine eigene Überzeugung gewinnen.

Bei diesem schwierigen Prozeß kann die Arbeit am vorliegenden Thema vielleicht helfen. Der Entwurf über den Propheten Amos [1] ist für Schüler der 7./8. Klasse gedacht; er müßte sich aber auch in der / 9. oder 10. Klasse verwenden lassen. Der Lehrer muß ihn ohnehin für seine konkrete Klasse so umgestalten, daß deren Zusammensetzung, Motivation, Leistungsstand, Arbeitsstil usw. Berücksichtigung finden.

In fast allen früheren Lehrplänen für die Sekundarstufe I war der Prophet Amos „Unterrichtsgegenstand", und zwar am häufigsten in Klasse 7 oder 8, gelegentlich auch in Klasse 6 [2]. Ob das auch in künftigen Lehrplänen so bleiben wird, muß man abwarten [3]. Es spricht jedoch einiges dafür, weil gerade beim Propheten Amos Bibel- und Problemorientierung keinen Gegensatz darstellen, sondern ganz eng verbunden sind.

b) Damit, daß wir Amos einen Propheten nennen, werden bei den Schülern folgende Fragen aufgeworfen:

1. Die Frage nach der *Existenz* Gottes: Gibt es Gott überhaupt? In keiner Klasse können wir die Existenz Gottes einfach voraussetzen. Allerdings dürfen wir wahrscheinlich auch nicht allzu sicher davon ausgehen, daß diese Frage für alle Schüler ein existentielles Problem darstellt. Wahrscheinlich werden sie aber dennoch durch die Frage nach seiner Beweisbarkeit oder nach der Gottesvorstellung motivierbar sein, zumal die stille Hoffnung oder die geheime Furcht, es könne ihn doch geben, ein zähes Leben führen.

2. Die Frage nach der Gottes*vorstellung:*
In jedem Ja und Nein auf die Frage nach der Existenz Gottes ist eine Gottesvorstellung wirksam, ob einer vom „lieben Gott" spricht oder von einem „höheren Wesen", ob er an die erste Ursache alles Seins denkt oder an einen Wundertäter. Wahrscheinlich werden unsere Schüler jeweils ihre Gottesvorstellung für christlich halten, gleichgültig, ob wir sie so einordnen. Bei der Arbeit über den Propheten Amos könnten die Vorstellungen der Schüler überprüft und ggf. korrigiert und differenziert werden.

3. Die Frage nach der *Beweisbarkeit* Gottes:
Haben wir es schwerer als frühere Generationen? „Daß es einen Gott gibt", war früher nicht umstritten. Dennoch: Die Anerkennung der Existenz (eines) Gottes sagt überhaupt nichts über Glauben oder Unglauben im biblischen Sinne. Der Theist ist dem Glauben nicht näher als der Atheist. Der Unglaube, gegen den die Bibel kämpft, war stets theistischer Unglaube. Die Grenze zwischen Glauben und Unglauben ging auch nicht zwischen denen, die an Jahwe glaubten, und denen, die an andere Götter glaubten, sondern sie führte mitten durch das Volk, das Jahwe als seinen einzigen Gott bekannte. Das Bekenntnis zu Jahwe als dem einzigen Gott konnte ein Zeichen des Glaubens und des Unglaubens sein.

Bei Amos stellte sich die Frage nach der Beweisbarkeit Gottes so: Woran kann man erkennen, ob Amos im Namen Jahwes redet oder ob er seine eigenen Gedanken verkündet? Woran kann man erkennen, ob Amos recht hat oder Amazja? Wer spricht im Namen Jahwes?

War für die Israeliten diese Frage leichter zu entscheiden als unsere Frage: Woran kann man erkennen, daß einer im Namen Gottes redet und daß er nicht seine eigenen Gedanken verkündet?

4. Die Frage nach der *Autorität der Bibel:*
Diese Frage steckt implizit in den drei anderen Fragen mit drin. Wie stark sie die Schüler motiviert, hängt ganz von der Zusammensetzung der Klasse ab. Von Belang wird sie stets, wenn wir mit biblischen Texten im Religionsunterricht arbeiten.

Bei einer Unterrichtseinheit über Amos könnte man sie besonders leicht aufgreifen, weil die Worte des Amos im Laufe der Überlieferung verschiedentlich überarbeitet bzw. ergänzt wurden.

Im folgenden wird diese Frage aber nicht weiter berücksichtigt.

c) Noch geläufiger sind Problemstellungen, die in der Botschaft des Amos angesprochen sind. Dazu gehören zum Beispiel die Gegensätze von Arm und Reich, die Mißachtung des Rechtes sozial Schwacher und die Korruption der führenden Kreise, der Widerspruch zwischen Frömmigkeitsübungen und Alltagsverhalten.

d) Mit diesen Überlegungen haben wir uns vorläufig darüber verständigt, daß unsere Schüler beim Propheten Amos etwas lernen können, was für sie in irgendeiner Hinsicht wichtig und deshalb lohnend ist. Genauere Aussagen können wir freilich erst machen, wenn wir uns mit dem Inhalt beschäftigt haben. Dabei wird zugleich die Frage zu klären sein, ob bzw. in welcher Hinsicht wir dem Propheten Amos im Religionsunterricht der Sekundarstufe I gerecht werden können.

Unter dem Gesichtspunkt der Kontinuität des Unterrichts wäre schließlich zu prüfen, welche Kenntnisse zu vermitteln sind, auf die später zurückgegriffen werden kann.

2 Zum Inhalt

Für Amos war nur sein Auftrag wichtig; aus seinem Leben erfahren wir nur, was zum Verständnis seiner *Botschaft* unerläßlich ist. Ihr müssen wir uns zuerst zuwenden.

Aber auch die *Person* des Amos ist für uns wichtig. Keinesfalls dürfen wir unseren Schülern nur eine isolierte Botschaft zumuten; sahen doch die ersten Hörer in Amos eine Person vor sich, welche in den gefährlichsten Konflikt geriet und auf diese Weise ein eigentümliches Zeugnis für die Glaubwürdigkeit ihrer Botschaft ablegte. Das bedeutet zugleich, daß wir *die ursprüngliche Situation* so genau wie möglich erfassen müssen, denn die Situation ist für das Verständnis der Botschaft konstitutiv [4]. Den Zuhörern des Amos war nicht geläufig, daß seine Worte wenige Jahrzehnte später sich furchtbar bestätigen sollten, daß sie einen Platz in den Heiligen Schriften Israels finden würden und daß man ihn später einmal als den ersten Schriftpropheten bezeichnen würde. Wir müssen also versuchen, möglichst viel von dem beiseite zu lassen, was wir den ursprünglichen Zuhörern des Amos voraus haben. Daraus ergeben sich Konsequenzen für den Aufriß des Unterrichts.

Die Botschaft des Amos [5]

Die Verkündigung des Amos ist Botschaft von Jahwe. Wie redet er von ihm? Jahwe handelt am Menschen; Amos spricht von ihm nicht in theologischen Begriffen sondern in Verben. Jahwe redet durch den Propheten; auch wenn es durch Visionen eröffnet wurde, war immer das Wort Jahwes entscheidend: „So hat Jahwe gesagt", lautet die Botenformel, die viele Sprüche des Amos einleitet. Jahwe kommt zum Gericht; das ist das Neue, das Amos verkündigen muß. Nicht Jahwes Abwesenheit, nein, seine unerwünschte neue Ankunft bringt Israel den Tod.

Wie redet Amos von Israel? In der Hauptsache redet er über Israels Zukunft und Gegenwart, nur selten von seiner Vergangenheit. Israels Zukunft: „Das Ende ist gekommen für mein Volk Israel" (8,2).

Alles, was sonst über Israels Zukunft zu sagen ist, legt diesen Satz aus. Eine Hoffnung auf Umkehr und Besserung hat Amos wohl kaum geäußert. Erst Spätere haben zum Beispiel 9,11–15 hinzugefügt. Israels Gegenwart: „Sie verstehen nicht, das Rechte zu tun" (3,10a).

Diese Anklage begründet die Todesbotschaft. Meist nennt Amos ganz bestimmte Vergehen. Sie zeigen sich vor allem beim Gerichtsverfahren im Tor, im gesellschaftlichen Leben der Führungsschicht und im Kult. An ihnen wird der Verlust der Rechtsordnung (mischpat) und des rechten Verhaltens (zedaka) offenkundig. Ihre eigentliche Schärfe erhält die Anklage durch den Verweis auf Israels Herkunft: „Nur euch habe ich erwählt . . .“ (3,2a).

Die Erwählung ist also nicht entlastend, sie ist der eigentliche Grund für Jahwes strafendes Eingreifen. Was frühere Fluchworte nicht einmal als Möglichkeit für das Volk als ganzes auszusprechen wagten, ist das Neue der Botschaft des Amos: *für Jahwes Volk ist durch Jahwe das Ende gekommen.* Das ist das Ende der bisherigen Heilsgeschichte. Die heilsgeschichtlichen Traditionen Altisraels beschäftigen denn auch Amos kaum; sie werden ausschließlich zum Aufweis der Schuld Israels herangezogen (2,9). Erst Spätere haben die Exodus- und Wüstentradition eingefügt (2,10).

Zur Person des Amos [6]

Von Amos selbst erfahren wir nur eines: daß Jahwe ihn unwiderstehlich genötigt hat, Israel das Gericht zu verkünden. Diese Erfahrung schlägt sich auch in der Struktur der Einzelsprüche nieder: Nur die Strafankündigung wird als Jahwes Wort eingeführt, nicht die Anklage, in der Amos jeweils Israels Schuld nennt. Amos will damit dieses Gericht von vornherein als gerechtes Gericht bezeugen.

Einige weitere Informationen erhalten wir von seinen Schülern (1,1 und 7,10–17); daraus ergibt sich: Amos stammt aus Thekoa im Südreich Juda. Thekoa liegt 825 m hoch und genau südlich von Jerusalem. Auch zur Westküste des Toten Meeres führt ein Weg. Genau auf der Grenze zwischen dem Kulturland im Osten und der Steppe, der „Wüste Juda“, im Westen liegt der Ort.

Amos lehnte es ab, als Berufsprophet angesprochen zu werden, da er von Viehzucht und Maulbeerfeigenpflege lebte. Der Schafzüchter (nicht ein untergeordneter Hirte) Amos dürfte zu den bedeutenden Männern des Ortes gehört haben und wird nicht gerade arm gewesen sein. Wenn nicht schon die Schafzucht ihn zum Verkauf von Tieren und Wolle in Städte und auf Oasenmärkte geführt hätte, so forderte mindestens die Pflege der Sykomoren weite Wanderwege; denn sie gedeihen nicht auf den Höhen um Theokoa, sondern nur am Toten Meer und am Mittelmeer. So wurde er ein weitblickender, über die Grenzen der engeren Heimat hinaus informierter und gebildeter Mann. Vom Kreise der Sippenältesten im Tor war ihm die Unterweisung Altisraels in der Form der Sippenweisheit vertraut.

Genötigt durch Visionen, deren Wirkung er mit dem Schrecken vor dem Löwen vergleicht (3,8), trat Amos im Nordreich auf, vermutlich um 760 v. Chr. während der Regierung Jerobeams II (786–746). Man nimmt an, daß er in der Hauptstadt Samaria und im Reichsheiligtum Bethel im Laufe einiger Wochen oder Monate aufgetreten ist, daß er aber seine Visionen nicht in der Öffentlichkeit vorgetragen sondern nach dem abrupten Ende seiner Wirksamkeit in Samaria und Bethel seinen Schülern mitgeteilt hat.

In der Zeit des Amos (760) wird man mit Kriegshandlungen zu rechnen haben, in denen der Erfolg zwischen Israel einerseits, den Aramäern und Ammonitern andererseits wechselte. Eine berühmte Sonnenfinsternis im Jahre 763 dürfte 8,9 gemeint sein. Archäologische Befunde weisen auf ein Erdbeben in der Zeit um 760, das mit dem in 1,1 identisch sein dürfte.

Die kriegerischen Erfolge der Frühzeit Jerobeams führten zu einer wirtschaftlichen Hochkonjunktur, deren Kehrseite ein sozialer Umbruch war, in dem die Reichen reicher und die Armen ärmer wurden. Solcher Frühkapitalismus enteignet schnell die kleineren Grundbesitzer. Das altisraelitische Bodenrecht wird von der kanaanäischen Praxis überflügelt. Die Schuldsklaverei nimmt schlimme Formen an; die sozial Schwachen werden ausgebeutet; ihr Recht wird ihnen durch Einschüchterung der Zeugen und durch Bestechung der Richter geraubt (2,6f.; 4,1; 5,10.12; 8,4.6). So wachsen im Windschatten der Weltpolitik nach den großen außenpolitischen Erfolgen Jerobeams II. Luxus und Unrecht zugleich im Übermaß [7].

Erweiterung der Fragestellungen

Die Sachanalyse hat ergeben, daß zwei weitere Fragestellungen herausgestellt werden könnten, die bisher nicht berücksichtigt wurden:

1. die Frage der Erwählung Israels [8]
2. die Frage des Zusammenhangs von Religion und alltäglichem Leben.

Die letztgenannte Fragestellung wird im folgenden kurz erläutert: Es gehört zu den biblischen Selbstverständlichkeiten, daß Glauben und alltägliches Handeln in einem unlöslichen Zusammenhang stehen. Glauben heißt nicht, richtige Gedanken über Gott haben oder fromme Verrichtungen erledigen. Es gibt einen frommen Unglauben, wie er von den Israeliten praktiziert wurde. Eine Trennung der Welt in einen sakralen und profanen Bereich und eine Spaltung des Lebens in religiöse und weltliche Bezüge widerspricht der Botschaft der Bibel. Allerdings muß heute das naheliegende Mißverständnis besonders sorgfältig vermieden werden, als stelle Amos den Dienst am Mitmenschen alternativ dem Gottesdienst gegenüber.

Wenn er gegen eine Frömmigkeit polemisiert, die den Dienst am Nächsten vergißt, so bekämpft er damit nicht die Frömmigkeit schlechthin nach dem Motto: Nächstenliebe statt Frömmigkeit! Nicht die Trennung, sondern gerade die unlösliche Verbindung von Gottesglauben und politisch-sozialer Verantwortung ist für Amos charakteristisch. Wer die Sätze in 5.21–24 von ihrem Sitz im Leben isoliert, verkehrt ihren Sinn.

3 Zur didaktischen Analyse

Lehrer und Inhalt

Nicht erst im Unterricht, sondern schon von Anfang an spielt das Verhältnis des Lehrers zum Inhalt eine entscheidende Rolle. Besonders zu beachten ist dies bei dem Schritt, den zu tun wir uns nun anschicken: zu leicht werden Wünsche des Lehrers als „Bedürfnisse" der Schüler deklariert.

Schüler und Inhalt

Der Verfasser nimmt an, daß die eingangs (Abschn. 1) genannten Fragen und Problemstellungen (1 b und 1 c) aus der Sicht der Schüler einen anderen Stellenwert haben als aus der Sicht des Lehrers. Vermutlich sind für Schüler der 7./8. Klasse die gesellschaftskritischen Inhalte der Botschaft des Amos (1 c) weniger interessant als das Schicksal des Mannes, der ohne Amtsautorität in aller Öffentlichkeit mit seiner Unheilsdrohung den Autoritäten und der sichtbaren Wirklichkeit (politische und wirtschaftliche Blüte) widerspricht und sich dabei auf Gott beruft. Diese Verbindung der Gottesfrage mit dem persönlichen Schicksal des Mannes bringt sie vermutlich den Schülern nahe, die auch fragen: Hat Gott wirklich geredet? Redet er wirklich? Oder machen bestimmte Kreise – die Kirche, der Pfarrer – den Versuch, sich mehr Glaubwürdigkeit zu verschaffen durch die Berufung auf Gott?

Bezogen auf die vier Fragen von Abschnitt 1b bedeutet dies: Die Frage nach der Beweisbarkeit Gottes hätte eindeutig den Vorrang vor den anderen Fragen. Frage 1 (nach der Existenz Gottes) und Frage 4 (nach der Autorität der Bibel) würden implizit mitverhandelt; Frage 2 (nach der Gottesvorstellung) würde im Inhaltlichen stärker zum Zuge kommen. Und auch die Problemstellungen aus der Botschaft des Amos (Abschnitt 1c) kämen explizit zum Zuge, aber unter der leitenden Fragestellung nach der Beweisbarkeit Gottes. Die erst aufgrund der Sachanalyse gewonnene Fragestellung des Zusammenhanges von religiösem und profanem Bereich könnte als Ergebnis des Unterrichts sehr wichtig werden; als Einstieg dürfte sie sich kaum eignen.

Von diesen Überlegungen her hat der Verfasser seine Prioritäten gesetzt, wie sie schon in der Formulierung des Themas zum Ausdruck kommen. Es ist darauf hinzuweisen, daß ein Lehrer, der den Unterricht für Klasse 9 oder 10 konzipiert, unter Umständen zu anderen Ergebnissen kommen kann [9]:

– hier könnte die Auseinandersetzung der Schüler mit dem Problem der Theodizee den Lehrer veranlassen, anhand des Propheten Amos deutlich zu machen, daß die verbreitete Vorstellung vom „lieben" Gott der Bibel nicht entspricht, sondern daß hier ein erwählender und richtender, ja, verwerfender Gott zu finden ist. Von hier aus könnte grundsätzlich die Gottesvorstellung problematisiert und damit auch die Vorstellung eines in einem heiligen Bezirk „gefangenen" Gottes der anderen gegenübergestellt werden: ein Gott, der sich dem frommen Zugriff entzieht, der sich nicht mit frommen Verrichtungen abspeisen läßt, sondern der einen Anspruch auf das ganze Leben erhebt und die Menschen unerwartet sich gegenüberstellt.

– Damit wäre aber zugleich die Möglichkeit gegeben, etwa bei dem Satz „Religion ist Privatsache" einzusetzen und entweder aus individueller Sicht auf die Auswirkungen des Glaubens im Alltag zu blicken oder aber aus einer gesellschaftlichen Perspektive die Frage aufzuwerfen, ob sich die Kirche in die Politik einmischen dürfe. (Vgl. das 6. Kölner Politische Nachtgebet: „Wenn Politik nicht in die Kirche gehört, dann gehört das Buch Amos nicht in die Bibel".)

4 Zielreflexion

Allgemeine Intentionen

Die bisherigen Überlegungen enthalten einige Vorentscheidungen. Es ist ratsam, daß wir sie uns bewußt machen: Mit der Wahl der Fragestellung (Beweisbarkeit Gottes) sind andere mögliche Fragestellungen vernachlässigt oder ausgeblendet. Außer den schon genannten Fragestellungen zum Beispiel auch diejenige einer bibelkundlichen Information über Aufbau und Inhalt des Buches Amos.

Andererseits sind einige Intentionen zum Zuge gekommen, die wir uns bei unserer Zielreflexion ebenfalls gegenwärtig halten müssen: Die Schüler sollen eine Hilfe für ihre eigene Auseinandersetzung mit der Gottesfrage erhalten. Sie sollen echte und unechte Zweifel unterscheiden lernen. *Vor allem sollen sie nicht an Scheinproblemen hängenbleiben, sondern erkennen, daß die Nichtbeweisbarkeit Gottes nach biblischem Verständnis kein Defizit ist.* Sie sollen dagegen das Ärgernis in den Blick bekommen, daß nach biblischem Verständnis Gott dem Menschen in völliger Souveränität begegnet und sich menschlichen Vorstellungen nicht fügt; daß er durch Menschen redet, ohne sie eindeutig durch äußere Beweise, wie etwa eine Amtsautorität, zu legitimieren; daß er sich nicht nach Belieben in einem sakralen Bereich antreffen läßt und daß er keine Frömmigkeit gelten läßt, die religiöses Engagement meint trennen zu können vom sozialen, rechtlichen, wirtschaftlichen und politischen Verhalten.

Wahl der Perspektive

Man könnte sich als Perspektive, aus der die Unterrichtseinheit entwickelt wird, den Lerner vorstellen, der möglichst viel über den

Propheten Amos behalten soll oder will. In diesem Falle wäre das Buch Amos als Objekt des Kennenlernens und Behaltens zu betrachten.

Eine andere Perspektive wäre die des Propheten selbst, der einen gefährlichen Auftritt vor sich hat. Auch diese Perspektive hätte unterrichtliche Konsequenzen. Sie liegt ganz besonders nahe, wenn das Buch Jeremia besprochen wird und dort die Leidensgeschichte Jeremias in den Unterricht zu bringen ist (vgl. die Szenen, in denen Jeremia und Baruch über das Vorlesen des Buches sprechen).

Im vorliegenden Entwurf wird die *Perspektive bei den Hörern* gewählt. Das bedeutet:

Wir machen die Situation der ersten Hörer zum Ausgangspunkt des Unterrichts und blenden möglichst alles aus, was später an Erkenntnissen hinzugekommen ist. Die ersten Hörer wußten noch nichts davon, daß Amos später als Prophet anerkannt werden würde. Sie erlebten vielmehr, daß alle Experten vom einfachsten Diener im Heiligtum bis zum Oberpriester dem Amos widersprachen, der weder durch Ausbildung noch durch Amt qualifiziert war und auch noch aus dem Ausland kam. Die Experten konnten eine allgemein anerkannte Wertordnung und ein abgewogenes Urteil seinen einseitigen, ans Fanatische grenzenden Behauptungen gegenüberstellen. Zudem reagierten sie geradezu fair, indem sie ihm vorschlugen, anderswo aufzutreten. Ebenso hätten sie ihn ohne Vorwarnung verhaften oder auf andere Weise hart oder gar brutal reagieren können.

Die Zuhörer des Amos hatten es sich etwas kosten lassen. Immerhin hatten sie eine lange Wallfahrt hinter sich und waren bereit, Opfer zu bringen. Für diejenigen unter ihnen, die sich durch seine Worte verunsichert und im Gewissen getroffen fühlten, gab es keinerlei Kriterien, an denen sie die Wahrheit seiner Worte messen konnten. Eine Entscheidung für Amos hätte eine Stellungnahme gegen die überlieferte Wertordnung, gegen die kompetenten Fachleute und Amtsträger, gegen die Mehrheit der Volksgenossen und gegen das Heiligtum bedeutet. Die didaktischen Konsequenzen aus der Wahl dieser Perspektive werden im Abschnitt 5 erläutert.

Liste der Lernziele

Vorbemerkung: Im Vorgang der Unterrichtsplanung sind diese Lernziele im Verlauf der Arbeit am Abschnitt 5 entstanden. Aufgrund der Interdependenz der verschiedenen unterrichtlichen Entscheidungsmomente (vgl. Wolfgang Schulz) [10] *sind diese Lernziele als das Endprodukt eines vielfältigen Denkvorganges zwischen Intentionen, Thematik, Verfahren und Medien in Zusammenhang mit den anthropogenen und soziokulturellen Voraussetzungen der Schüler zu verstehen. Deshalb muß auch jeder Lehrer für sich überprüfen, ob er diese Lernziele unverändert übernehmen oder ob er sie im Hinblick auf die spezielle Klassensituation verändern, erweitern, ergänzen oder zusammenziehen möchte.*

1. Die Schüler sollen den Auftritt des Amos in Bethel aus der Perspektive der Zuhörer nacherleben.
2. Sie sollen die Vorwürfe des Amos kennenlernen und in den Zusammenhang des Bundes zwischen Jahwe und Israel einordnen können (Gottes Wille);
3. erkennen und nachempfinden, daß die Israeliten in einer Auseinandersetzung standen, in der alle objektiven Befunde gegen Amos sprachen;
4. den Inhalt der Visionen des Amos an zwei Beispielen wiedergeben können und
5. andeutungsweise nachempfinden, daß der Auftrag des Amos für ihn eine schwere Last war.
6. Erkennen, daß auch die nachträgliche Anerkennung des Amos als Prophet durch Israel uns keinen Beweis liefert, der den eigenen Glauben überflüssig machen würde.

5 Methodische Konsequenzen für Aufriß – Verfahren – Medien (11)

Einstieg

Die Schüler sollen zu einem positiven Urteil über die Hörer des Amos „verführt“ werden. Deshalb erhalten sie zu Beginn der Unterrichtseinheit, noch ehe von Amos die Rede war, einen hektographierten Text, der ihnen eine Perspektive eröffnen soll, die dem Selbstverständnis jener Hörer nahekommt (vgl. Abb. 1). In

Einzelarbeit sollen die Schüler versuchen, sich eine Meinung zu bilden (ca. 5 Min.) und sich sofort anschließend mit dem Nachbarn austauschen. Das Ergebnis dieser Partnerarbeit (ca. 3 Min.) wird im Plenum vorgetragen. Anschließend schildert der Lehrer möglichst lebendig die festlichen Gottesdienste am Heiligtum und die damit verbundenen Formen der fröhlichen Kommunikation beim Essen, Singen, Tanzen. Er erinnert an die Tradition des Heiligtums, das auf den Stammvater des Volkes, Jakob/Israel zurückgeht, nachdem er dort von der Himmelstreppe geträumt hatte (1. Mose 28). Jahwe selbst hatte sich dort offenbart, dort war der Zugang zum Himmel. Und mitten in den Festlichkeiten – vielleicht während eines Gottesdienstes, als es gerade feierlich still ist – tritt einer auf, ein Ausländer, und ruft: Amos 4,4f und 5,21–24. Dieser Mann behauptet: das sind Gottes Worte. Wie kommt er dazu, so zu reden? Wer gibt ihm das Recht dazu? Es folgt die Lektüre von Amos 7,10–17 und ihre Besprechung. Dabei muß deutlich herausgestrichen werden, daß die Drohungen des Amos unglaublich klingen, weil das Volk fest an die Erwählung durch Jahwe glaubt und die vorgeschriebenen Opfer gern erfüllt.

Textarbeit

Die weitere Arbeit kann schwerpunktmäßig in zwei Etappen erfolgen.

1. Zuerst wird die Auseinandersetzung zwischen Amos und dem Volk anhand seiner Anklagen bearbeitet. Dabei könnten folgende Stellen entweder in der Bibel nachgeschlagen oder, noch besser, auf einem Arbeitsblatt vorgelegt werden (auf dem man unterstreichen könnte): Amos 2,6–8; 5,11.12.16.17; 8,4–8. Die Aufgabe bestünde in der Herstellung einer Liste von Verbrechen, die Amos dem Volk vorwirft. Sie wäre am leichtesten in *Partnerarbeit* zu erledigen. Zur Einleitung dieser Phase kann der Lehrer darauf hinweisen, daß Amos diese Anklagen vielleicht schon vorher in der Hauptstadt Samaria vorgetragen hat und daß vielleicht einzelne unter den Leuten in Bethel davon erzählt haben. Jedenfalls wäre eine Erinnerung daran, daß *wir* es mit einer späteren Zusammenfassung zu tun haben, die den Israeliten nicht schriftlich vorlag, gewiß angebracht. Gemeinsam mit der Klasse könnte der Lehrer sodann versuchen, die Diskussion zwischen Amos und dem Volk

zu rekonstruieren, wie sie (in sehr ausführlicher Form) in der Abbildung 2 beigegeben ist. Eine Kurzform (an der Tafel und als Hefteintrag) könnte etwa so aussehen:
Amos: So spricht Jahwe: Das Ende meines Volkes ist gekommen.
Volk: Ja, wir sind Jahwes Volk; deshalb wird er uns nichts tun.
Amos: So spricht Jahwe: Ja – ihr seid mein Volk; aber gerade deshalb strafe ich euch.
Volk: Wenn er je strafen sollte – er wird uns schließlich doch erretten.
Amos: Jawohl! Retten! Aber anders als ihr denkt, nämlich wie ein Hirt dem Raubtier einen Beweis dafür entreißt, daß das Tier gerissen wurde.
Volk: Wir opfern doch regelmäßig und spenden sogar freiwillige Gaben.
Amos: 4,4f. und 5,21–24.
Frage: Wer behält wohl recht? Amos wurde jedenfalls nicht anerkannt, sondern ausgewiesen.
2. Im nächsten Arbeitsgang wird Amos im Kreis einiger Leute vorgestellt, die ihm geglaubt haben (und vielleicht mit ihm von Bethel weggegangen sind?). Ihnen erzählt er von seiner Berufung (Visionen!) und von der Nötigung, für Jahwe zu sprechen (3,3–6 und 8).

Methodisch könnte so verfahren werden: Nach einer gemeinsamen Besprechung der 1. Vision (7,1–3) könnten die drei nächsten Visionen (7,4–6; 7,7–9; 8,1–3) zur Bearbeitung an Gruppen delegiert werden mit den Aufgaben:
1. Was sieht Amos?
2. Was spricht Jahwe?
3. Was antwortet Amos?

Bei der Besprechung käme es beim Übergang von der 2. und 3. Vision vor allem auf den Satz „ich will . . . ihm nichts mehr übersehen“ (7,8) und auf den Wegfall der Fürbitte des Amos an. Die letzte Vision (9,1–4) sollte wieder im Klassenunterricht behandelt werden, und dabei sollte die Schrecklichkeit der Drohung, daß nicht einmal am Ort des Asyls mehr Zuflucht ist, herausgestellt werden. Wenn der Lehrer dann noch 5,18f. zitiert (ohne Kommentar), spüren die Schüler etwas von der Furchtbarkeit der Drohung und von der Last, die diese Botschaft für Amos bedeuten mußte. 3,3–6 und 8 schließen sich an, ohne daß noch viel zu erklären wäre.

Abschluß

Wer hat nun recht? Mag sein, daß Amos faszinierte; woher aber wußte man, ob er ein Schwärmer oder ein Bote Gottes war?

a) Die Schüler sollten spüren, daß es *keine* Beweise für die eine oder andere Möglichkeit gab. Als dann ein Erdbeben kam (1,1), glaubten die Anhänger des Amos, das sei der Anfang vom Ende. Und wie ging es weiter? Ca. 40 Jahre später gab es das Nordreich nicht mehr. *Jetzt* lag es nahe, Amos für einen Propheten zu halten. Deshalb wurden seine Worte jetzt auch niedergeschrieben. Hier könnte bei besonders interessierten Klassen ein Exkurs eingeschaltet werden, der in einigen Stichworten angedeutet sei:
Der Untergang des Nordreiches führt zur nachträglichen Anerkennung des Amos als Prophet Jahwes; das Buch Amos wird nach der Reform des Josia (630–620), nach dem Untergang Jerusalems (587) und nach der Rückkehr aus der babylonischen Gefangenschaft (um 500) jeweils erweitert; das zeigt, daß die Bibel nicht aus historischem Interesse geschrieben wurde, sondern weil jeweils das Wort Gottes für die Gegenwart (als legitime Fortsetzung seines Redens durch Amos) verkündigt werden sollte.

b) Sind wir heute besser dran? Manche meinen es, weil Amos ja recht behalten habe. Andere zweifeln trotzdem. Wir haben keine Beweise dafür, daß Gott wirklich durch Amos geredet hat und daß er heute noch durch Menschen redet. Beweise gibt es nicht. Wir sind genötigt, selbst eine Antwort zu geben, wie die ersten Hörer. Keine Antwort ist allerdings auch eine Antwort.

c) Sollte hier von Schülern die Frage aufgeworfen werden, wie wir heute zur Gewißheit gelangen können, ob das wahr ist, was Bibel und Kirche von Gott sagen, müßte auf das „Grundgesetz" des Glaubens verwiesen werden, das im Johannesevangelium (7,17) formuliert ist. Das Zutrauen in die Bibel als *Folge* eines Experimentierens mit den Zusagen, die (aus der Sicht des Betroffenen: vielleicht wirklich, vielleicht aber auch nicht) von Gott stammen, schließt ein Beweisenwollen und Argumentieren zum Zwecke des Überzeugens aus. Dies läßt sich als *Wissen* übermitteln, wenn der Lehrer sich entsprechend *verhält.*

Wissensstoff

Nach der Unterrichtseinheit sollten die Schüler die Namen Amos, Amazja und Jerobeam II. kennen und damit zutreffende Vorstellungen verbinden: An Amos sollten sie sich und anderen klar machen können, was im Sinne des AT zu einem Propheten gehört (Berufung, nicht Amtsautorität; Auftrag im Namen Jahwes; meist Gerichtsbotschaft und daher Konflikt mit den etablierten Autoritäten) und was der besondere Auftrag des Amos war. Amazja sollte als Erinnerungshilfe für Priestertum, Heiligtum, Bethel und Kult Farbe gewonnen haben, und Jerobeam II. sollte als *König* des *Nordreichs,* das bald unterging, mit dem Jahrhundert, in dem er lebte, in Erinnerung bleiben. An der Gegenüberstellung Amos – Jerobeam könnte ferner wieder in Erinnerung gerufen werden, was die Schüler vielleicht noch von Elia und Ahab wissen, daß nämlich Israels Könige von den Propheten *unter* Jahwes Gebot gestellt wurden – im Gegensatz zur gottähnlichen Herrscherherrlichkeit orientalischer Großkönige in der Nachbarschaft Israels. Ferner sollten die Schüler wissen, daß Amos die Visionen hatte (eine oder zwei nacherzählen können) und welches seine wichtigsten Anschuldigungen waren.

Sie lassen sich's etwas kosten: Zu Fuß sind sie zwei bis drei Tage in glühender Hitze gewandert Die besten Tiere ihrer Herden haben sie hierher getrieben, um sie zu opfern. Sie spenden 10 Prozent ihres Jahreseinkommens nämlich Korn, Wein und Öl. Sie nehmen mehrere Tage lang an verschiedenen Gottesdiensten teil und danken Gott für seine Hilfe im vergangenen Jahr. Sie singen die feierlichen Gesänge mit Andacht, bitten um Gesundheit und Erfolg fürs neue Jahr und feiern fröhlich mit den übrigen Gemeindegliedern. Zusätzlich geben sie freiwillige Spenden; sie lassen sich's etwas kosten.

Wie beurteilst du diese Leute?
Kannst du dir denken, um welche Leute es sich handeln könnte? (Raten ist erlaubt)

Abb. 1

6 Verlaufsplanung

U-Form Zeit Zwischenziel	Lehrerverhalten (Fragen, Impulse, Aufgaben)	Inhalte + Ergebnisse Schülertätigkeiten (erwartete bzw. erhoffte)	Medien Bemerkungen (auch Tafelanschriebe)
1. Stunde (LZ 1) 1.1 Einzelarbeit/ Partnerarbeit Die Perspektive der ersten Hörer zu eigen machen	Lehrer teilt Arbeitsblatt aus, das eine Charakteristik der Hörer enthält. Fragen: Wie beurteilst du diese Leute? Kannst du dir denken, um welche Leute es sich handeln könnte? (Raten ist erlaubt)	Schüler arbeiten zuerst in EA, dann in PA an Arbeitsblatt 1	Arbeitsblatt 1 (vgl. Abb. 1)
nach ca. 10 Min.: 1.2 Klassenunterricht Auswertung der EA/PA Konkretisierung und Information über die Situation durch Lehrervortrag	Lehrer läßt zunächst kommentarlos mehrere Schüler ihre Ergebnisse vortragen. Schildert die festlichen Gottesdienste in Bethel und die sonstigen Kommunikationsformen beim Wallfahrtsfest. Hinweis auf 1. Mose 28 Erzählt vom Auftreten des Amos. 4, 4 f. und 5, 21–24		Tafel (Kartenskizze mit Samaria, Bethel, Jerusalem und Grenze zwischen Nord- und Südreich)
ca. 30 Min. nach Stundenbeginn: 1.3 Klassenunterricht LZ 1	Gemeinsame Lektüre von Amos 7, 10–17 und Besprechung		Bibel
2. Stunde (LZ 2) 2.1 Partnerarbeit Die Vorwürfe des Amos kennenlernen	Anhand von Amos 2, 6–8, 5, 11. 12. 16. 17 8, 4–8	stellen die Schüler eine Liste der Verbrechen her, die Amos dem Volk vorwirft.	Bibel oder Arbeitsblatt

Auswertung der PA die Vorwürfe in den Zusammenhang des Bundes stellen	Die Vorwürfe des Amos werden anhand einer nochmaligen Lesung der Textstellen an der Tafel zusammengestellt und ins Heft eingetragen. Der Lehrer erklärt (auch z. B. was es mit dem „Tor“ als Stätte des Gerichts für eine Bewandtnis hat). (Evtl. noch Aufgabenstellung der 3. Stunde nennen)	Heft
3. Stunde (LZ 3) 3.1 Klassenunterricht		
a) darbietend Israels Erwählungsglauben kennenlernen (wiederholen)	Lehrer erzählt vom Glauben Israels, den jeder Volksgenosse auswendig gegenwärtig hatte (5. Mose 6, 20 ff.)	
b) erarbeitend Die Umkehrung des Erwählungsglaubens ermessen können	Amos 3, 1.2 lesen und verstehen, daß hier erstmals die Erwählung als Begründung für eine Gerichtsandrohung herangezogen wird. Versuchen, Argumente des Amos (Gericht) und des Volkes (Bewahrung v o r dem Gericht oder wenigstens i m Gericht) zu finden	Bibel
nach spätestens 20 Min.: 3.2 Klassenunterricht		
a) erarbeitend Die Auseinandersetzung des Amos mit dem Volk nachvollziehen	Amos 8,2; 3, 1.2; 3, 12; 4,4 f; 5, 21–24 in dieser Reihenfolge daraufhin untersuchen, ob sich ein Diskussionsgang rekonstruieren läßt.	Bibel Tafel (vgl. Abb. 2) Heft
b) darbietend die Entscheidungsfrage ins Bewußtsein bringen	Wer behält wohl recht? Die Umstände sprechen gegen Amos. Er wurde nicht anerkannt, sondern ausgewiesen. Die Fachleute, die Amtsträger und die ganze Tradition waren gegen ihn. Er war zudem ein Ausländer. Konnte man überhaupt anders, als ihn abzulehnen?	

4. Stunde (LZ 4,5) 4.1 Klassenunterricht	Amos 7, 1–3 gemeinsam erarbeiten	Bibel Tafel
4.2 Gruppenarbeit Die Visionen des Amos kennenlernen	Amos 7, 4–6; 7, 7–9; 8, 1–3 mit folgenden Fragen bearbeiten: 1. Was sieht Amos? 2. Was spricht Jahwe? 3. Was antwortet Amos?	
nach 25–30 Min.: 4.3 Klassenunterricht Auswertung der GA und Erarbeitung der 5. Vision Die Schwere des Auftrags erahnen	a) Besprechung der Ergebnisse b) Gemeinsame Besprechung von 9, 1–4 Lehrer bringt 5, 18 f. ein und ergänzt c) 3, 3–6.8 — Schüler hören zuerst zu, lesen dann nochmals nach	
Übertragung auf unsere Situation	Evtl. Schlußwort des Lehrers mit Hinweisen auf die ähnliche Situation der *Unbeweisbarkeit Gottes* heute (s. o. 5.3)	
oder: ***5. Stunde (LZ 6)*** 5.1 Klassenunterricht a) erarbeitend	Amos 1, 1 „berichtet“ uns etwas über das Schicksal, das die Botschaft des Amos hatte . . . Vermutungen der Schüler	Bibel
Den Wandel in der Beurteilung des Amos kennenlernen	Geschrieben nach dem Erdbeben. Man blickt auf das Auftreten des Amos mit anderen Augen zurück.	
b) darbietend	Was die Wissenschaftler über das Buch Amos vermuten (s. o. 2.2) Die Überlieferung der Botschaft des Amos 1. „Worte des Amos aus Thekoa“	

5.2 Rundgespräch Übertragung in unsere Situation, Gewinnung einer eigenen Meinung	Worte über Bethel 4. nach Untergang Jerusalems: Ausdehnung des Gerichts auf Juda und Jerusalem 5. nach der Babylonischen Gefangenschaft: Heilsprophetie War Amos ein Prophet? Hat Gott wirklich gesprochen? (Rundgespräch unter der Leitung eines Schülers)	

Eine (rekonstruierte) Diskussion zwischen Amos und den Israeliten:

Amos: So spricht der Herr: „Das Ende ist gekommen für mein Volk Israel. Ich gehe nicht noch einmal schonend an ihm vorüber." (8, 2)

Volk: Jawohl, wir sind sein Volk. Deshalb wird er das Unheil nicht über uns kommen lassen.

Amos: Hört dieses Wort, das Jahwe gegen euch geredet hat , ihr Israelssöhne: (Tatsächlich,) nur euch habe ich erwählt aus allen Sippen der Erde.
(Aber gerade) darum strafe ich euch für alle eure Vergehen. (3, 1.2)

Volk: Wenn Jahwe uns wirklich strafen sollte -- so schlimm kann es nicht werden. Er wird uns, sein erwähltes Volk, auch im Unheil beschützen und erretten.

Amos: Jawohl! Retten wird er euch – aber anders, als ihr denkt.
So hat Jahwe gesprochen:
Wie der Hirt herausreißt aus dem Maul des Löwen
zwei Wadenbeine oder einen Ohrzipfel, um den Tod des Tieres zu beweisen, (3, 12)
so werden die Israelsöhne herausgerissen,
die in Samaria sitzen am Fußende der Liege und am Kopfstück des Bettes.

Volk: Was soll das heißen? Ziehen wir nicht regelmäßig ins Heiligtum nach Bethel? Bringen wir nicht Opfer von den besten Tieren unserer Herde? Opfern wir nicht den Zehnten und spenden freiwillige Gaben? Feiern wir nicht würdige Feste? Lassen wir uns die Tempelmusik nicht einiges kosten? Weshalb sollte Jahwe uns vernichten wollen?

Amos: Zieht ein in Bethel und übt Verbrechen,
in Gilgal, übt noch mehr Verbrechen!
Bringt am Morgen eure Schlachtopfer,
am dritten Tage eure Zehntabgaben
Zündet vom Sauerteig das Dankopfer an,
und ruft freiwillige Gaben aus, recht laut!
Denn so liebt ihr es, ihr Israelsöhne, spricht Jahwe. (4, 4 f.)
Ich hasse, ich verwerfe eure Feste.
Ich kann eure Versammlungen nicht riechen.
Eure Spenden kann ich nicht anerkennen.
Ich kann das Mahlopfer eures Mastviehs nicht sehen.
Halte mir fern das Getöse deiner Lieder.
Das Spiel deiner Laute kann ich nicht hören.
Doch sollte Recht wie Wasser sprudeln,
Gerechtigkeit wie ein nie versiegender Bach. (5, 21–24)

Abb. 2

Kommentar:

Diese Unterrichtsvorbereitung richtet sich nicht nach den gängigen Modellen der Unterrichtsvorbereitung und beweist damit, daß diese nicht dogmatisch gehandhabt, sondern sachgemäß und individuell variabel angepaßt werden sollen.

Wichtig ist aber, daß diese Unterrichtsvorbereitung vom Schüler ausgeht; das ist die notwendige und unaufgebbare Wendung zum Schüler, die nicht erst seit der Proklamierung des „schülerorientierten Unterrichts" gilt. Hier werden Situationen und Fragestellungen der Schüler überlegt – eine zentrale Aufgabe jeder Unterrichtsvorbereitung. Schließlich ist darauf aufmerksam zu machen, daß im Abschnitt 1 d die grundlegende Perspektive der Gegenwarts- und Zukunftsbedeutung (Schleiermacher) *Berücksichtigung findet: In jedem Unterricht dürfen Arbeitsweisen und Inhalte nur dann vermittelt werden, wenn ihre Intention wenigstens in einem Aspekt auch das Interesse des jungen Menschen anspricht und diese Intention nach menschlichem Ermessen auch noch in der Zukunft des jungen Menschen Bedeutung behält.*

Im Zusammenhang dieser Unterrichtsvorbereitung muß auf das Problem der fachwissenschaftlichen Information hingewiesen werden. Im vorliegenden Falle ist eindeutig auf Hans Walter Wolff *(Anm. 1) rekurriert worden. Das ist legitim; für den praktizierenden Lehrer stellt sich aber das Problem, welcher fachwissenschaftlicher Kompetenz er sich anvertrauen darf oder soll. Wir können eigentlich nur das Problem markieren: Die Fachwissenschaft ist aufgerufen, die Einsichten und neuen Erkenntnisse ihrer Wissenschaft zu publizieren, damit der Praktiker (Pfarrer oder Religionslehrer) einigermaßen auf dem laufenden ist. – Für die Theologie ist das „Anvertrauen" besonders schwer, weil es eine Fülle von Veröffentlichungen unterschiedlichen Anspruchsniveaus gibt (ATD und NTD aus dem Verlag Vaustenhoeeck und Ruprecht, die Bibel. Kommentare, Neukirchen, geben u. E. erste Hilfen).*

Aufschlußreich für diese Unterrichtsvorbereitung sind die Aussagen zu 4.1: Hier wird deutlich, daß bei jeder Unterrichtsplanung Entscheidungen nötig sind. Wichtig im Blick auf den Lehrer sind zweierlei Gesichtspunkte:

– einmal muß er sich überhaupt möglicher Alternativen bewußt sein,

– *zum anderen muß er für jede didaktische Entscheidung die methodischen Konsequenzen bedenken.*

Auch in dieser Unterrichtsvorbereitung wird eine „Auflistung" der Lernziele gebracht. Das mag gerade für den Religionsunterricht schockieren: Trotzdem ist festzuhalten: Dort, wo die Formulierung von Lernzielen pädagogisch sinnvoll ist, dort ist sie es auch im Blick auf den Religionsunterricht. Aber zweierlei Sorgen sind hier anzumerken:

– *Einmal ist zu fragen, ob mit der Formulierung von Lernzielen wirklich die zentralen Ziele des Fachunterrichts getroffen werden.*

– *Zum anderen ist zu fragen, ob mit der Formulierung der Teillernziele auch die Intention der Unterrichtseinheit getroffen wird.*

Hinter dieser Problematisierung steht die Einstellung, daß die Formulierung von Lernzielen nur begrenzten Wert hat. Einmal kommen damit übergreifende Ziele nicht in den Blick, zum anderen wird der Unterricht nur auf diese formulierbaren und kontrollierbaren Ziele fixiert. Das aber bedeutet den Tod jeder pädagogischen Arbeit: Es gibt zwar die berechtigte Übermittlung von Kenntnissen, die auch im angedeuteten Sinn kontrollierbar ist, aber es gibt weitergehende Zielsetzungen, die so nicht kontrollierbar *sind: Theologische Einsichten, Interpretationsfähigkeiten u. a.*

Schließlich muß deutlich gemacht werden, daß die vorliegende Unterrichtsvorbereitung auch auf den nötigen Wissensstoff abhebt. Hier stellt sich ein altes didaktisches Problem: Was muß gewußt werden? Unter der Beachtung des Aspektes von Gegenwarts- und Zukunftsbedeutung ist eine genaue Sachkenntnis zu fordern; die bisher übliche weite Toleranz im Religionsunterricht hinsichtlich der Anforderungen ist zu kritisieren und zu verurteilen. Auch im Religionsunterricht gibt es sachliche Anforderungen, die zu erfüllen sind.

Die vorliegende Unterrichtsvorbereitung ist nach unserer Meinung einzuordnen unter der genannten Kategorie des „Dominanzmodells", das heißt, die biblischen Aussagen sind in den Horizont des jungen Menschen zu bringen. Das ist von der Zielperspektive legitim: Vorstellung und Interpretation eines biblischen Textes.

Ist es nicht „Effizienz", wenn (endlich) den jungen Menschen wieder ein biblischer Text bekannt wird? Hrsg.

Michael Barnickel

Erarbeitung einer Aufgabe zum Themenkreis „Drehung“

Mathematik – 7. Schuljahr

Vorbemerkung

Eine schon lange schwelende Kontroverse ist im Mathematikunterricht die zwischen „Fachanspruch“ und „pädagogischem Anspruch“. Im Auf und Ab der Schulreformen hat sich das Gewicht jeweils mehr der einen oder der anderen Seite zugeneigt. War das Übergewicht des pädagogischen Anspruchs in der Volksschule eigentlich bisher immer unbestritten, so droht heute die Lage des Mathematikunterrichts, wie sie in der Vorbemerkung zur anderen Unterrichtsstunde angedeutet ist, durch den Stufenaspekt die Hauptschule, aber auch die Realschule, fachlich überzubelasten. Man sollte sich vor Augen halten, daß überhöhte Anforderungen an das Abstraktionsvermögen keinen Bildungsgewinn bringen, sondern im Gegenteil Unsicherheit und Unverständnis und damit weniger Bildung hervorrufen.

Eine um so größere Bedeutung kommt der didaktischen Besinnung über die Unterrichtsinhalte zu, da nur durch eine gründliche Analyse die Schwierigkeiten des Stoffes erkannt und geeignete methodische Maßnahmen zu ihrer Überwindung gefunden werden können. Durch solche Gegenstandsanalysen wurden in der letzten Zeit in der Didaktik der Mathematik erhebliche Fortschritte gemacht, zum Beispiel bei der Schlußrechnung, der Zahlbegriffsbildung und der Gleichungslehre. In der Geometrie *stehen solche Analysen, die auch methodisch hilfreich sind, noch weitgehend aus. Dem Lehrer fehlt es dadurch in der Geometrie noch sehr an Vorbildern für die didaktische Analyse, diesen wichtigen Teil jeder Unterrichtsvorbereitung. Dies ist bedauerlich, weil ja gerade die Geometrie als schwierig gilt. Hiermit hängt es zusammen, daß die Geometrie, wie jedermann weiß, längst nicht die ihrer Bedeutung entsprechende Rolle in der Schule spielt.*

Unter den tragenden Ideen des modernen Mathematikunterrichts wurde in der Vorbemerkung zu der anderen Mathematikstunde auch die Idee der Abbildung *genannt. Daß sie besonders für die Geometrie bedeutsam ist, liegt auf der Hand, da heute die* abbildungsgeometrische *Methode vorherrscht. Die folgende Unterrichtsstunde behandelt eine typische Aufgabe aus der Abbildungsgeometrie. Bei dieser Aufgabe ist die Abbildungsmethode der (früher üblichen) Kongruenzmethode klar überlegen. (Dies läßt sich keinesfalls von allen geometrischen Aufgaben, auch nicht von allen Beweisen der Dreiecks- und Vierecksiehre sagen.)*

Daß Aufgaben dieses Anspruchsgrads in einem 7. Realschuljahr behandelt werden, wird manchen Kollegen überraschen. In anderen Bundesländern steht die Geometrie in dieser Systematik erst im 8. Schuljahr auf dem Lehrplan. Auch sonst ist zu beachten, daß die Lehrpläne in Geometrie erheblich voneinander abweichen. – Dies mindert natürlich nicht den Wert dieser schönen Aufgabe, vor allem da sich der Lehrer bei der Vorbereitung der Stunde außerordentlich gründlich mit dem Stoff auseinandersetzt, worauf noch im Kommentar einzugehen ist.

Es sei noch erwähnt, daß die Verwendung von geometrischen Abbildungen nicht erst im Zuge der jüngsten Reformen in die Schule gekommen ist. Den ersten Anstoß dazu gab der Mathematiker Felix Klein *in dem berühmten „Erlanger Programm“ aus dem Jahre 1872. „Abbildung“, was gleichbedeutend ist mit „Funktion“, ist einer jener Begriffe, der in der Geometrie ebenso bedeutungsvoll ist wie in der Algebra, der Analysis usw., und kennzeichnet deshalb in besonderem Maße das Bestreben der heutigen Mathematik, die gemeinsamen Grundlagen aller ihrer Bereiche hervorzuheben. Nochmals sei aber vor verfrühten Abstraktionen im Schulunterricht gewarnt. Das Aufdecken gemeinsamer Strukturen in verschiedenen Teilbereichen kann dort nur das* Ziel *sein, dem sich der Mathematikunterricht behutsam auf einem langen Weg nähert. Durch die Gesetze der Entwicklung des kindlichen Denkens sind dem Fachanspruch Grenzen gegenüber dem pädagogischen Anspruch gesetzt.*

Heinz Schwartze

Vorerwägungen

1. Stoffliche Vorerwägungen

Der Lehrplan der 7. Klasse ist in der Geometrie gekennzeichnet durch die Propädeutik der Kongruenzabbildungen. Dem Thema der Unterrichtsstunde liegt eine leicht veränderte Aufgabe zur „Abbildung durch Drehung“ aus dem Lehrbuch Habler/Schwappach: *Trigonometrie und Algebraische Geometrie* (1975) zugrunde, die mit den Mitteln der 7. Klasse zu erarbeiten ist.

Zur Aufgabenstellung (vgl. Figuren im Unterrichtsentwurf): Gegeben sind im kartesischen Koordinatensystem die beiden Geraden g und h. Die Gerade g ist durch die Punkte (–3/–1) und (0/8) und die Gerade h durch die Punkte (0/–3) und (8/1) gegeben.
Spitze der Ursprung 0 ist. Der eine Basisendpunkt (zweiter Dreieckspunkt) soll auf der Geraden h liegen.
Lösung:

Das *erste Lösungsdreieck* findet man, wenn man die Gerade h um den Ursprung mit dem Drehwinkel $\varphi = -90°$ dreht. Die so gefundene Bildgerade h' wird mit der Geraden g geschnitten. Der Schnittpunkt ergibt den einen gesuchten Basisendpunkt P'. – Den anderen Basisendpunkt erhält man durch die Drehung von P' um den Ursprung mit dem Drehwinkel $\varphi = +90°$.

Das *zweite Lösungsdreieck* bekommt man, wenn man die Gerade g um den Ursprung mit dem Drehwinkel $\varphi = -90°$ dreht. Die so gefundene Bildgerade g' wird mit der Geraden h geschnitten. Der Schnittpunkt ergibt den einen gesuchten Basisendpunkt B'. Den anderen Basisendpunkt erhält man durch die Drehung von B' um den Ursprung mit dem Drehwinkel $\varphi = +90°$.

2. Situation der Klasse

Die Klasse zählt 37 Schüler (13 Mädchen, 24 Knaben). Sie tritt im allgemeinen mathematischen Problemen recht aufgeschlossen gegenüber auf. Ist das Problem erkannt worden, kann mit der Klasse recht zügig gearbeitet werden. Relativ unbeliebt sind Variationen von Aufgaben, deren Lösungsweg schon durchblickt wurde.

Die Ausdrucksfähigkeit der Schüler ist individuell stark verschieden; manchen Schülern bereiten noch einfache Fachausdrücke wie „plus“ und „minus“ erhebliche Schwierigkeiten. Zur Überwindung dieser Schwierigkeiten sollte der Lehrer zwar die Schülerantwort gelten lassen, aber selbst nochmals die *fachlich* richtige Antwort wiederholen. Die Sozialstruktur der Klasse spiegelt im wesentlichen die des Einzugsgebietes der Schule wieder – eine Kleinstadt mit ländlichem Umland. Fast alle Schüler stammen aus der oberen Unterschicht und der unteren Mittelschicht, drei der Schüler kann man der mittleren Mittelschicht zuordnen.

3. Didaktische Analyse

Exemplarischer Charakter des Unterrichtsinhalts:

Der Unterrichtsinhalt „Aufgabe zur Drehung“ ist ein kennzeichnender Modellfall für das Fach Mathematik. Ähnlich wie man in der Algebra zum Beispiel die Binomische Formel $(a + b)^2 = a^2 + 2ab + b^2$ „von links nach rechts“, aber auch „von rechts nach links“ lesen kann, kann man beim gegebenen Unterrichtsinhalt erkennen, daß es sich bei der Anwendung des geforderten Sachverhalts (gleichschenklig-rechtwinkliges Dreieck) um die geometrische Abbildung „Drehung“ handelt, anstatt umgekehrt bei der Konstruktion die bekannten Eigenschaften der Drehung anzuwenden.

Die Art der gestellten Aufgaben ermöglicht es, die wechselseitigen Bezüge zwischen Aufgabenstellung und geometrischem Modell bloßzulegen und so eine Einsicht in die Struktur des Problems zu gewinnen.

Außerdem steht die Aufgabenart als Vertreter für viele ähnliche Fälle. Geschieht die Lösung ähnlicher Aufgaben durch die induktiv-deduktive Methode, so bekommt der Schüler, wenn er einmal die dieser Methode innewohnende Gesetzmäßigkeit erkannt hat, ein weites und umfangreiches Feld gleichgelagerter Sachverhalte in den Griff und kann es geistig beherrschen.

Exemplarisch ist diese Aufgabenstellung auch deshalb, weil der Schüler damit lernt, diese Methode, das induktiv-deduktive Verfahren, als typische Arbeitsweise in der Mathematik anzuwenden.
Zur Bedeutung der Thematik für das künftige Schulleben:

In der 7. Klasse lernen die Schüler dieser Schulform zum erstenmal geometrische Abbildungen kennen. Für jede dieser Abbildungen wird ein System von Grundaussagen über ihre Eigenschaften aufgebaut und dieses System in Übungsaufgaben angewendet, zum einen in der Art: „Gegeben ist ein Punkt; bilde ihn durch die Abbildungsvorschrift auf seinen Bildpunkt ab"; zum anderen in der Art: „Gegeben sind ein Punkt und sein Bildpunkt; betrachte die bekannten Abbildungsvorschriften und begründe, um welche Abbildung es sich handelt."

In der 7. Klasse werden Aufgaben zu geometrischen Abbildungen fast nur durch Konstruktion mit Geo-Dreieck und Zirkel gelöst (Ausnahme: Abbildung durch Parallelverschiebung). In der 8. Klasse wird auf den konstruktiven Aspekt der geometrischen Abbildungen wieder zurückgegriffen. Die gleichen Aufgaben können nun auch teilweise rechnerisch gelöst werden.

In der 10. Klasse der Realschule werden alle Abbildungen dann rechnerisch durchgeführt, das heißt, der konstruktive Aspekt tritt fast vollständig zurück. Als Motivation bietet sich dann die Rückerinnerung an die 7. Klasse an.

In der 7. Klasse sollten Aufgaben wie die vorliegende oder ähnliche auch aus folgendem Grund behandelt werden: Beim Aufsuchen der Lösung werden anfänglich auch solche Dreiecke in Betracht gezogen, die die geforderten Bedingungen *nur teilweise* erfüllen (Δ $OP_1'P$ im „Tafelbild": P_1' liegt noch nicht wie gefordert auf g!). Im weiteren Verlauf der Überlegungen wird dann die Lösung gefunden, die *alle* Bedingungen erfüllt, also *richtig* ist. Hiermit wird dem Schüler eine Lösungsstrategie vermittelt, die er analog auch in anderen Zusammenhängen mit Erfolg gebrauchen kann. So wird in der 9. und der 10. Klasse in der Algebra, zum Beispiel bei der Regula falsi oder anderen Näherungsverfahren, auch mit „falschen", weil angenäherten Zahlenwerten die Rechnung begonnen, aber dann so lange weitergerechnet, bis der immer kleiner werdende Fehler praktisch bedeutungslos wird.

4. Ziele

In der *Vorstunde* wurden eine Aufgabe zur Drehung behandelt und die Grundaussagen über die Eigenschaften der Drehung wiederholt. In der *Lehrstunde* sollen die Schüler zeigen, daß sie das

geometrische Modell der Drehung zur Lösung einer komplexen Aufgabe anwenden können. In der *Folgestunde* wird die „Abbildung durch Drehung“ abgeschlossen.
Das Hauptlernziel der Lehrstunde lautet:
Die Schüler sollen durch systematisches Probieren das geometrische Modell der Drehung zur Lösung einer Aufgabe anwenden können, die auf mehreren Eigenschaften der Drehung beruht.
Das Hauptlernziel läßt sich in folgende Teillernziele aufspalten:
1. Die Schüler sollen rechtwinklig-gleichschenklige Dreiecke mit gegebener Spitze, deren einer Basisendpunkt auf einer gegebenen Geraden liegt, einzeichnen können.
2. Die Schüler sollen die Vermutung äußern können, daß die Menge der zweiten Basisendpunkte auf einer Geraden liegt.
3. Die Schüler sollen erkennen, daß der 2. Basisendpunkt durch Drehung einer Dreieckseite gewonnen wird.
4. Die Schüler sollen den Drehwinkel und das Drehzentrum dieser Drehung angeben können.
5. Die Schüler sollen die Grundeigenschaften der Drehung anwenden können.
6. Die Schüler sollen die vollständige Lösung der Aufgabe finden und begründen können.
7. Die Schüler sollen das Gelernte auf einen ähnlichen Sachverhalt übertragen können.
Die Teillernziele 1 und 2 sind wegen des gewählten methodischen Weges sehr wichtig. Sollte ich merken, daß die Schüler zum Zeichnen der Probierdreiecke sehr lange Zeit brauchen, müssen die Teilschritte 3 und 4 entsprechend kurz gefaßt werden. Wiederum sehr wichtig sind die Teillernziele 5 (Bestätigung durch Rückdrehen) und 6, in denen die Lösung der Aufgabe angestrebt wird. Die Begründung, die fachlich einwandfrei sein muß, wird allerdings bei Zeitnot als Lehrervortrag realisiert. Auch das Teillernziel 7 könnte kürzer behandelt werden; statt des geplanten Transfers als Gesamtwiederholung wird diese dann nur rein formal durchgeführt werden können.

5. Methodische Vorerwägungen

Zur Erarbeitung der Aufgabe bietet sich das induktiv-deduktive Verfahren an. Dieser methodische Weg besitzt für die siebte Jahrgangsstufe einen bedeutenden Aufforderungscharakter zum kreativen Verhalten. Zum besseren Verständnis der Aufgabe wird auf der rechten Nebentafel (sie wird anschließend umgeklappt) eine Skizze vorbereitet, in der der geforderte Sachverhalt schon erfüllt ist. Um die Schüler zur Mitarbeit und zum Mitdenken zu motivieren, wird ein Modell eingesetzt.

Dieses Modell besteht aus einem rechten Winkel aus Holz, in dessen Schenkel ein verschiebbarer Metallstab eingelassen ist. Der Scheitel des Winkels wird am Ursprung befestigt. Einige Schüler sollen an der Tafel versuchen, den Metallstab und den Winkel so einzustellen, daß die Spitze des Stabes bei gleicher Längeneinstellung zuerst auf der Geraden h und anschließend auf der Geraden g liegt.

Nach dieser experimentellen Periode an der Tafel sollen die Schüler auf ihr Arbeitsblatt, das zu Beginn der Stunde verteilt wird, einige Dreiecke nach der gegebenen Vorschrift einzeichnen.

In der induktiven Phase gelange ich vom anfänglich unsystematischen, später systematischen Probieren über das anschließende Vermuten gemäß Teillernziel 2 zur Endstufe, in der die Vermutung durch Einzeichnen eines weiteren Dreiecks verstärkt wird. Danach komme ich zur deduktiven Phase, in der die Vermutung bewiesen werden soll. Zur Verstärkung dieses Schrittes werden ein oder zwei Punkte auf der Bildgeraden durch Rückdrehen abgebildet. Die Rückdrehung soll gleichzeitig die Lösung der Aufgabe, den Höhepunkt der Stunde, vorbereiten. Das Auffinden der Lösung dürfte für die meisten Schüler nicht leicht sein, so daß ich dafür relativ viel Zeit eingeplant habe. Bei der Gesamtwiederholung kann man prinzipiell zwei Wege beschreiben:

a) rein formal, sozusagen als Rechenschaftsbericht: Was wurde jeweils durchgeführt, wann, warum?

b) als Transfer, also als Anwendung des bisher Erarbeiteten auf eine ähnliche Fragestellung.

Ich bevorzuge den zweiten Weg, weil ein Transfer das Behalten und Reproduzieren von früher Gelerntem fördert.

Die Gesamtwiederholung wird an der Skizze der Nebentafel durch Vorzeigen des zweiten Lösungsdreiecks motiviert. Für die Gesamtwiederholung und eine kurze Besprechung der Hausaufgabe sind ca. 10 Minuten vorgesehen. Sollte es sich allerdings herausstellen, daß die Zeit nicht für die Transferaufgabe reicht, muß sich die Gesamtwiederholung doch auf das rein Formale beschränken.

Im ersten Fall wird dann die Hausausgabe gestellt, in ein gegebenes Dreieck ein gleichschenklig-rechtwinkliges Dreieck einzubeschreiben. Im zweiten Fall (Gesamtwiederholung formal) sollen die Schüler als Hausaufgabe das zweite Lösungsdreieck finden.
Zu den einzelnen Teillernzielen:
Damit jeder Schüler dieselben Dreiecke wie im Tafelbild auf seinem Arbeitsblatt erhält, wird die x-Komponente der Urpunkte (erste Dreieckspunkte) vorgegeben. Der zweite Dreieckspunkt ist der Ursprung, der dritte Dreieckspunkt ergibt sich aus der Anwendung der Vorschrift: gleichschenklig-rechtwinkliges Dreieck. Die erste vorgegebene x-Komponente hat den Wert –2. Die Schüler finden den ersten Dreieckspunkt P_1 als Schnittpunkt der Parallelen zur y-Achse durch den Wert –2 auf der x-Achse mit der gegebenen Geraden h.

Bei den vorgegebenen Punkten ist allerdings darauf zu achten, daß die Umgebung der „richtigen" Dreieckspunkte frei bleibt. Zur besseren Trennschärfe sollen die Dreiecke in verschiedenen Farben gezeichnet werden. Ich erwarte hier keine Schwierigkeiten, da die Bedingungen für die Konstruktion der zugehörigen Bildpunkte klar sein dürften. Allerdings könnte ich bei einem zu langsamen Arbeitstempo der Schüler zuviel Zeit brauchen.
2. Die Schüler werden aufgefordert, die Lage der durch die vorgegebenen Bedingungen konstruierten Bildpunkte genau zu betrachten. Zur optischen Verdeutlichung könnten die Bildungspunkte noch stärker hervorgehoben werden („Knödelmethode"). Sollte dies immer noch nicht reichen, könnte als stummer Impuls der Zeichenstab eingesetzt werden. Die Vermutung soll durch Einzeichnen eines weiteren Punktes erhärtet werden.
3. Zur Realisierung dieses Teillernzieles sollen die Schüler aufgefordert werden, sich über das bisher Erreichte selbst Rechenschaft abzulegen (kurze Teilzusammenfassung). Als Ergebnis sollte am Ende dieser Überlegungen stehen: $\overline{OP_1} = \overline{OP_1'}$. (Die Strecke von *Urpunkt* zu einem festen Punkt ist gleichlang mit der Strecke vom *Bildpunkt* zu diesem festen Punkt; die Strecke zwischen dem festen Punkt und dem Urpunkt schließt mit der entsprechenden Bildstrecke *immer* den gleichen Winkel ein.) *Diese Konstruktion ist die Konstruktionsvorschrift für die Drehung.*

4. Wenn die Schüler erkannt haben, daß es sich um eine Drehung handelt, taucht natürlich die Frage nach dem Drehzentrum und dem Drehwinkel auf. Das Drehzentrum ist der „feste" Punkt 0, der Drehwinkel ist mit –90° festgelegt.
5. Es wird die Fragestellung des 2. Teillernziels wieder aufgegriffen. Was wurde denn gedreht? Punkte, mehrere Punkte, alle Punkte, also die Gerade h selbst. Aus den Grundeigenschaften der Drehung folgt, daß eine Gerade wieder als Gerade abgebildet wird. Zur Verstärkung soll dieser Satz durch Rückdrehen von zwei Punkten der Geraden h' auf die Gerade h vertieft werden. Zwar werden jetzt diese Bildpunkte zu „Urpunkten" und die entsprechenden Punkte auf der Geraden h die „Bildpunkte", aber zur Wahrung der Schreibweise ($P_1' \varepsilon h'$) werden die Punkte P_1' auf die Punkte P_1 abgebildet. Das Rückdrehen soll gleichzeitig die Lösung der Aufgabe vorbereiten.
6. Um die Lösung (Höhepunkt der Stunde!) zu finden, werden die Ausgangsbedingungen betrachtet. Ein Vergleich mit dem bisher Erarbeiteten an der Tafel soll als Ergebnis bringen, daß *der Schnittpunkt der Geraden h' mit der Geraden g und dessen Bildpunkt auf der Geraden h jede unserer Bedingungen erfüllt.* Die Lösung zu finden, ist sicher ein relativ schwerer Lernschritt, so daß ich gezwungen sein dürfte, öfters gezielte Impulse oder Hinweise zu geben. Die Begründung für die Lösung erfolgt aus den Grundeigenschaften der Drehung und aus den Ausgangsbedingungen.
7. Als Gesamtwiederholung soll das zweite Lösungsdreieck bestimmt werden. Dazu sollen die Schüler zeigen, ob und was sie aus dem Lösungsweg für das erste Lösungsdreieck gelernt haben. Sie brauchen zur Realisierung dieses Teillernziels nur von zwei Punkten (von g oder h) die Bildpunkte zu suchen; der Schnittpunkt der Bildgeraden mit der anderen Geraden legt den einen Basisendpunkt fest, durch Rückdrehen erhält man den anderen.

Zu Unterrichtsbeginn wird das Arbeitsblatt verteilt, auf dem die beiden Geraden und das Koordinatensystem bereits eingezeichnet sind. Das zweite Lösungsdreieck könnte ebenfalls in dieses Arbeitsblatt eingezeichnet werden. Stelle ich allerdings bei einer Kontrolle fest, daß die Mehrzahl der Schüler auf ihrem Arbeitsblatt keinen Platz mehr für die Konstruktion und eine kurze Beschreibung haben, wird ein zusätzliches Arbeitsblatt ausgeteilt.

Der Tageslichtprojektor wird bei der Gesamtwiederholung und zur kurzen Besprechung der Hausaufgabe eingesetzt. Sein Einsatz für die eigentliche Aufgabe erschien mir problematisch. Zum einen scheint mir die Übersichtlichkeit an der Tafel besser zu sein. Man hat auch keine Schwierigkeiten mit eingetrockneten Füllern oder verwischten Linien, zum anderen sind am Tageslichtprojektor „Drehungen" nicht gut sichtbar. Deswegen führe ich die Aufgabe an der Tafel durch.

Literatur

Amtsblatt des Bayerischen Staatsministeriums für Unterricht und Kultus. Jahrgang 1969, S. 614ff.
Erich Habler, Begleitmaterial zur Vorlesung Mathematik. München: Eigenverlag 1975.
Erich Habler/Walter Schwappach, Trigonometrie und Algebraische Geometrie für Realschulen in Bayern. Frankfurt/M.: Diesterweg 1975.

Durchführung

Besprechung der Hausaufgabe: entfällt.
Austeilen der Arbeitsblätter.
Problemstellung:
Gesucht sind gleichschenklig-rechtwinklige Dreiecke, deren Spitze der Ursprung 0 ist. Der eine Basisendpunkt soll auf der Geraden h und der andere Basisendpunkt auf der Geraden g liegen. Zeit: 1 Min.
Verdeutlichung:
Nebentafel wird umgeklappt, in einer Skizze ist dieses Problem schon gelöst. (Nebentafel)
Motivation:
Vorzeigen des Modells, zwei oder drei Schüler probieren an der Tafel damit. Zeit: 3 Min.
Erarbeitung:
Die gesuchten Dreiecke müssen folgende Bedingungen erfüllen:
$\overline{OP} = \overline{OR}$, $P \varepsilon h$, $R \varepsilon g$, $[OP] \perp [OR]$ (Tafel). Zeit: 2 Min.

<u>Bedingungen:</u>

$\overline{OP} = \overline{OR} \wedge [OP] \perp [OR]$

$\wedge \{P\} \in h \quad \wedge \{R\} \in g$

$\{P\} \in h \quad \{P'\} \in h'$

<u>Lösung:</u>

$\overline{OP} = \overline{OP'} \wedge \{P'\} \in g \wedge [OP] \perp [OP']$

$g \cap h' = \{P'\} \qquad P' \xrightarrow{O;\,+90°} P$

Das Dreieck P'PO ist das gesuchte Dreieck, das alle unsere Bedingungen erfüllt.

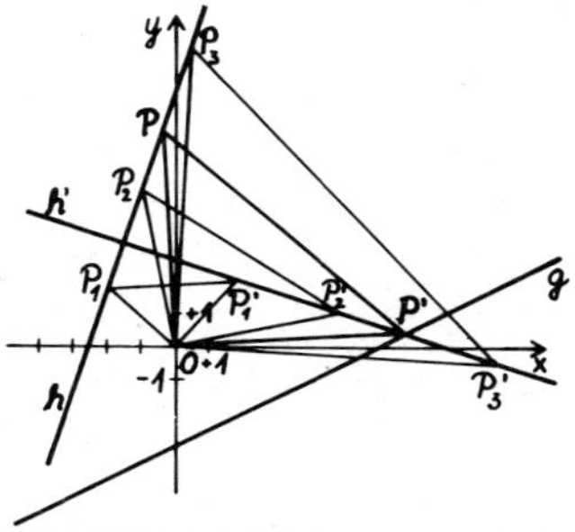

$P_1 \xrightarrow{O;\,-90°} P_1'$

$P_2 \xrightarrow{O;\,-90°} P_2'$

$P_3 \xrightarrow{O;\,-90°} P_3'$

$P_4 \xrightarrow{O;\,-90°} P_4'$

$\vdots \qquad \vdots$

$h \xrightarrow{O;\,-90°} h'$

$P_5' \xrightarrow{O;\,+90°} P_5$

$P_6' \xrightarrow{O;\,+90°} P_6$

$\vdots \qquad \vdots$

$h' \xrightarrow{O;\,+90°} h$

$\overline{OP_1} = \overline{OP_1'} \wedge [OP_1] \perp [OP_1'] \wedge \{P_1\} \in h$

$\overline{OP_2} = \overline{OP_2'} \wedge [OP_2] \perp [OP_2'] \wedge \{P_2\} \in h$

$\overline{OP_3} = \overline{OP_3'} \wedge [OP_3] \perp [OP_3'] \wedge \{P_3\} \in h$

$\{P_5'\} \in h' \wedge \{P_5\} \in h$

$\wedge \overline{OP_5'} = \overline{OP_5} \wedge [OP_5'] \perp [OP_5]$

$\{P_6'\} \in h' \wedge \{P_6\} \in h$

$\wedge \overline{OP_6'} = \overline{OP_6} \wedge [OP_6'] \perp [OP_6]$

Rückseite der obigen Nebentafel (wird umgeklappt)

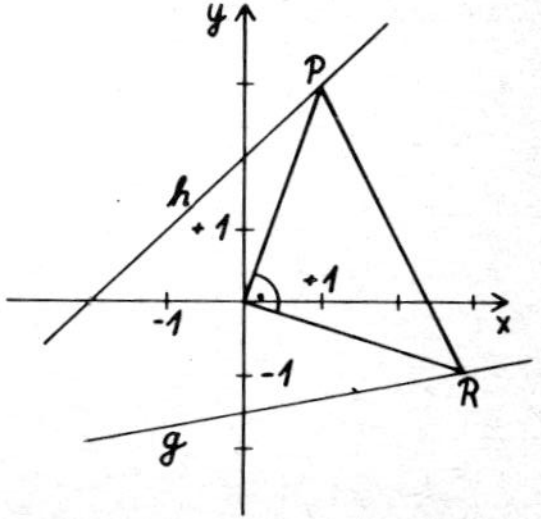

Gesucht sind gleichschenklig-rechtwinkelige Dreiecke, deren **Spitze** der Ursprung O ist. Der eine Basisendpunkt soll auf der Geraden h und der andere Basisendpunkt auf der Geraden g liegen.

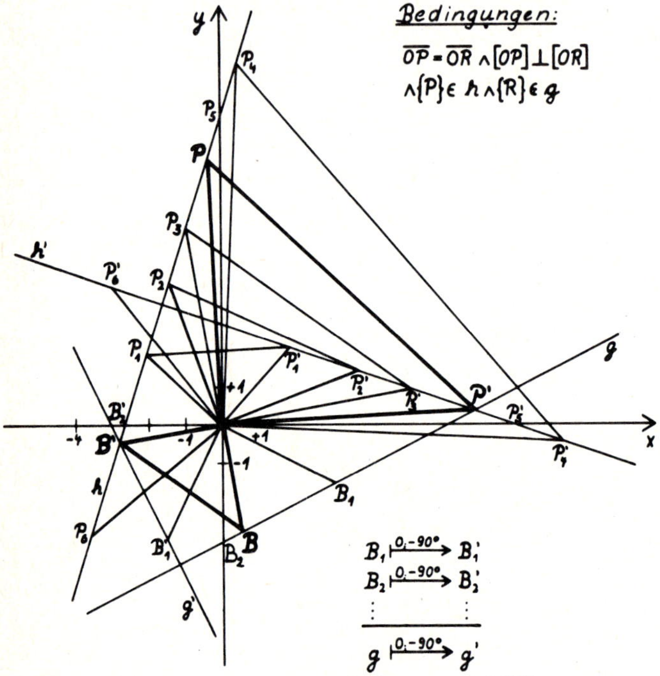

Bedingungen:

$\overline{OP} = \overline{OR} \wedge [OP] \perp [OR]$
$\wedge \{P\} \in h \wedge \{R\} \in g$

$B_1 \xmapsto{O,-90^\circ} B_1'$
$B_2 \xmapsto{O,-90^\circ} B_2'$
$\vdots \qquad \vdots$

$g \xmapsto{O,-90^\circ} g'$

$g' \cap h = \{B'\} \qquad B' \xmapsto{O,+90^\circ} B$

Auch das Dreieck B'BO ist eine Lösung!

$P_1 \xmapsto{O,-90^\circ} P_1'$
$P_2 \xmapsto{O,-90^\circ} P_2'$
$P_3 \xmapsto{O,-90^\circ} P_3'$
$P_4 \xmapsto{O,-90^\circ} P_4'$
$\vdots \qquad \vdots$

$h \xmapsto{O,-90^\circ} h'$

$P_5' \xmapsto{O,+90^\circ} P_5$
$P_6' \xmapsto{O,+90^\circ} P_6$
$\vdots \qquad \vdots$

$h' \xmapsto{O,+90^\circ} h$

$\{P\} \in h \qquad \{P'\} \in h'$

Lösung:

$\overline{OP} = \overline{OP'} \wedge \{P'\} \in g$
$\wedge [OP] \perp [OP'] \wedge \{P\} \in h$
$g \cap h' = \{P'\}$
$P' \xmapsto{O,+90^\circ} P$

Das Dreieck P'PO erfüllt alle Bedingungen.

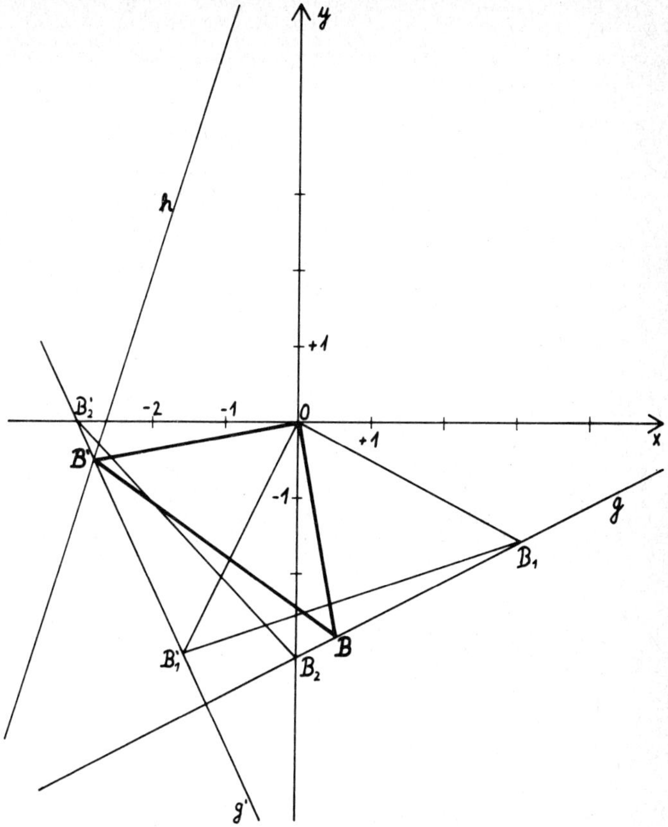

$$B_1 \xmapsto{0,\,-90^\circ} B_1'$$
$$B_2 \xmapsto{0,\,-90^\circ} B_2'$$
$$\vdots \qquad\qquad \vdots$$
$$g \xmapsto{0,\,-90^\circ} g'$$

Lösung: $g' \cap h = \{B'\}$
$$B' \xmapsto{0,\,+90^\circ} B$$

Auch das Dreieck B'BO erfüllt unsere Bedingungen.

1. Teillernziel:

Einige Dreiecke nach der gegebenen Vorschrift einzeichnen. Zunächst die Bedingung P ε h erfüllen. (Tafel, Arbeitsblatt)
Impuls:
Wir wissen, wo der Punkt P des gesuchten Dreiecks liegen muß.
Erarbeitung:
Seine genaue Lage kennen wir nicht, deswegen Auswahl eines beliebigen Punktes von h.
Frage:
Wenn P_1 der richtige Punkt ist, wo liegt dann der Punkt R?
Erarbeitung:
Wenn wir unsere Bedingungen beachten, sind erfüllt: $\overline{OP_1} = \overline{OP_1'}$,
$[OP_1] \perp [OP'_1]$, $P \in h$
Nicht erfüllt ist: $P_1' \varepsilon g$ (Tafel)
Schüler:
Neuen Punkt von h auswählen
(Insgesamt werden drei Punkte ausgewählt)

$P_1 \longmapsto P_1'$
$P_2 \longmapsto P_2'$
$P_3 \longmapsto P_3'$ (Tafel, Arbeitsblatt, Zeit: 5 Min.)

2. Teillernziel:

Impuls:
Betrachtet die Lage der Bildpunkte genau!
Vermutung:
Die Bildpunkte scheinen auf einer Geraden zu liegen. (Tafel, Arbeitsblatt)
Verstärkung:
Auswahl eines weiteren Punktes von h und Zeichnen des Bildpunktes: $P_4 \longmapsto P_4'$

(Tafel, Arbeitsblatt, Zeit: 3 Min.)

Teilzusammenfassung:
Frage:
Was haben wir bisher gemacht?
Erarbeitung (im Unterrichtsgespräch):
Punkte wurden nach einer gegebenen Vorschrift abgebildet. Zeit: 2 Min.
Dabei galt: $\overline{OP_i} = \overline{OP_i'}$, $[OP_i] \perp [OP_i']$

3. und 4. Teillernziel:

Impuls:
Wir haben die Punkte mit dieser Vorschrift abgebildet.
Antwort:
Die Abbildung mit dieser Vorschrift heißt *Drehung*. (Zeit: 3 Min.)
Festigung:
Zur Drehung gehören ein Drehzentrum, hier der Punkt 0, und ein Drehwinkel, der hier mit –90° festgelegt ist.

$\xmapsto{O_i\; -\, 90^\circ}$ (Ergänzung des Tafelbildes, Arbeitsblatt)

5. Teillernziel:

Frage:
Was haben wir gedreht?
Erarbeitung: (Unterrichtsgespräch)
Punkte der Geraden h, alle Punkte der Geraden h, also die gesamte Gerade h wurde gedreht.

$$h \xmapsto{O_i\; -\, 90^\circ} h'$$

(Ergänzung, Tafelbild, Arbeitsblatt)

Sicherung:
Auswahl von zwei Punkten der Geraden h' und Zurückdrehen.

$P_5' \xmapsto{O_i\; +90^\circ} P_5$
$P_6' \xmapsto{O_i\; +90^\circ} P_6$
$\vdots \qquad \vdots$
$h' \xmapsto{O_i\; +90^\circ} h$ (Tafel, Arbeitsblatt)

Lernzielkontrolle:
Die Drehung ist eine geradentreue Abbildung. Zeit: 5 Min.

Teilzusammenfassung:

Jeder Punkt auf der der Geraden h besitzt einen Bildpunkt auf der Geraden h'. Für diese Punkte gilt $OP_i = OP_i'$. (Zeit: 2 Min.)

6. Teillernziel:
Problemstellung:
Hilft uns diese Erkenntnis bei der Lösung der Aufgabe?
Rückbesinnung:
Welche Bedingungen müssen erfüllt sein?
Erarbeitung: (Unterrichtsgespräch)
$P \varepsilon h$, der Bildpunkt liegt auf der Geraden h'
$P' \varepsilon h'$ (Tafel, Arbeitsblatt)

$\overline{OP} = \overline{OP'}$, $P' \varepsilon g$, $[OP] \perp [OP']$
Lösung: $g \cap h' = \{P'\}$

Der Punkt P' erfüllt also unsere Bedingung.
Erarbeitung:
Der dritte Dreieckspunkt kann durch Rückdrehen gewonnen werden. (Zeit: 5 Min.)

$$P' \xmapsto{O_i\ +\ 90°} P$$

Das Dreieck P'PO ist das gesuchte Dreieck, das alle unsere Bedingungen erfüllt (Arbeitsblatt)

7. Teillernziel (Gesamtwiederholung):

Problemstellung:
Vorzeigen des zweiten Lösungsdreiecks an der Nebentafel. (Nebentafel)
Motivation:
Gibt es auch bei unserer Aufgabe eine zweite Lösung?

Erarbeitung:
Durch Drehen der Geraden g um 0 mit dem Drehwinkel –90° erhalten wir die Bildgerade g'. Der Schnittpunkt von g' und h ist der zweite Dreieckspunkt, durch Rückdrehen dieses Punktes auf g erhalten wir den dritten Dreieckspunkt.

$$\{B_1\} \in g \qquad B_1 \xmapsto{O_i;\,-90^\circ} B_1' \qquad h \cap g' = \{B'\}$$
$$\{B_2\} \in g \qquad B_2 \xmapsto{O_i;\,-90^\circ} B_2' \qquad B' \xmapsto{O_i;\,+90^\circ} B$$
$$\vdots \qquad\qquad \vdots$$
$$g \xmapsto{O_i;\,-90^\circ} g'$$

(TLP, Arbeitsblatt)
Auch das Dreieck BB'O erfüllt unsere Bedingungen. (Zeit: 10 Min.)

Stellung der Hausaufgabe

Dem Dreieck ABC mit A(–4/–3), B(+3/–2), C(–1/+5) soll ein gleichschenklig-rechtwinkliges Dreieck mit P_1 (+1/+1,5) einbeschrieben werden. P_1 soll der Scheitel des rechten Winkels sein.

Festigung der Teillernziele: Bildpunkte liegen auf einer Geraden. Der Schnittpunkt der Bildgeraden mit einer Dreiecksseite ergibt den zweiten Dreieckspunkt. Durch Rückdrehen dieses Punktes auf die dritte Dreiecksseite ergibt sich der dritte Dreieckspunkt.

3 Nachbesinnung

Die Aufgabenstellung wurde den Schülern durch die vor Unterrichtsbeginn angefertigte Zeichnung an der Nebentafel klar. Der Einsatz des Modells (ein Holzwinkel mit verschiebbarem Metallstab) hat sich bewährt, auch wenn die Bereitschaft der Schüler, damit zu probieren, für mich erstaunlicherweise gering war.

Das Einzeichnen der Probierdreiecke dauerte relativ lange. Ich mußte die Schüler kontrollieren, ob sie auch den Bedingungen folgend ihre Dreiecke zeichneten, und da korrigieren, wo sich Fehler eingeschlichen hatten. Hier war ich mit meinem ursprünglichen Zeitplan schon so in Verzug gekommen, daß die Stunde nicht so durchgeführt werden konnte, wie ich es geplant hatte. Ich entschloß mich – wie in der schriftlichen Ausarbeitung vorgesehen – das Auffinden des zweiten Lösungsdreiecks als Transfer wegzulassen und es am Schluß der Stunde als Hausaufgabe zu stellen. Der weitere Ablauf der Stunde verlief in etwa wie vorgesehen, auch wenn zwei Schüler schon nach kurzer Zeit die Lösung des Problems erkannten. Allerdings konnten sie die Lösungsidee nicht so ausdrücken und begründen, daß es die übrige Klasse auch verstanden hätte.

Der Einsatz der Tafel hat sich bewährt. Durch das Einsetzen einer Schnur als Hilfsmittel konnten die Schüler das „Drehen" der Punkte gut verfolgen. Die Lösung der Aufgabe war den meisten Schülern einsichtig. Die Schlußzusammenfassung wurde als Rechenschaftsbericht, gestützt auf Schülerbeiträge, von mir vorgetragen.

Zusammenfassend kann gesagt werden:

1. Induktiv-deduktives Arbeiten erfordert eine Klasse, die mit dieser Methode vertraut ist. Ohne daß die Klasse mit dieser Methode vertraut gewesen wäre, wäre diese Aufgabe zu anspruchsvoll gewesen.
2. Man sollte nicht zuviel Stoff in einer Unterrichtsstunde behandeln. Der Stoff dieser Unterrichtsstunde lag an der Obergrenze des Möglichen.
3. Es ist wichtig, bei der Unterrichtsplanung gezielte Teilzusammenfassungen zu berücksichtigen, die Schüler bei der Arbeit zu kontrollieren und in die Vorbereitung einen oder besser zwei „Ausstiege" einzubeziehen.

Kommentar

Auch diese Unterrichtsvorbereitung hat erhebliche exemplarische Bedeutung, was ihr Verfasser überzeugend darlegt. Gerade wegen des vorerwähnten Fehlens von Gegenstandsanalysen in der Geometrie scheint mir der hier vorliegende Versuch für den Leser wertvoll zu sein.

Der Stundenentwurf fällt insofern aus dem üblichen Rahmen, als hieran nicht die eigentlichen Lernphasen exemplifiziert werden können, weil die Stunde nur eine Aufgabe zum Inhalt hat. Dennoch scheint sie mir hier ihren Platz zu haben. Daß in einer Stunde einmal nur eine *komplexe Aufgabe behandelt werden kann, ist in der Geometrie keine Ausnahme. Die Zeitaufwendigkeit mancher geometrischer Problemstellungen ist nicht nur durch ihre Schwierigkeit bedingt, sondern ebenso durch technische Anforderungen wie genaues Zeichnen, Anfertigen von Konstruktionsbeschreibungen u. ä. – An die Stelle der Lernphasen treten in diesem Falle Erarbeitungsphasen.*

Die Komplexität der Aufgabe bedingt eine stärkere Lenkung durch den Lehrer, auch dies ist Realität! An verschiedenen Stellen wird jedoch heuristisch vorgegangen (dies ist sogar ein besonderes Anliegen des Lehrers), dem entdeckenden Lernen ist also Raum gegeben.

Dem stärker gelenkten Vorgehen entspricht auch die schriftliche Form des geplanten Unterrichtsverlaufs, ein Ablaufplan, in dem jeder Schritt ziemlich präzis vorbereitet sein muß. Vorgeplante Alternativen verhindern, daß der Unterricht bei auftretenden Schwierigkeiten in die Irre geht. Wie gründlich das Vorgehen vorausgeplant ist, zeigen die Überlegungen „zu den einzelnen Teillernzielen" unter den „methodischen Vorerwägungen". – Strenggenommen handelt es sich hierbei nicht um „Lernziele" im Sinne der Curriculumtheorie, sondern um Teilschritte, *die die Lösungsstrategie markieren. Das Lernziel der Stunde läßt sich eigentlich nur beschreiben mit: „Die Eigenschaften der Drehung auf die Lösung von Konstruktionsaufgaben anwenden können". Diese recht allgemein gehaltene Lernzielangabe muß eine Vielzahl verschiedener Problemlösungen abdecken!*

Natürlich kann dieses Lernziel erst dann als erreicht betrachtet werden, wenn die Schüler in ihrer Mehrzahl Aufgaben dieser Art voll selbständig lösen können. Dem steht aber entgegen, daß fast jede Aufgabe eines neuen schöpferischen Einfalls bedarf, schöpferisches Verhalten jedoch nur in Grenzen ausgebildet werden kann. Bei vielen Schülern wird man sich daher bei Aufgaben dieser Art mit dem Nachvollzug begnügen müssen. Die voll selbständige Lösung sollte man in der Regel nur bei solchen Aufgaben erwarten, bei denen systematische Überlegungen zum Ziele führen. Würde dieser Grundsatz durchgehend beachtet werden, verlöre der Geometrieunterricht sicherlich viele seiner Schrecken.

Wie stark die Möglichkeiten, Geometrie in dieser Art zu unterrichten, von der „Erziehung" der Klasse zu einer entsprechenden Arbeitshaltung abhängen, wird von dem Lehrer selbst in seiner

Nachbesinnung zum Ausdruck gebracht. Die Schwierigkeiten waren ihm also wohl bewußt. Es ist mit Sicherheit anzunehmen, daß der erfolgreiche Verlauf der Unterrichtsstunde nicht nur der gewissenhaften Vorbereitung, sondern auch der Einstellung dieser Klasse zu verdanken ist.

Heinz Schwartze

Hans Gradl

Kollektive Landwirtschaft am Beispiel der chinesischen Volkskommunen

Erdkunde – 8. Schuljahr

Vorbemerkung

Nach wie vor ist die wichtigste Frage der Allgemeinen Didaktik und der Fachdidaktik: Warum unterrichte ich dieses Fach? Warum unterrichte ich diesen Inhalt? Bei aller Belastung und Hetze im pädagogischen Alltag dürfen wir dem Lehrer die Beantwortung dieser Fragen nicht ersparen.

Nun ist die Situation des Erdkunde-Unterrichts im letzten Jahrzehnt schwieriger geworden. Wenn wir es recht sehen, ist der Erdkunde-Unterricht von folgenden drei Gefahren bedroht:
1. Die Inhalte des Erdkunde-Unterrichts werden aus der „zugeordneten" Fachwissenschaft deduziert. Alleiniger Maßstab, ob ein Inhalt in der Schule unterrichtet wird, ist die Fachwissenschaft.
2. Der Auswahlgesichtspunkt für Inhalte im Erdkunde-Unterricht ist die gesellschaftliche Relevanz der Themen, das heißt, die erdkundlichen Themen sollen Antwort geben auf gesellschaftliche Probleme der Gegenwart und ggf. der Zukunft.
3. Das Fach „Erdkunde" geht in einem größeren „Lernbereich" – etwa in Gesellschaftslehre – auf; die Themen werden aufgrund aktueller Fragestellungen bestimmt; die Fächer (Erdkunde, Geschichte, Sozialkunde) bringen ihren jeweiligen Aspekt ein.

Alle drei genannten Wege haben jeweils einen positiven Kern: Der Erdkunde-Unterricht kann auf eine Rückbindung an die Einsichten und Erkenntnisse der Fachwissenschaft nicht verzichten. Als Auswahlkriterium muß auch bedacht werden, ob gesellschaftliche Probleme von der Erdkunde erhellt werden können. Schließlich ist es sinnvoll, im Rahmen eines Projektes auch fächerübergreifend zu arbeiten (wobei die Überschaubarkeit für den Schüler gewährleistet sein muß; zu warnen ist vor „didaktischen Symphonien„!).

Verhängnisvoll aber wäre die Absolutsetzung eines dieser genannten Wege oder eines anderen Weges. Schule und Unterricht muß sich vor Modewellen und Heilsbringern schützen. Das bedeutet für den Erdkunde-Unterricht:
- *Es muß auch Länderkunde betrieben werden,*
- *es muß auch auf Kenntnisse und Fertigkeiten gesehen werden,*
- *auch die allgemeine Geographie muß ihren Ort haben,*
- *Aspekte der Wirtschafts- und Sozialgeographie sind zu berücksichtigen.*

Der Teufel liegt im Detail: Das Problem der Auswahl muß immer wieder neu gelöst werden. Konkret: Der Schüler muß auch Wissen vorweisen können. Aber es bleibt offen, was und wieviel er wissen muß. Hier sollte unter Erdkunde – Lehrern einer Schule ein Minimalconsens hergestellt werden. Es müßte möglich sein zu entscheiden, ob etwa gewußt werden soll, wie die Hauptstädte der europäischen Länder heißen oder ob verlangt werden soll, in europäischen Ländern alle Flüsse und Nebenflüsse mit Namen zu kennen.

Als Auswahlkriterien seien folgende mit Nachdruck genannt: Beachtung von Gegenwarts- und Zukunftsbedeutung, das Exemplarische und Elementare, Beachtung von Daseinserhellung und Lebenshilfe. Trotz der Diskussion über die Reform des Curriculums haben diese Kriterien ihre Bedeutung keineswegs eingebüßt. Demgegenüber ist sowohl vor einer Absolutsetzung kognitiver Ziele als auch vor einem „Lernzielfetischismus" zu warnen.

Literatur

Alois Schmidt, Der Erdkundeunterricht, Klinkhardt-Verlag, Bad Heilbrunn, 1976, 356 S.
Werner Storkebaum (Hrsg.), Zum Gegenstand und zur Methode der Geographie, Wissenschaftl. Buchgesellschaft, Darmstadt, 1975, 632 S.

Hrsg.

1 Zur Darstellung des Unterrichtsablaufes

Die vorliegende Stundenverlaufsskizze stellt einen „Fahrplan" für den Unterrichtenden dar. Es sollen einerseits in möglichst knapper und übersichtlicher Form der Fortgang des Unterrichtsgeschehens und die verschiedenen Stationen der Unterrichtsverfahren und der Stoffsicherung (bzw. der Lernzielkontrolle) aufgezeigt, andererseits die Zuordnung der jeweiligen Lerninhalte und der eingesetzten Medien verdeutlicht werden.

2 Zur Auswahl des Stoffes

Seit Beginn der Curriculumdiskussion beschäftigt sich die Schulerdkunde in zunehmendem Maße mit raumrelevanten Daseinsbereichen und Situationsfeldern wie den Grunddaseinssituationen, den raumrelevanten Prozessen und den Raumstrukturen von Staaten. Raumbedingende Naturfaktoren in ihrem Wirkzusammenhang mit Humanfaktoren stehen im Mittelpunkt der Betrachtungen.

Auch wenn die Lehrpläne oft noch rein länderkundlich konzipiert sind, so sollte doch nicht Länderkunde im alten Sinn betrieben werden. Vielmehr ist anzustreben, wesentliche geographische Gesetze an exemplarischen Raumbeispielen zu behandeln.

Für die Agrargeographie Chinas bedeutet dies: Die naturräumlichen Voraussetzungen für die Landwirtschaft in China und die Nutzung der gegebenen Möglichkeiten durch den Menschen bzw. die Überwindung von bestehenden Schwierigkeiten sollen anhand wenigstens eines Beispiels (hier: Brigade Dadschai einer Volkskommune im Lößland Nordchinas) untersucht werden.

Die vorliegende Stunde ist wie folgt einzuordnen: In der Vorstunde sollte zunächst die naturräumliche Ausstattung Chinas im Überblick erarbeitet werden; die Probleme, die sich für China daraus ergeben, könnten dabei bereits angerissen werden. Die vorliegende Stunde will den Schülern am Beispiel einer chinesischen Volkskommune zeigen, daß zur landwirtschaftlichen Entwicklung eines Raumes zwar natürliche Voraussetzungen gegeben sein müssen, daß die Art und die Möglichkeiten der Entwicklung aber weitgehend vom Menschen und auch vom Gesellschaftssystem abhängen.

Die Folgestunde könnte die chinesische Volkskommune mit anderen bereits bekannten Formen kollektiver Landwirtschaft (Kolchose, Sowchose, Kibbuz) vergleichen. Dabei könnte dann auch auf die ideologischen Hintergründe der Volkskommunen und die Stellung des einzelnen im Kollektiv näher eingegangen werden. Hier wurde darauf verzichtet, weil dies den Rahmen einer Unterrichtsstunde sprengen würde.

Um einer grundlegenden Forderung des Erdkundeunterrichts, der Raumrelevanz, gerecht zu werden, wurde besonderes Gewicht auf die Zusammenhänge des Sozialsystems „Volkskommune" mit den Naturbedingungen gelegt. Gesellschaftspolitische und geschichtliche Aspekte der Entwicklung mußten hierbei in den Hintergrund treten. Auch aus diesem Grunde wäre es anzustreben, sich mit der Volkskommune im Unterricht noch einmal auseinanderzusetzen, um so eine einseitige Darstellung zu vermeiden.

Die Brigade Dadschai wurde aus zwei Gründen als signifikantes Beispiel ausgewählt:

a) Über Dadschai steht ein Ausschnitt eines Schulfernsehfilmes zur Verfügung, der den Schülern eine lebendige Vorstellung vom Leben in einer Volkskommune geben kann.

b) Gerade am Beispiel der *Muster*brigade Dadschai kann das Typische einer Volkskommune herausgearbeitet werden.

3. Zur Individuallage der Klasse

Die Klasse 8d K/M ist eine gemischte Klasse mit 35 Schülern. Die Mitarbeit ist in der Regel sehr lebhaft, so daß es meistens nötig ist, den Unterricht straff zu führen, um Ausuferungen zu vermeiden. Außerdem besteht, gerade bei der Größe der Klasse, immer die Gefahr, daß einzelne Schüler, besonders die Mädchen, in der Masse untergehen. Auf diese Schüler sollte immer wieder gezielt eingegangen werden.

4. Lernziele

Stundenziel:

Aufgaben und Funktion einer chinesischen Volkskommune anschaulich darstellen und aufzeigen, wie eine Volkskommune ihre räumliche Umwelt gestaltet und so naturgegebene Schwierigkeiten überwindet.

Signifikantes Beispiel:

Brigade Dadschai im Lößland Nordchinas.

Teilziele

1. Die Herausforderung des Menschen durch die Natur im Lößland Nordchinas beschreiben.
1.1 Sehr fruchtbarer Lößboden bietet gute Voraussetzungen für die Landwirtschaft.
1.2 Ungünstiges Relief, zu große Trockenheit und schwere Überschwemmungen nach starken Regenfällen behindern einen ertragreichen Anbau.
1.3 Ernteausfälle führen in diesem dichtbesiedelten Gebiet seit Jahrhunderten zu großen Hungersnöten.
2. Erläutern, warum die Antwort des Menschen auf diese Herausforderung der Natur die Kollektivierung der Landwirtschaft war.
2.1 Der einzelne tiefverschuldete chinesische Kleinbauer war nicht in der Lage, die zur Verhinderung von Dürre und Überschwemmungen nötigen Bewässerungs- und Sicherungsmaßnahmen zu ergreifen.
2.2 Durch gemeinsame Anstrengungen können die naturgegebenen Schwierigkeiten überwunden werden.
3. Einen Überblick über Organisationsform und Funktionsweise einer Volkskommune geben.
3.1 Durch gemeinsame Arbeiten wie Bau von Terrassen, Bestellung der Felder, Errichtung von Anlagen zur Bewässerung und zum Hochwasserschutz wird die Landschaft verändert.
3.2 Eine Volkskommune gliedert sich in etwa 10 Brigaden mit je 10 Produktionsgruppen.
3.3 Einrichtungen von Volkskommunen sind: Landwirtschaftliche Produktionsmittel, Handwerksbetriebe, kleine Fabriken, Schulen, Krankenhäuser, Kanal- und Straßennetz, Elektrizitätsversorgung.
4. Die wichtigsten Aufgaben der Volkskommunen nennen.
4.1 Erreichen der Unabhängigkeit vom Staat durch Selbstversorgung der Kommune.
4.2 Aufbau einer Industrie auf dem Lande.
4.3 Versorgung der Städte mit Nahrungsmitteln.

5. Die Erfolge der chinesischen Landwirtschaft seit der Kollektivierung nennen.
5.1 Wesentliche Verbesserung der wirtschaftlichen Situation des einzelnen Bauern.
5.2 Ständige Verbesserung der Ernährungslage in China.
5.3 Auch bei schlechten Witterungsverhältnissen gibt es heute in China keine Hungersnöte mehr.

5 Gestaltung des Unterrichts

Allgemein ist zur Stunde zu sagen, daß trotz einer Beschränkung auf die Wechselbeziehungen zwischen Volkskommune und Lebensraum der Stoff für eine Unterrichtsstunde sehr umfangreich ist, so daß es nötig sein wird, den Unterricht relativ straff zu führen. Der Zeitersparnis dient auch die Vorgabe eines Arbeitsblattes zur Stoffsicherung, das dabei hilft, unnötige Schreib- und Zeichenarbeit zu vermeiden (Abb. 1). Der Lehrer arbeitet mit demselben Arbeitsblatt am Tageslichtprojektor. Die Eintragungen in das Arbeitsblatt werden jeweils im Rahmen der Teilzusammenfassungen (TZF) vorgenommen.

Zur Erarbeitung des Stoffes werden ein Informationsblatt (Abb. 2) mit einigen kurzen Texten, ein Ausschnitt aus einer Schulfernsehsendung (ca. 4 Minuten) sowie die Grundrißkarte einer Volkskommune (Transparent-Folie oder Atlas) eingesetzt.

6 Medien

Schulfernsehsendung „China II" (Bayerischer Rundfunk 1977)
Transparent-Folie „Volkskommune"
(oder: Diercke Weltatlas S. 133 Karte II)
Informationsblatt
Arbeitsblatt
Worte des Vorsitzenden Mao Tse-Tung, S. 232

7 Durchführung

Lernziele und -inhalte	Unterrichtsverlauf	Medien
	Motivation	Fernsehbild von Lößschluchten im Gebiet von Dadschai
Teilziel 1: Die Herausforderung des Menschen durch die Natur im Lößland Nordchinas beschreiben. – fruchtbarer Lößboden – ungünstiges Relief, Trockenheit, Überschwemmungen – Hungersnöte	Erarbeitung	Wandkarte, Informationsblatt ③
	Überleitung	

I: Die chinesischen Bauern konnten diesen Zustand nicht ändern.

Lernziele und -inhalte	Unterrichtsverlauf	Medien
Teilziel 2: Erläutern, warum die Antwort des Menschen auf diese Herausforderung der Natur die Kollektivierung der Landwirtschaft war. – Bewässerung und Hochwasserschutz war für den einzelnen Kleinbauern nicht möglich – gemeinsame Anstrengungen können die Schwierigkeiten überwinden	Erarbeitung	Informationsblatt ① Worte des Vorsitzenden Mao, S. 232
Kollektive Landwirtschaft in China – Volkskommunen	Zielangabe	Verteilen des Arbeitsblattes
Ursachen für die Bildung von Volkskommunen	TZF	Arbeitsblatt (Eintrag)
	Überleitung	

Arbeitsauftrag: Wir sehen nun einen Filmausschnitt über eine Volkskommune in Nordchina. Achtet bitte darauf, welche gemeinsamen Arbeiten verrichtet werden, wie dadurch die Landschaft umgestaltet wird und welche Einrichtungen einer Volkskommune angesprochen werden.

Teilziel 3: Einen Überblick über Organisationsform und Funktionsweise einer Volkskommune geben. – Umgestaltung der Landschaft durch gemeinsame Arbeiten – Einrichtungen der Volkskommune – Größe und Gliederung	Erarbeitung	Filmausschnitt, Folie, Informationsblatt ②
	TZF	Arbeitsblatt (Eintrag)

Überleitung

Impuls: Dadschai ist eine Musterkommune für ganz China. Die wichtigste Aufgabe einer Volkskommune könnt Ihr aus Text 4 Eures Informationsblattes ableiten.

Teilziel 4: Die wichtigsten Aufgaben der Volkskommunen nennen. – Erlangung der Unabhängigkeit vom Staat (Selbstversorgung) – Aufbau einer Industrie auf dem Lande – Versorgung der Städte mit Lebensmitteln	Erarbeitung	Informationsblatt ⑤
	TZF	Arbeitsblatt (Eintrag)

Überleitung

Lehrervortrag: In der Volkskommune stehen die Interessen des Kollektivs über den Interessen des einzelnen, das Kollektiv beschließt, was jeder zu tun hat und was er verdient. Die Mitglieder einer Volkskommune mußten ihren ganzen Besitz an die Kommune abtreten und müssen nun für etwa 60 Mark im Monat sehr schwer arbeiten, auch Samstags, oft auch am Sonntag.
Frage: Warum lehnen sich die Menschen dagegen nicht auf?

Teilziel 5: Die Erfolge der chinesischen Landwirtschaft seit der Kollektivierung nennen. – Wesentliche Verbesserungen der wirtschaftlichen Situation – Verbesserung der Ernährungslage – keine Hungersnöte mehr	Erarbeitung	Informationsblatt ④
China hat den Hunger besiegt.	TZF	Arbeitsblatt (Eintrag)
Kollektivierung der Landwirtschaft, um das Angebot der Natur besser nutzen zu können.	Schluß-zusammen-fassung	

8 Literatur

Klaus Mehnert: *China nach dem Sturm,* Stuttgart 1971.
Worte des Vorsitzenden Mao Tse-Tung
Information zur politischen Bildung 166: Die VR China (Hrsg: Bundeszentrale für politische Bildung, Bonn).
Schulfernsehen 10/1977
W. Hausmann, Lehrerband zu *Welt und Umwelt 7/8,* Braunschweig 1975, S. 270–271.
W. Hausmann, Lehrerband zu *Welt und Umwelt 9/10,* Braunschweig 1976, S. 320–323.
Handbuch zum Dierke Weltatlas, Braunschweig 1976, S. 213–216.

9 Arbeitsblätter

Fruchtbarer Boden, aber:
Hungersnöte durch
-Trockenheit
-Überschwemmung

Mao Tse-Tung:
"Gemeinsam können wir alle Schwierigkeiten überwinden."

Kollektivierung der Landwirtschaft

Volkskommune

⇓

Veränderung der Landschaft:

-Terrassierung

-Bewässerung

-Hochwasserschutz

⇓

China hat den Hunger besiegt

Einrichtungen einer Volkskommune:

Landwirtschaftliche Produktionsmittel, Handwerksbetriebe, Schulen, Krankenhäuser, kleine Fabriken.

Aufgaben einer Volkskommune:

1) Erlangung der Unabhängigkeit vom Staat (Selbstversorgung)

2) Aufbau einer Industrie auf dem Lande

3) Versorgung der Städte mit Lebensmitteln

Abb. 1: Arbeitsblatt zur Kollektiven Landwirtschaft in China-Volkskommunen

Informationsblatt

① Betriebsgrößen
der chinesischen Landwirtschaft vor der kommunistischen Machtergreifung 1948

	Anteil an der Zahl der Betriebe	Anteil an der LNF	Mittlere Betriebsgröße
Großgrundbesitzer	4 %	50 %	18,2 ha
Großbauern	6 %	18 %	4,4 ha
Mittelbauern	20 %	15 %	1,1 ha
Kleinbauern	70 %	17 %	0,4 ha

② *Aufbau einer Volkskommune:*

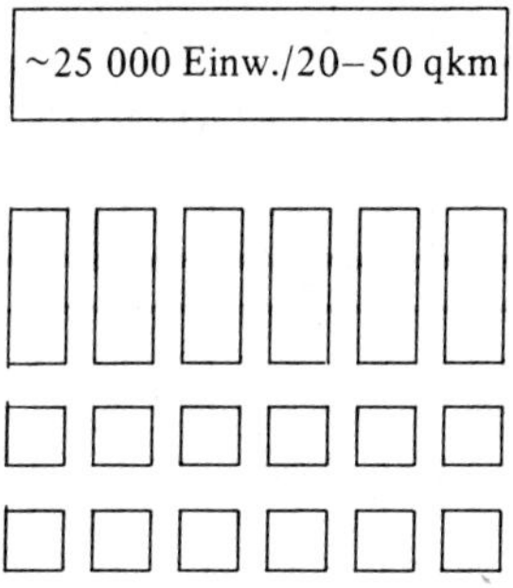

Volkskommune
(früher: Landkreis)

etwa 10
Brigaden
(2–4 Dörfer)

je 10 **Produktionsgruppen**
(etwa 250 Menschen)

③ **Die Kleinbauern (70 % aller Bauern) waren oft ohne Landbesitz und lebten von Pachtland. Ihre Abgaben betrugen bis zu 70 % der Ernte. Nach schlechten Ernten blieb oft nur die Wahl zwischen Auswandern und dem Hungertod, die Kinder zu verkaufen oder zu töten.**

1920 wurden die Provinzen Schansi, Hopeh, Shantung, Honan und Schensi von einer außergewöhnlichen Dürre heimgesucht, von der 20 Mill. Menschen betroffen wurden . . . Viele arme Bauern wurden obdachlos und mußten betteln. Überall sah man Verhungerte. 1972 war die Trockenheit in diesen Provinzen schlimmer als 1920. Die Volkskommunen brachten bei der Überwindung der Folgen der Trockenheit die Kraft der Kollektivwirtschaft voll zur Geltung. Das Resultat war, daß zwei der fünf Provinzen bessere Ernten als 1971 erzielten."

⑤ „In der Landwirtschaft – lernt von Dadschai"

Im August 1963 kam das große Ereignis im Leben von Dadschai, eine Naturkatastrophe. Ein Wolkenbruch von sieben Tagen zerstörte fast alle Terrassen und vernichtete das Dorf bis auf wenige Häuser. Auf den Trümmern ihrer Habe geriet die Brigade in heftige Diskussionen über die Zukunft. Die einen wollten die vom Staat angebotene Hilfe annehmen, die anderen beriefen sich auf das Wort des Vorsitzenden Mao, man müsse ohne Hilfe von außen und aus eigener Kraft durchkommen. Diese Linie hat gesiegt, und die Brigade weigerte sich, Hilfe von außen anzunehmen. Innerhalb kürzester Frist ist es gelungen, die Folgen der Katastrophe zu beseitigen, und im März 1964 verkündete Mao „In der Landwirtschaft – lernt von Dadschai!".

(nach Mehnert, China nach dem Sturm)

Abb. 2: Informationsblatt zur Unterrichtseinheit Kollektive Landwirtschaft

Abb. 3: Test ▷

1.	Obwohl das Lößland Nordchinas sehr fruchtbare Böden besitzt, konnte das Land im Gebiet des Ordos-Gebirges landwirtschaftlich nur wenig genutzt werden. Welche zwei Faktoren waren dafür verantwortlich? 1) 2)	2	
2.	Die Bauern in diesem Gebiet konnten die Fruchtbarkeit des Landes nicht durch geeignete Maßnahmen verbessern, da ○ ihre Betriebe sehr klein waren ○ ihre Betriebe zu groß und damit unüberschaubar geworden waren ○ die nötigen Arbeiten die Kraft einzelner Bauern überstiegen ○ die Menschen durch Hungersnöte so geschwächt waren, daß sie nicht schwer arbeiten konnten ○ ihnen das technische Wissen und die modernen Maschinen für die nötigen Maßnahmen fehlten.	2	
3.	Ergänze das Wort Mao Tse-Tungs, das den Anstoß zur Gründung von Volkskommunen gab: „ .... können wir alle Schwierigkeiten überwinden."	1	
4.	Versuche die drei Stichworte Brigade – Produktionsgruppe – Volkskommune in folgende Grafik einzusetzen und kurz zu erläutern: 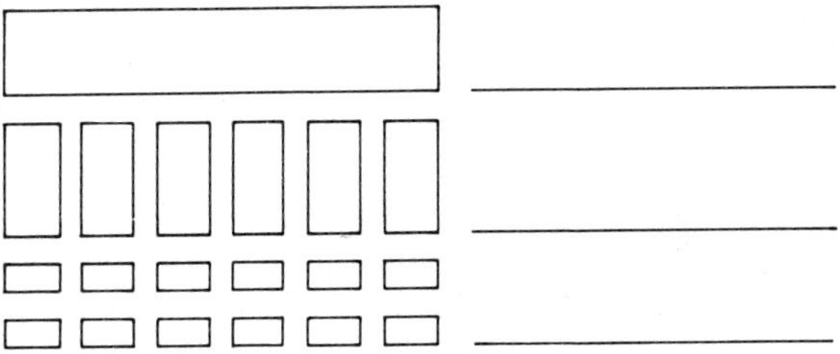	2	

20/19	18–16	15–13	12–10	9–7	6–0
1	2	3	4	5	6

5.	Vervollständige folgendes Schema: Gemeinsame Arbeiten einer Volkskommune: 1. 2. 3. ➔ .... der Landschaft	4	
6.	Nenne vier Einrichtungen von Volkskommunen.	4	
7.	Die Bedeutung der ländlichen Kleinindustrie besteht unter anderem darin ○ einfachste landwirtschaftliche Maschinen für die Kommune herzustellen ○ Exportgüter zu produzieren ○ die großen Städte mit Industrieprodukten zu beliefern	1	
8.	Nenne drei wichtige Aufgaben von Volkskommunen! Unterstreiche die bedeutenste! 1. 2. 3.	4	
		20	

10 Nachbesinnung

Allgemein ist zu sagen, daß der Verlauf der Stunde den Erwartungen entsprach. Die gesetzten Lernziele wurden voll erreicht. Der Zeitplan konnte eingehalten werden. Hierbei erwies sich die Vorgabe eines Arbeitsblattes zur Ergebnissicherung als sehr vorteilhaft, da während des Unterrichts nur mehr die wichtigsten Ergebnisse eingetragen werden mußten und so Zeit gespart wurde.

Das Thema der Stunde hat die Schüler zum großen Teil sehr interessiert, so daß die Mitarbeit der Klasse recht gut war. Allerdings war ich doch etwas überrascht darüber, daß Schüler dieser Altersstufe so gut wie keine Vorkenntnisse der politischen und wirtschaftlichen Situation in China (z.B. aus der Presse) haben.

Abschließend noch eine Feststellung: Es stellte sich heraus, daß unbedingt noch eine weitere Unterrichtsstunde für das Thema „Volkskommune" verwendet werden mußte, um das entstandene Bild abzurunden. Da die Situation des einzelnen im Kollektiv kaum angesprochen wurde, dürfte nämlich der erste Eindruck, den die Schüler von der Volkskommune erhielten, etwas zu positiv sein.

Kommentar:

Diese Stunde wurde an einer Realschule gehalten, und sie ist dafür in gewisser Weise charakteristisch, weil stark stofforientiert.

Eine eigentliche didaktische Analyse bzw. eine Reflexion über die Gründe, warum diese Stunde in dem 8. Schuljahr gehalten werden soll – und zwar im Blick auf die Schüler und *auf den Lehrplan – findet nicht statt. Der Hinweis, daß in der folgenden Stunde ein Vergleich mit anderen Formen kollektiver Landwirtschaft vorgenommen werden könnte, zeigt, daß der Frage nach dem Exemplarischen des Themas dieser Stunde keine Beachtung geschenkt wurde.*

Die Planung der Stunde wird vorrangig von dem Thema und der Fülle des Stoffs bestimmt. Deshalb (und nur deshalb) wird ein Arbeitsblatt zur Stoffsicherung entwickelt, und es wird betont, daß deswegen auch der Unterricht „relativ straff" geführt werden muß. Nun läßt diese Formulierung Interpretationen zu: Einerseits ist nichts dagegen zu sagen, daß Unterricht vom Lehrer gesteuert wird, andererseits wäre die Einstellung bedenklich, daß die Unterrichts-

stunde allein deshalb positiv zu werten ist, wenn man den geplanten Stoff durchgenommen hat. Noch einmal anders gewendet: Unterrichtsplanung muß so erfolgen, daß im Sinne von Heinrich Roth *ein Wechsel stattfinden sollte zwischen exemplarischem und orientierendem Lehren und Lernen. Der exemplarische Unterricht erfordert Zeit (die man sich dann auch wirklich nehmen sollte), hier sollte die Selbsttätigkeit des Schülers angeregt werden, in diesem Rahmen ist auch Gruppenunterricht möglich. Daneben muß es den informierenden Unterricht geben, wo die Vermittlung von Kenntnissen den Vorrang hat; hier hat ggf. der Frontalunterricht und auch der Lehrervortrag seinen Platz. Aber in beiden Fällen bleibt die pädagogische Verantwortung für Erfassen, Üben und Anwenden, das heißt, Schüler und Sache müssen in eine Beziehung gesetzt werden. Damit das gelingen kann, sind mehr Gedanken und Analysen zur „Individuallage" der Klasse nötig.*

Die Nachbesinnung zeigt die besondere Schwierigkeit allen Unterrichtens in der heutigen Situation: Die Massenmedien informieren, das vermeintlich Interessante ist vorweggenommen. Im Unterricht zeigt es sich dann, daß das Vorwissen zwar außerordentlich vage ist, aber eine gewisse Uninteressiertheit der Schüler mit sich bringt. Hier bleibt dem Lehrer nur die mühselige Arbeit der soliden Vermittlung. In der vorliegenden Stunde – und Erdkundeunterricht hat es wenigstens in dieser Hinsicht nicht schwer – spielen verschiedene Medien eine Rolle. In gewisser Weise strukturieren sie die Unterrichtsvorbereitung; ein Beweis für eine gewisse wechselseitige Abhängigkeit der im Unterricht wirksamen Faktoren. Hrsg.

Klaus Full

Die Darstellung von Salpetersäure

Chemie – 10. Schuljahr

Vorbemerkung

Der Chemieunterricht steht unter der Spannung des Überangebotes an neuen Forschungserkenntnissen und der relativ begrenzten Umsetzbarkeit in die schulische Alltagspraxis. So hat er sich mit den Ergebnissen aus den vielen Einzelgebieten, wie zum Beispiel Organische, Anorganische, Analytische, Pharmazeutische, Physikalische Chemie, Bio-, Elektro-, Kern- und Lebensmittelchemie auseinanderzusetzen.

Da die Fachwissenschaft Chemie eine Experimentalwissenschaft ist, besitzt das Experiment in der Schule eine große Bedeutung. Damit ist eine Chance und eine Gefahr gleichermaßen gegeben. Die Chance eines humanen Chemieunterrichts besteht darin, chemische Fragestellungen anschaulich zu lösen, Vermutungen sinnenhaft wahrnehmbar zu bestätigen und Zusammenhänge einzuprägen. Die methodischen Schwierigkeiten, beispielsweise alle Schüler ein Experiment durchführen zu lassen, müssen jedoch auch gesehen werden. Sie sollten nicht der Grund sein, daß manche hochgesteckten Erwartungen, die die Schüler an das Fach herantragen, enttäuscht werden. Eine große Gefahr für den Chemieunterricht besteht darin, daß aufgrund der modernen diffizilen Forschungstechnik die Möglichkeit der Veranschaulichung bedroht erscheint. Aber: Es ist pädagogisch unzulässig, Inhalte der Fachwissenschaft auf das Schulfach direkt zu übertragen. Dies gilt auch für den Chemieunterricht.

Mit dem Auswahlproblem stellt sich für die fachdidaktische Frage nach den Auswahlkriterien. Sie sollten auch (schul-)pädagogische Aspekte enthalten. Bei pädagogisch gerechtfertigter Auswahl und Anordnung chemischer Fragestellungen bietet der Chemieunterricht sogar die Chance, in bescheidenem Maße erzieherische Funktionen übernehmen zu können. Anerkannt wird bereits die Erzie-

hung der Schüler zur Objektivität, zu Geduld und Zähigkeit des Willens, zur Genauigkeit im Denken und in der Aussage. Exakter müßte man hier von funktionalen Erziehungseffekten sprechen, die nicht speziell auf den Chemieunterricht begrenzt sind, aber die auch dort nicht behindert, sondern gefördert werden sollten. Dem pädagogischen Engagement des Chemielehrers kommt somit eine entscheidende Aufgabe zu. Es muß sich aus der Vormachtstellung des vielfach beobachtbaren fachlichen Interesses befreien. Gelingt dies, dann fällt es dem Lehrer schwer, den Chemieunterricht als Vorstufe des Chemiestudiums aufzufassen. Das Schulfach Chemie hat keine propädeutische Funktion, sondern sollte vielmehr der grundlegenden Geistesbildung des Schülers dienen. Die Zielperspektive ist nicht der Spezialist in Chemie, sondern der „gebildete Laie".

Hrsg.

1 Überlegungen zur Unterrichtssituation

1.1 Die Situation in der Klasse

Der Klassenverband der Klasse 10b umfaßt 25 Jungen, die sich auf die Jahrgänge 1961 (6), 1960 (8), 1959 (10) und 1958 (1) verteilen. Die Schülerzahl liegt deutlich unter der vorgeschriebenen Höchstgrenze für diese Jahrgangsstufe (30 + max. 10%), so daß grundsätzlich ein konzentriertes Arbeiten im Unterricht möglich ist. Allerdings erfordern dies auch die beachtlichen Unterschiede hinsichtlich Lebensalter, körperlichem und geistigem Entwicklungsstand. Die bereits bestehende Heterogenität verstärkt sich noch durch unterschiedliches Fachwissen, da man die Klasse zu Beginn des Schuljahres neu zusammensetzte und ihr fünf Repetenten aus zwei verschiedenen Klassen zuteilte.

Schon bis Ende Oktober des neuen Schuljahres kristallisierten sich, nach ihren Verhaltensweisen, drei Schülergruppen heraus. Diese Differenzierung scheint nach meiner Erfahrung gerade für 10. Klassen typisch und nur in ihren Anteilen variabel zu sein.

13 Schüler der Jahrgänge 1961 (3), 1960 (5) und 1959 (5) stehen dem Unterricht mehr oder minder verhalten, jedoch nicht desinteressiert gegenüber. Werden sie gezielt angesprochen, sind sie durchaus willig nach bestem Wissen zu antworten. Auch außerge-

wöhnlich spannender Unterrichtsverlauf vermag das Gebaren dieser Gruppe spontan in Staunen, Interesse, ja aktive Mitarbeit zu verwandeln. Gründe für das skizzierte Verhalten könnten unter anderem in der Neuzusammensetzung der Klasse zu suchen sein. Aus einer gewissen Angst heraus, sich zu blamieren oder als „Besserwisser“ aufzufallen, resultiert in der nachpubertären Phase, der die meisten Schüler wohl angehören, offensichtlich Zurückhaltung in Meinungsäußerung und Beteiligung am Unterrichtsgespräch.

Die zweite Gruppe, visuell recht einprägsam durch ihre Uniform, die Lederjacken, setzt sich aus 6 Schülern der Jahrgänge 1961 (2), 1959 (3) und 1958 (1) zusammen. Sie sind auch außerhalb des Schulbereiches durch das gemeinsame Hobby Motorradfahren verbunden. Im Klassenzimmer wie in den Chemiefachräumen nehmen sie stets die hinteren Plätze ein. Von hier aus geben sie sich im Unterricht träge abwartend, offensichtlich desinteressiert. Die Antworten auf gezielte Ansprache hin sind im Ausdruck als knapp, in der Lautstärke als durchweg leise zu charakterisieren. Interessanterweise gehören zu dieser Gruppe nicht nur Repetenten, sondern auch zwei körperlich unterdurchschnittlich entwikkelte Schüler, die das Gehabe der „Großen“ kopieren und natürlich eine Beteiligung und eventuell aufkommendes Interesse zu unterdrücken suchen. Daß das schwer zu analysierende Gebaren der Gruppe im Unterricht mit der tatsächlichen Interessenlage nicht übereinstimmen kann, zeigen die Schülerübungen in der Form des arbeitsteiligen Gruppenunterrichts. Durch einen soziometrischen Test mit dem Ziel, Partner zur gemeinsamen Arbeit in einer Gruppe zu finden, hatten sich diese Schüler gegenseitig gewählt. Der Erfolg zeigte sich darin, daß das so entstandene Team den übrigen Arbeitsgruppen durchaus vergleichbare Leistungen erzielen konnte.

Die restliche, dritte Gruppe von 6 Schülern der Jahrgänge 1961 (1), 1960 (3) und 1959 (2) besitzt recht fundierte Kenntnisse und gutes chemisches Verständnis, so daß von hier die meisten klaren Antworten und weiterführenden Impulse für den Unterricht kommen. Die Ursachen für die konstruktive Arbeit dieser Schüler dürften zum einen in fortgeschrittener geistiger Entwicklung, zum anderen in der intensiven Beschäfitigung mit chemischen Problemen auch außerhalb der Schule, in selbständigem Experimentieren zu Hause, liegen.

1.2 Besondere Arbeitsbedingungen der Schule

Die Unterrichtsstunden im Fach Chemie (2) liegen bei der Klasse 10b in der Woche jeweils am Dienstag in der 5. und Donnerstag in der 6. Stunde, die Übungsstunde (1) am Freitag in der 1. Stunde des Vormittags. Aus Sicherheitsgründen (maximal 20 Schüler dürfen gleichzeitig experimentieren) muß die Übungsstunde abwechselnd mit je einer Klassenhälfte durchgeführt werden. Während sich die Schüler in den Übungen durch große Aktivität und Experimentierfreudigkeit auszeichnen, verkehrt sich diese positive Situation in den Unterrichtsstunden, die beide stundenplanmäßig am Spätvormittag recht ungünstig liegen. Ansprechbarkeit und die Bereitschaft zur Mitarbeit haben oft deutlich abgenommen. Daß die Klasse sich dennoch sehr diszipliniert verhält, ist ihr hoch anzurechnen und zeigt, daß kein Schüler dem Chemieunterricht offen ablehnend gegenübersteht.

Die unnatürliche Abnahme der physiologischen Leistungsbereitschaft der Schüler im Tagesverlauf, scheint eine zusätzliche Ursache im besonderen Unterrichtsstil mancher Lehrer zu haben. Vor allem bei theoretisch sehr anspruchsvollen Lerninhalten sind Lehrer bestrebt, aufgrund von Zeitmangel, ein bestimmtes Stoffgebiet noch „durchzubringen". Statt der Schülerarbeit dominiert dann eindeutig die Lehreraktivität. So treffen die Schüler der Klasse 10b in ungünstigen Fällen zum Beispiel am Dienstag durch die Fächerkombination und Abfolge der Stunden Latein, Englisch, Mathematik und Geschichte viermal auf einen neuen Lehrer, der seine Ziele „mit geballter Aktivität" vertritt. Es kann so nicht verwundern, wenn viele Schüler „abschalten" oder eine ökonomische Strategie gegenüber den mannigfachen Anforderungen der Schule entwickeln.

Am Rande sei neben den nachteiligen Auswirkungen vor allem des Stundenplans noch ein durch den Seminarbetrieb der Schule bedingtes, kaum zu veränderndes Negativum erwähnt. Der Einsatz von Studienreferendaren im 1., 2. und 3. Ausbildungsabschnitt (gegenwärtig unterrichten 6 Studienreferendare in der Klasse 10b) schafft auf der entwicklungspsychologisch schwierigen Altersstufe nicht immer die günstigsten Voraussetzungen, so daß manches Schülerverhalten (Abschnitt 2.1) auch unter dieser Sicht erklärbar wird.

Zur Durchführung der Experimente ist die Schule an Chemikalien und Geräten zufriedenstellend ausgestattet. Es fehlt hingegen, besonders für die Vorbereitung und Durchführung komplizierter Apparaturen (z.B. für Modellversuche technischer Verfahren) an gut eingerichteten Arbeitsplätzen sowie an Experimentierfläche im Lehr- und Übungssaal. Die Arbeit wird hierdurch oftmals erschwert.

Ein schwieriges Problem an der Schule stellen die unzureichend funktionierenden Abzüge dar. Aus diesem Grund sind bestimmte Versuche wegen erheblicher Gefährdung der Gesundheit von Schüler und Lehrer nicht durchführbar.

Eine weitere Einschränkung in der Unterrichtsgestaltung ist durch die begrenzte Tafelfläche (eine Tafel mit den Ausmaßen 2 m × 1 m) gegeben. Für den Schüler der 10. Jahrgangsstufe sollte es, aus Gründen des Überblicks noch möglich sein, aus dem Tafelbild den Gang der Stunde in wesentlichen Zügen abzulesen, vor allem dann, wenn der Versuch unternommen wird, allmählich selbständige Aufzeichnungen anstelle von Diktaten treten zu lassen. Den Mangel an ausreichender Tafelfläche könnte man durch den Einsatz eines Overheadprojektors teilweise ausgleichen, doch steht für 13 Chemielehrer nur ein Gerät zur Verfügung.

Schließlich sei noch genannt, daß auch der Einsatz des Mediums Film nur eingeschränkt möglich ist, da eine Verdunkelungsmöglichkeit nur im Chemielehrsaal vorhanden ist, der aber der Klasse nicht immer zur Verfügung steht.

1.3 Folgerungen aus der besonderen Unterrichtssituation

Durch das Bemühen, die Schüler nicht zu überhäufen, sondern Zusammenhänge, Beziehungen und Einsichten aufzuzeigen, nicht Vollständigkeit, sondern repräsentative Exempel ist es gelungen, die Mitarbeit und das Interesse der Schüler zu erhöhen und damit auch Polarisierungen zu vermindern. Durch gezielte, altersgemäße Ansprache, verständnisvolles Eingehen auf individuelle Fragen und Antworten, verstärktes Einbeziehen der Schüler bei der experimentellen Arbeit und gründlichem Erarbeiten des Stoffgebietes in kleinen Schritten, enge Verknüpfung von Theorie und Phänomen soll auch in der Stunde zur Salpetersäuredarstellung versucht werden, Freude und Leistungswillen zu aktivieren.

Was die experimentelle, Tafel- und Folienarbeit anbelangt ist stets sorgfältige Planung Voraussetzung.

2 Methodisch-didaktische Überlegungen

2.1 Zur Eingliederung der Unterrichtseinheit innerhalb des übergeordneten Kapitels der Stickstoffchemie

Die Chemie des Stickstoffs und seiner Verbindungen ist hervorragend geeignet, die in der ersten Hälfte des Schuljahres kennengelernten Fakten und Begriffe der Allgemeinen Chemie (über Atombau, Bindungstheorie, Mesomerie, Elektronen- und Protonenübergänge) anzuwenden und zu vertiefen.

Um die Schüler der 10. Jahrgangsstufe, insbesondere aber die der vorliegenden Klasse, gut zu motivieren, wird im Blickfeld des skizzierten komplexen Lernzieles als Hinführung zum vorliegenden Thema der folgende Weg vorgeschlagen:

Zunächst müssen die jeweiligen Lernziele über N_2 – Mg_3N_2 – NH_3 und NH_4^+ erarbeitet sein (bisher nach Lehrplan gemäß Amtsblatt vom 16. 09. 64 [1], ab Schuljahr 77/78 nach CuLp gemäß Amtsblatt vom 4. 05. 77 [2]; sich ergebende Probleme durch die Umstellung können in diesem Rahmen nicht diskutiert werden).

Bei den Ammoniumsalzen erscheint die Betrachtung des Ammoniumnitrats besonders wichtig, zum einen wegen der Darstellung des N_2O (Lachgas!; Oxidationsstufe +1), zum anderen wegen der großen Bedeutung als Pflanzennährstoff (Ammonium- *und* Nitrat-Stickstoff!). Beim Vorstellen der überragenden Rolle der Salpetersäure als Grundsubstanz zur Nitrat-(Düngemittel-)Produktion in der Unterrichtsstunde, sollte diese Kenntnis abrufbar sein. Neben N_2O dienen als weitere Beispiele für Stickstoff-Sauerstoff-Verbindungen NO und NO_2 (Stickstoffmonoxid und -dioxid; Oxidationsstufen +2 und +4), deren Herstellung der Schüler ebenfalls im Versuch erfährt. Danach schließt sich die Formulierung ihrer Strukturformeln unter Anwendung des am Beispiel SO_2-Molekül kennengelernten Mesomerieproblems und die Betrachtung möglicher Reaktivität an. Die Reaktionsfähigkeit und Giftigkeit (Versuch!) des NO_2 läßt die Frage nach weiteren Entstehungsquellen dieses gefährlichen Gases aufkommen. Durch eigenes Erleben und Berichte der Kommunikationsmedien sind auch Schüler täglich mit Problemen der Umweltverschmutzung konfrontiert, so daß sich an dieser Stelle eine gute Gelegenheit zur Diskussion über Luftverunreinigung ergibt.

Im Rahmen des Unterrichtsgesprächs werden viele aktuelle Bezüge hergestellt und Begriffe wie Emission, Immission und MAK-Wert definiert.

Die Frage, wie man die giftigen nitrosen Gase wenigstens aus der Atmosphäre beseitigen könnte, leitet die Behandlung der Unterrichtseinheit ein. Als Lösung der Aufgabe in der Natur ergibt sich die Reaktion mit Wasser, die letztlich zur Salpetersäurebildung führt. Im Verlauf der Stunde soll der Schüler neben der überragenden Bedeutung der Salpetersäure mit verschiedenen Darstellungsmöglichkeiten im

– historischen Versuch (KNO_3 bzw. $NaNO_3$ und konz. H_2SO_4), im

– entsprechenden Versuch in einer Anordnung mit modernen Laborgeräten und im

– Modellversuch zum OSTWALD-Verfahren (katalytische Oxidation von NH_3) bekannt gemacht werden.

Die darauffolgende Stunde hat zum Inhalt die vergleichende Diskussion des Modellversuches mit dem technischen Verfahren. Dabei kann im Rahmen der Abgasreinigung das Problem der Umweltgefährdung und Beseitigung von Schadstoffen wieder aufgegriffen werden.

Den Abschluß der Stickstoffchemie im Unterricht bilden Betrachtungen über Struktur der Salpetersäure, ihre Rolle als Oxidationsmittel und ihre Salze (Nitrate). Die Besprechung der Nitrate macht schließlich die große Rolle deutlich, die die „Stickstoffindustrie" (d.h. die Gewinnung von Ammoniak aus Stickstoff und Wasserstoff, die Weiteroxidation von Ammoniak zu Salpetersäure und die Gewinnung von Nitraten) für die Ernährung der Erdbevölkerung spielt. Erst jetzt erfaßt der Schüler die wirkliche Bedeutung der behandelten Unterrichtseinheit.

2.2 Die Bedeutung der Unterrichtseinheit für den Schüler

Die besondere Bedeutung muß im Zusammenhang mit nachstehenden Überlegungen gesehen werden.

2.2.1 Zum Chemieunterricht in der Sekundarstufe I am mathematisch-naturwissenschaftlichen Gymnasium

Der Chemieunterricht in dieser Stufe umfaßt am math.-nat. Gymnasium die Jahrgangsstufen 9 und 10. Die fachwissenschaftliche Unterweisung erfolgt im Klassenverband und ist somit für alle Schüler verbindlich.

Auf der Oberstufe, Sekundarstufe II, stehen dem Kollegiaten hingegen vielfältige Wahlmöglichkeiten zum Besuch bzw. zur Abwahl auch naturwissenschaftlicher Disziplinen zur Verfügung. Hierdurch erwächst für den Chemieunterricht der Sekundarstufe I eine ganz besondere Bedeutung. Einerseits sollte der interessierte Schüler in der Oberstufe für die Wahl von Grund- und Leistungskursen im Fach Chemie hinreichend motiviert werden, daneben aber auch der spätere Nichtnaturwissenschaftler. Gerade für ihn wäre es dringlich, sich möglichst intensiv mit naturwissenschaftlichen Arbeits- und Denkverfahren auseinanderzusetzen, vor allem im Hinblick auf die ständig steigende Bedeutung der Chemie für die Probleme der technisierten Welt, der Konsumgesellschaft und des Umweltschutzes. Andererseits müssen an den Unterricht der Sekundarstufe I hohe Ansprüche gestellt werden in Anbetracht der Schüler, die nur auf der Mittelstufe einen Einblick in dieses Fach erhalten, die also Chemie in der Oberstufe abwählen oder das Gymnasium mit dem Erreichen der Oberstufenreife verlassen.

Aus dieser Forderung heraus ergibt sich als wichtige Intention des Chemieunterrichts auf der Sekundarstufe I

a) einen Überblick geben über Arbeits- und Denkweisen der Chemie

b) die Bedeutung für Alltag und Umwelt aufzeigen.

2.2.2 Arten der Bedeutung

2.2.2.1 für ein „Bild von der Wissenschaft Chemie"

Gerade dieses Stoffgebiet ist ausgezeichnet geeignet, die in den vorausgegangenen Stunden erarbeiteten theoretischen Grundlagen einzuüben und damit das Denken in Modellvorstellungen weiter zu pflegen. Großer Wert wurde im Unterrichtsgang auf die Verknüpfung von Theorie und Phänomen gelegt, um dem Schüler zu zeigen, wie Erkenntnisse gewonnen und Inhalte erst erschlossen werden können. Das Konzept einer bloßen Systematik, ergänzt durch Reaktionsgleichungen ist für die Motivation eines Heranwachsenden wenig geeignet. Schließlich könnte aus der oben beschriebenen Betrachtungsweise für den Schüler der bleibende Eindruck entstehen, daß der Chemiker durch „Erklären" und „Begreifen" von Fakten und Reaktionen die Möglichkeit besitzt, gezielt zu arbeiten, um so Stoffe mit bestimmten Eigenschaften zu erhalten.

2.2.2.2 für die Gegenwart und Zukunft

Ihren besonderen Vorzug erhält die Unterrichtseinheit durch die Möglichkeit, wichtige Bezüge zu allgemein interessierenden Problemen wie Luft- und Wasserverschmutzung, Schadstoffbeseitigung, Mineraldüngung und Stoffkreislauf herzustellen. Die Beschäftigung mit Themenkreisen, die die Rückwirkungen von Chemie-Technik-Wirtschaft und Umwelt aufzeigen, sind für Schüler dieser Jahrgangsstufe geeignet, da sie dem Nachdenken des Menschen über sich selbst entgegenkommt.

Im Rahmen der öffentlichen Diskussion angedeuteter Probleme kann der Schüler auch noch erkennen, daß die chemische Terminologie und Formelsprache zum unverzichtbaren Kommunikationsmittel wird.

Lernziele

Bemerkung: Viele Lernziele sind nachstehend als Grobziele formuliert. Eine Reihe von ihnen könnte auch für die gesamte Ausbildungszeit des Schülers im Fach Chemie stehen. Diese Ziele sind trotzdem hier aufgeführt, weil in der vorliegenden Stunde ein wichtiger Beitrag geleistet werden kann. Es darf auch nicht der Eindruck entstehen, daß die Mitteilung oder Erfahrung eines Faktums bereits das erwartete Endverhalten des Lernziels beim Schüler bewirkt.

I. Fähigkeit, bereits erworbenes Wissen zur Erkenntnisfindung und Deutung chemischer Vorgänge einzusetzen

Bereich: Können – Stufe: Fähigkeit
Im Einzelnen soll sich dies manifestieren in der
I.1. Fähigkeit, Experimente sinnvoll zu planen;
I.2 Fähigkeit, Experimente in ihrem Ablauf exakt zu beobachten und hieraus Folgerungen zu ziehen;
I.3 Fähigkeit, Theorien und Modellvorstellungen zum Erkenntnisgewinn sinnvoll anzuwenden;
I.4 Fähigkeit, die Ergebnisse aus I.2 und I.3 in Form von Reaktionsgleichungen (mit Summen- bzw. Strukturformeln) darzustellen;
I.5 Fähigkeit, Ergebnisse zu verbalisieren;
I.6 Fähigkeit, graphische Darstellungen zu interpretieren;
Bereich: Erkennen – Stufe: Einsicht
I.7 Erkenntnis der Bedeutung von Theorien und Modellvorstellungen für die Wissenschaft Chemie

II. Einblick in die Bedeutung der Salpetersäure im Wandel der Zeiten

Bereich: Wissen – Stufe: Einblick
Der Schüler soll hören, daß
II.1 wichtige chemische Verbindungen schon im Mittelalter bekannt waren;
II.2 die Salpetersäure als Ausgangssubstanz vieler chemischer Prozesse eine überragende Bedeutung hatte und heute noch in steigendem Maße besitzt;
II.3 bedeutsame chemische Substanzen Wechselwirkungen zwischen Chemie und Politik induzieren können.

III. Verständnis der Demonstrationsversuche

Bereich: Wissen – Stufe: Kenntnis
Der Schüler soll sein Wissen vertiefen über
III.1 chemische Arbeitsgeräte, deren sinnvolle Konstruktion im

Zusammenhang mit ihrer Funktion und Problemen der Unfallverhütung;
III.2 Schwierigkeiten, die beim Planen einer funktionstüchtigen und den Sicherheitsvorschriften entsprechenden Apparatur auftreten können.

IV. Begegnung mit der Problematik großtechnischer Syntheseaufgaben

Bereich: Wissen – Stufe: Überblick
Der Schüler soll bekannt werden mit
IV.1 grundsätzlichen Überlegungen für die Durchführung eines großtechnischen Prozesses;
IV.2 Problemen bei dem speziellen Fall der großtechnischen Salpetersäuregewinnung;
IV.3 der Notwendigkeit der Verknüpfung verschiedener technologischer Prozesse; (Problem der Verbundwirtschaft: Ammoniak-Synthese, Salpetersäure-Gewinnung, Nitrat-Produktion).

V. Fähigkeit und Bereitschaft, die gewonnenen chemischen Erkenntnisse verantwortungsbewußt anzuwenden und zu diskutieren

Bereich: Werten – Stufe: Bereitschaft, Freude
Im Schulbereich kann sich dies zeigen, indem Schüler
V.1 bei Experimenten stellvertretend beobachten und Bericht geben,
V.2 bei Experimenten Verantwortung übernehmen

4 Lernorganisation (vgl. 1.3)

Im Hinblick auf die besondere Klassensituation und das Thema steht als Lehr- und Arbeitsform das *fragend – entwickelnde Lehrgespräch* im Vordergrund. Durch präzis gestellte Fragen und zielbewußte Aufnahme der Schülerantworten soll versucht werden, das breit gefächerte Wissen für die Unterrichtseinheit abzurufen und die Schüler an die angestrebten Lernziele heranzuführen. Zur Mitteilung von Fakten, die nicht zu den Vorkenntnissen zählen (z. B. geschichtliche Aspekte, spezielle Versuchsbedingungen, Bedeutung von Verbindungen, Wechselbeziehungen der Chemie zu anderen Bereichen), zur Erläuterung experimentell bedingter Probleme (z. B. unbekannte Gefahrenquellen), zur Klärung von Begriffen und schließlich zur Zusammenfassung von Ergebnissen, wird an einigen Stellen das Unterrichtsgespräch dem *Lehrvortrag* weichen müssen.

5 Möglichkeiten der Veranschaulichung

5.1 Experimente

Da grundsätzlich gilt, daß eigene Erfahrungen wertvoller sind als dargebotene Anschauung, sollten nach Möglichkeit Schülerversuche durchgeführt werden. Die Experimente zur Salpetersäuredarstellung eignen sich jedoch hierfür nicht. Die Gründe liegen vor allem in der Gefährlichkeit der beteiligten Stoffe (Giftgas – Mangel an Abzügen, explosible Gasgemische NH_3/O_2) und zu großem apparativen Aufwand (einzelne Geräte und Substanzen, wie Platinasbest, sind nicht in genügender Anzahl bzw. Menge vorhanden). Aus diesen Gründen wird versucht, durch methodisch genau überlegte, Spannung erzeugende Eingliederung der Experimente, durch besondere Beobachtungsaufgaben, durch Beteiligung (freiwillig und gezielt) einzelner Schüler zur Assistenz und zur Mitteilung von Beobachtungen sowie durch den Einsatz von zu den Experimenten konzipierten Arbeitsblättern und Folien, Aufmerksamkeit und Interesse am experimentellen Geschehen zu erwecken.

Grundsätzlich bedürfen alle vorgesehenen Experimente einer sorgfältigen Vorbereitung und Erprobung; dies gilt in besonderem Maße für den Modellversuch zum *OSTWALD*-Verfahren (V_3). Um einer größeren Panne beim Mißlingen dieses Versuchs durch Glasbruch vorzubeugen, ist ein zweites, fertig beschicktes Reaktionsrohr bereitzuhalten.

Folgende Experimente sind vorgesehen:

V_1 [3]: α) Darstellung von NO_2 durch Erhitzen von $Pb(NO_3)_2$ (dem Schüler bereits bekannt!) und Einleiten in H_2O.

β)Nachweis der gebildeten sauren Lösung;

V_N [9]: Beobachtung von Nitrit-Teststäbchen zur Überwachung des NO_2-Gehaltes der Luft (MAK-Wert 5 ppm)
(dem Schüler der Funktionsweise nach bekannt!)
V_2 [4]: (siehe Abb. 1)

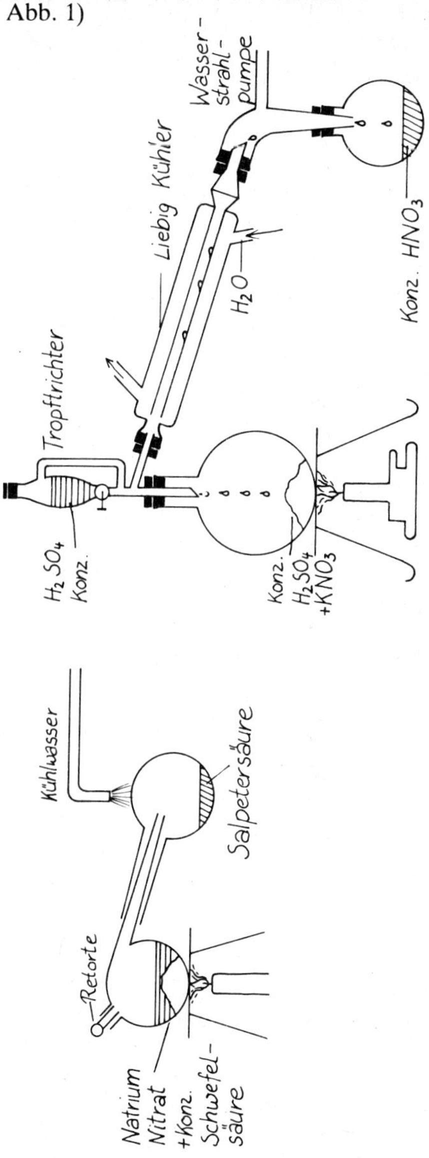

Abb. 1: Darstellung von Salpetersäure durch Auftropfen konz. H_2SO_4 auf KNO_3

Darstellung von Salpetersäure durch Auftropfen konz. H_2SO_4 auf KNO_3;
V_3[7]: (siehe Abb. 2)

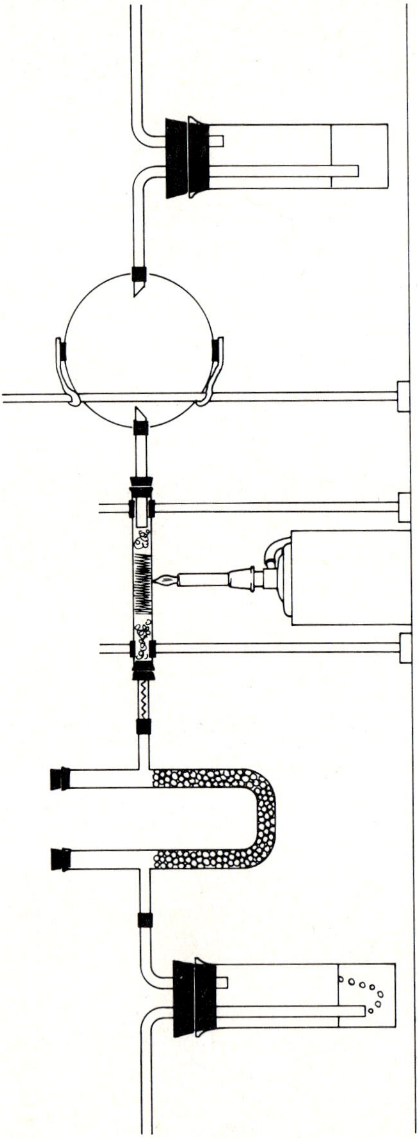

Abb. 2: Darstellung von Salpetersäure durch Katalytische Oxidation von NH_3 (= Modellversuch zum Ostwald-Verfahren)

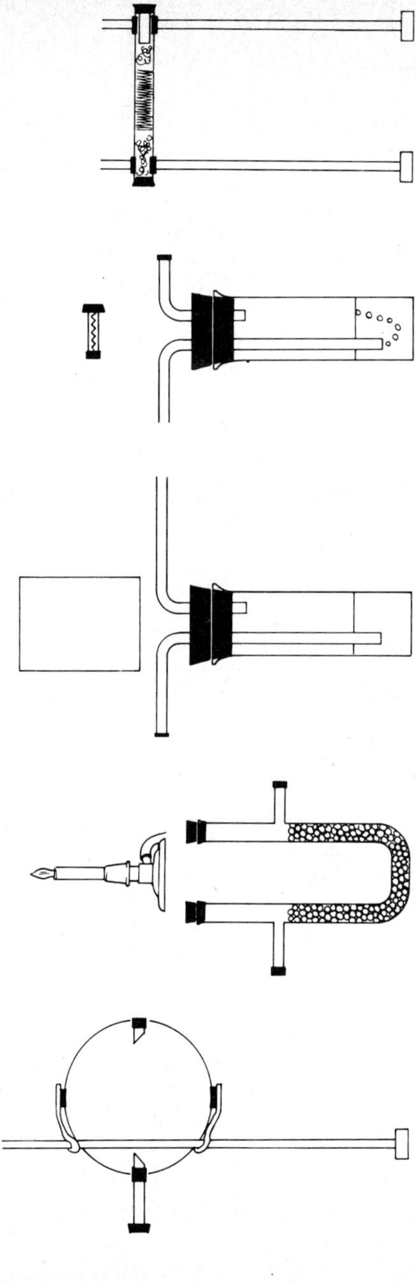

Abb. 3: Einzelne Geräte für eine Experimentieranlage

Darstellung von Salpetersäure durch katalytische Oxidation von NH_3 (= Modellversuch zum *OSTWALD*-Verfahren)

Unfallgefahren und Schutzmaßnahmen

V_1, V_2, V_3: Es entsteht das giftige Stickstoffdioxid NO_2.
Bei V_1 wird zur Beseitigung keine besondere Maßnahme getroffen; die Hauptmenge des Gases reagiert mit Wasser unter Säurebildung. Die Konzentration des überschüssigen Gases kann durch V_N überwacht werden.
Bei V_2 und V_3 wird NO_2 mit Hilfe der Wasserstrahlpumpe zunächst durch Waschflaschen mit H_2O, bei V_3 zusätzlich durch eine mit NaOH geleitet. Bisher weder chemisch noch physikalisch gebundenes Gas gelangt über fließendes Wasser in das Auffangbekken für Chemikalien (Neutralisationsgrube).
V_2: Der Dreifuß unter dem Destillierkolben wird in eine Eisenschale mit Sand gestellt; sollte während der Reaktion der Kolben springen, entsteht beim Ausfließen der sehr aggressiven H_2SO_4 kein Schaden. Auch direkt im Sandbad erhitzen ist möglich (Anschaulichkeit!). Kieselgur für evtl. H_2SO_4-Spritzer bereithalten. Keine Kork- und Gummistopfen verwenden!
V_3: NH_3/O_2-Gemenge bestimmter Mischungen können mehr oder weniger heftig verpuffen. Sicherung durch [3]
a) nicht zu große Gefäße; b) richtige Beschickung des Reaktionsrohres; c) Stahlwollsicherung; evtl. d) Schutzscheibe.

Grundsätzlich hat der Lehrer, aber auch der Schüler, der Versuche stellvertretend beobachtet, beim Umgang mit gefährlichen Stoffen (V_2, V_3) eine Schutzbrille zu tragen.

Nur durch konsequentes Aufzeigen der Unfallgefahren und Begegnung mit Unfallschutzmaßnahmen kann der Schüler zu verantwortungsbewußtem Handeln erzogen werden!

5.2 Overheadfolien und Arbeitsblätter

Aus der besonderen „Optik der letzten Bänke“ im Chemiefachraum der Schule ergibt sich die Forderung, daß die verwendeten Experimentalaufbauten Inhalt von Arbeitsblättern bzw. Folien sind. Neben dem Vorteil des Zeitgewinns können diese optischen Mittler noch folgende Aufgaben erfüllen:

- einzelne Lernziele werden auf den Arbeitsblättern festgehalten, wobei die Kontrollfunktion des im Inhalt entsprechenden, jedoch ergänzten Folienprojektionsbildes fehlerhafte Eintragungen ausschließt.
- eine Folie mit dem Inhalt einer Graphik über Produktionsziffern von Salpetersäure im Verlauf der letzten 50 Jahre kann zum notwendigen Zeitpunkt für alle Schüler gleichzeitig gut sichtbar projiziert werden und damit für den weiteren Unterrichtsverlauf wichtige Informationen vermitteln.
- die Schüler erhalten nach der Erarbeitung der stofflichen Veränderungen beim großtechnischen Verfahren der Salpetersäuregewinnung Teilstücke eines Arbeitsblattes (Abb. 3) mit Abbildungen der einzelnen Geräte der Apparatur; diese sollen durch sinnvolle Anordnung zur fertigen Experimentieranlage zusammengefügt werden. Ein Schüler führt etwas später diesselbe Aufgabe zur Kontrolle mit Folienstücken (OH 3) am Overheadprojektor durch. Die Einzelteile der Arbeitsblätter werden durchnumeriert und zu Hause ins Heft eingeklebt.

Dieses Experiment soll das Eindenken in die Apparatur und damit besseres Verständnis für den Modellversuch ermöglichen.

Im Zusammenhang mit der Folgestunde über technische Details des großtechnischen Verfahrens gewinnt diese Arbeit besondere Bedeutung.

Es kann der Weg vom Experiment (erlebt im Schulversuch, festgehalten durch A 2) über ein weiteres Arbeitsblatt mit entsprechender Folie von der großtechnischen Anlage in schematischer Form zur wirklichen Abbildung im Buch beschritten werden und so zu einem aufbauenden, chemischen Verständnis führen. Dieser Weg stellt eine Möglichkeit dar, die Theorie der Schule in die Praxis der Technologie zu übertragen.

Inhalte der einzelnen Folien bzw. Arbeitsblätter

OH 1 = A 1 Gegenüberstellung der historischen Apparatur und der entsprechenden Experimentieranordnung mit modernen Laborgeräten;

OH 2 Graphik über Produktionsziffern von Salpetersäure im Verlauf der letzten 50 Jahre in der BRD;
OH 3 = A 2 Apparatur für den Modellversuch zum Ostwald-Verfahren.

5.3 Tafel

Grundsätzlich ist mit den Schülern die Vereinbarung getroffen, daß wenigstens als Hefteintrag das Tafelbild (Abb. 4) übernommen wird. Aus diesem Grunde sollten in dieser Jahrgangsstufe und gemäß dem bisher im Unterricht erreichten Fachverständnis, das Thema der Unterrichtsstunde, Begriffe und Beobachtungen, die aus dem Unterrichtsgeschehen erwachsen, Reaktionsgleichungen und evtl. Strukturbetrachtungen als „Unterrichtsgerippe" stets festgehalten werden. Darüber hinaus ist der Schüler angehalten, Versuchsanordnungen zu skizzieren (erübrigt sich in dieser Stunde wegen Einsatz von Arbeitsblättern) und zum Verständnis beitragende, am Rande stehende Bemerkungen zu notieren.

Abb. 4: Tafelbild (mit Genese) ▷

TA 8 | **Darstellung von Salpetersäure**

TA 1 | Versuch: Stickstoffdioxid wird in Wasser geleitet

TA 2 | Säurenachweis positiv

TA 3 | $NO_2 + H_2O \dashrightarrow H_2NO_3$

TA 4 | Strukturüberlegung:

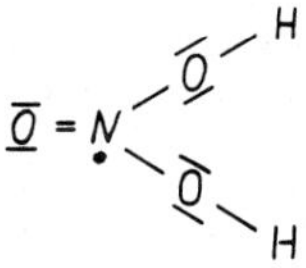

nicht möglich

TA 5

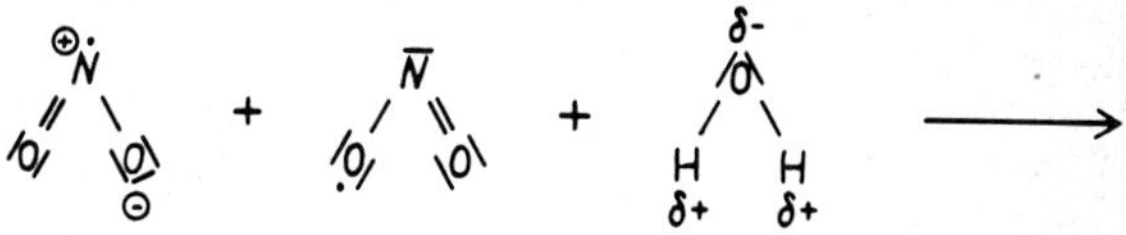

TA 6

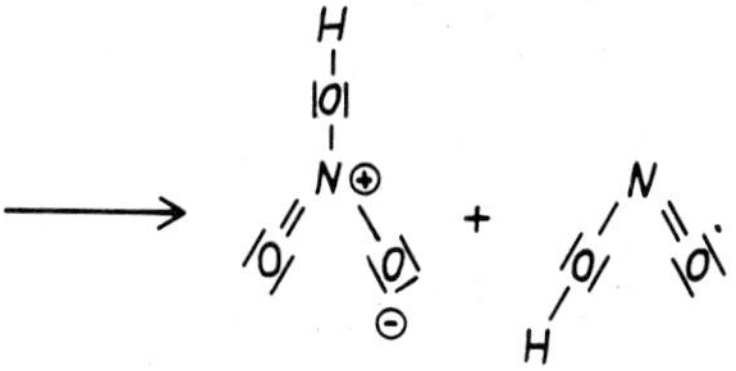

TA 7 | $2NO_2 + H_2O$ ——— HNO_3 + HNO_2

Salpetersäure — Salpetrige Säure

(unbeständig, geht in Salpetersäure über)

6 Verlaufsplan der Unterrichtsstunde

Verwendete Abkürzungen:

A -Antwort(en)
EX-Experiment
F -Frage(n)
HE-Hefteintrag
LG-Lehrgespräch
LZ -Lernziel
LZK-Lernzielkontrolle
LV -Lehrvortrag
OH -Overheadfolie
TA -Tafelanschrift

Unterrichtsinhalte	erwartetes Schülerverhalten	geplantes Lehrerverhalten	Methode(n) und Medien	Funktion im Lernprozeß	Lernziele
Wiederholung der Entstehung und physiologischen Bedeutung der nitrosen Gase (NO, NO_2)	A	F	Befragung („Durchkämmen")	LZK als Basis für Rückbezüge	LZ I.5
Hinführung zum Thema über die Frage: „Wie könnte man die giftigen, nitrosen Gase aus der Atmosphäre entfernen?" (da NO in der Atmosphäre in NO_2 übergeht, ist es nur notwendig, die Beseitigung von NO_2 zu betrachten				Einstieg-Motivation-Problem 1	
	A: physikalisch: Absorption; chemisch: durch Säurebildung (aus	evtl. Hinweis auf Vorgänge in der Natur	LG		

	Nichtmetalloxid u. Wasser)				
Versuch V 1: α) Einleiten von NO_2 in Wasser	Beobachtung		EX-V 1, TA1-HE, LG	Zur Lösung führen	LZ I.2
Versuch V_N: Beobachtung von Nitritteststäbchen (wird gleichzeitig mit V 1 α angesetzt und läuft über die Stunde)	Beobachtung durch einzelne Schüler und Mitteilung von Veränderungen	Hinweise zur Versuchsdurchführung	EX-V_N LV	Erwartungshaltung erhöhen – Sachbegegnung	LZ V.2
Versuch V 1: β) Nachweis der gebildeten sauren Lösung	Beobachtung, Deutung		EX-V 1, TA2-HE, LG	Zur Lösung führen	LZ I.2
	Formulierung der Reaktionsgleichung aus V1 mit Summenformeln		TA3-HE		LZ I.4
	Aufstellen der Strukturformel für $(H_2NO_3)^-$		TA4-HE, LG		LZ I.4
Diskussion über die möglichen Reaktionsprodukte aus V1-Strukturbetrachtung und möglicher Reaktionsmechanismus	Erkennen der Schwierigkeiten	Fragen, Denkanstöße,		Problem 2	
	Aufstellen der Strukturformel von H_2O sowie der mesomeren Grenzstrukturen von NO_2	Hilfen	TA5-HE, LG	Zur Lösung führen	LZ I.3

	Aufstellen der Strukturformeln der entstandenen Säuren	Hilfen	TA6-HE LG		LZ I.7
Ergebnis der Diskussion		Mitteilung: es sind Salpetersäure (HNO_3) und Salpetrige Säure (HNO_2) entstanden;	LV	Information geben	
		Formulierung der richtigen Reaktionsgleichung aus V1 mit Summenformeln	TA7-HE		
Information über das älteste Darstellungsverfahren für HNO_3	Staunen, Interesse – Einblick in die „Chemie des Mittelalters"	Vortrag eines Zitates aus einem Experimentierbuch des späten Mittelalters	LV	Information geben, Erwartungshaltung aufbauen	LZ II.1
Demonstration und vergleichende Betrachtung der historischen Apparatur und einer entsprechenden Versuchsanordnung mit modernen Laborgeräten (zur HNO_3-Darstellung)	A, F	F, A	LG	Information geben, Vertiefen	LZ III.1

	Ergänzen der Skizzen in A_1		A_1 (Arbblatt)– OH 1	LZK	
Versuch V 2 a) Auftropfen von cc. H_2SO_4 auf KNO_3	Schilderung der Versuchsbeobachtungen durch einen Schüler	Hinweise zur Versuchsdurchführung	EX-V2, OH 1	Information vertiefen	LZ V.1
b) Nachweis der entstandenen (Salpeter)-Säure	Beobachtung, Deutung				LZ I.2
	Formulierung der Reaktionsgleichung aus V2		Ergänzen von A 1/OH 1		LZ I.4
Formulierung des Themas der Unterrichtseinheit		Tafelanschrift	TA8-HE, LV		
Einblick in Wechselbeziehungen zwischen Chemie und anderen Bereichen, hier v. a. Politik und in Bedeutung chemischer Substanzen (Salpeter)		Information über Salpeterkrieg 1879 Chile gegen Peru/Bolivien	LV	Information geben	LZ II.3
Projektion von OH 2: Graphik über Produktionsziffern von HNO_3 in der BRD im Verlauf der letzten 50 Jahre	Interpretation		OH 2, LG	Information geben, Erwartungshaltung aufbauen	LZ I.6

Einblick in die überragende Bedeutung der HNO_3	Interesse	Einzelne Informationen über Bedeutungen der HNO_3	LG/LV	Motivation	LZ II.2
Diskussion der Problematik großtechnischer Syntheseaufgaben allgemein – speziell am Beispiel der HNO_3	A, F	F, A	LG	Information geben Problem 3	LZ IV.1
	Erarbeiten der Voraussetzungen und Bedingungen für das Ostwaldverfahren	Denkanstöße, Hilfen	LG/LV	Zur Lösung führen	LZ IV.2 LZ IV.3
Planung eines Modellversuchs zum Ostwaldverfahren (kann auch als Hausaufgabe gestellt werden, falls die Zeit nicht mehr ausreichen sollte. Verbesserung und Demonstration des Modellversuchs würden in der nächsten Stunde erfolgen.)	Erarbeiten einer sinnvollen, funktionstüchtigen und den Sicherheitsvorschriften entsprechenden Apparatur durch ein „Puzzle" aus Einzelteilen der Experimentieranordnung		Teile von A2, OH 3	Problem 4	LZ I.1 LZ III.2
Versuch V 3: Modellversuch zum	Beobachtung		EX-V_3	Zur Lösung führen	

Ostwald-verfahren					
Hausaufgabe:	Wiedergabe der verschiedenen Möglichkeiten der Salpetersäurebildung. Aufstellen der Reaktionsgleichungen der Einzelreaktionen des Ostwald-Verfahrens			LZK (Bereich Wissen, Reorganisation; „Problemlösendes Denken" im weitesten Sinne)	

Kommentar

Bei der vorliegenden Unterrichtsvorbereitung geht der Chemielehrer von den soziokulturellen Bedingungen aus, die er in den einzelnen Klassen antrifft. Das bringt eine enorme Belastung für ihn als Fachlehrer insbesondere zu Schuljahresbeginn mit sich. Aber es ist zweifellos pädagogisch relevant, zunächst an den Schüler und dann an den Stoff zu denken. Die Rückwirkungen auf die Stoffauswahl und die Stoffaufbereitung bleiben nicht aus. Erinnert sei an die Bedeutung von Klassenkonferenzen, in deren Verlauf unter anderem wichtige Informationen über Schüler weitergegeben, methodisch-didaktische Probleme diskutiert, erzieherische Maßnahmen abgestimmt, organisatorische Schwierigkeiten gelöst und kollegiale Kooperationsversuche durchgeführt werden können.

Die didaktische Analyse hat auch im Chemieunterricht ihre Berechtigung. Wenngleich sie in den meisten Fällen nur vorentschiedene Lehrangebote im nachhinein begründet, so ist damit nicht gesagt, sie sei überflüssig. Indem sie die Möglichkeit bietet, Fragen in ihren Katalog aufzunehmen, die auf die besorgniserregenden Erscheinungen in der gegenwärtigen Schule angesetzt sind (Entpersönlichung des Lehrer-Schüler– Verhältnisses, Schwächung sozialer Beziehungen, Dominanz des Intellekts, gesundheitliche Belastungen der Schüler usw.), kann sie in der Hand eines verantwortungsbewußten Lehrers Fehlentwicklungen in der konkreten Klasse oder bei bestimmten Kindern korrigieren helfen.

Die notwendig große Zahl von Experimenten fordert und fördert das soziale Verhalten der Schüler, wenn diese in Gruppenversuchen für die Sicherheit aller verantwortlich sind. Experimente gliedern aber auch den Aufbau vieler Stunden und tragen nicht wesentlich zur Gefahr der Entstehung von Stundentypen bei. Die verschiedenen Funktionen eines Experimentes (Lösung, Bestätigung einer

Annahme, Einprägung) – im konkreten Fall durch die didaktische Analyse auffindbar – bieten jedoch eine Abwechslung im Stundenaufbau an. Bedingt durch die Dominanz von Versuchen kommt es im Chemieunterricht – wie die Unterrichtsstunde belegt – aus fachlicher Notwendigkeit auf eine exakte Arbeitsweise der Schüler an. Die bedenklichen Auswirkungen der antiautoritären Welle im Bereich der formalen Bildung lassen ein vernünftiges, pädagogisch vertretbares Maß an formalen Qualifikationen der Schüler erstrebenswert erscheinen. Die formal bildende Komponente des Chemieunterrichts sollte aus pädagogischen Motiven mehr betont werden.

Die Erfassung von Welt findet im Chemieunterricht vorwiegend lehrgangsbezogen statt. Wird der systematische Zusammenhang im Fach Chemie von den Schülern nicht gesehen, dann ist das gesamte Lehr- und Lerngebäude „Chemie" in seiner schulischen Effizienz wesentlich beeinträchtigt, um nicht zu sagen gefährdet. Zu bedenken ist, daß jedes Schulfach einen spezifischen system-immanenten Ansatz enthält, der es von anderen Schulfächern unterscheidet. Konkret heißt dies: Am Gymnasium ist im historischen Prozeß eine willkürliche Fächerkombination entstanden. Jedes Fach hat seine fachspezifische Fragestellung, gegebenenfalls auch seine Systematik und grenzt sich aus welchen Gründen auch immer von anderen ab. Gleichwohl versuchen sie alle ihren Beitrag an der Daseinserhellung zu liefern. Schulorganisation und Schulaufbau, Lehrinhalte und Anforderungen, fachspezifisches statt fächerübergreifendes Denken usw. erschweren es den jungen Menschen, die Bemühungen der Fächer in ihrer Gesamtheit zu erkennen. Schärfer gefaßt läßt sich sagen: Es ist den Schülern nahezu unmöglich, die Lehrziele in den Schulfächern als einen gemeinsamen Beitrag zur Erschließung der Welt zu interpretieren. Die Chemiestunde gibt ein positives Beispiel dafür ab, daß der Blick über den begrenzten Stoffbereich hinaus möglich ist.

Hrsg.

III. Anhang

Hans-Karl Beckmann/Karlheinz Biller

Literaturbericht zum Thema Unterrichtsvorbereitung

Anzahl und Auflagenhöhe der Veröffentlichungen, die sich ausschließlich mit dem Thema Unterrichtsvorbereitung befassen, zeigen die Bedürfnisse der Praxis. Neben dieser Literatur („Aus der Praxis – für die Praxis") gibt es übergreifende Veröffentlichungen, in denen die Frage der Unterrichtsvorbereitung mehr oder weniger ausführlich behandelt wird. Der Lehrer sollte auf keinen Fall auf das Hintergrundwissen verzichten, da erst damit die nötige sachgerechte Souveränität gegenüber Modellen zur Unterrichtsvorbereitung gewonnen wird.

Literatur zur Allgemeinen Didaktik

Herwig Blankertz, Theorien und Modelle der Didaktik. Juventa-Verlag, München, 9. Aufl. 1975, 213 Seiten.

1. Kap. Bildungstheoretische Modelle
2. Kap. Informationstheoretische Modelle
3. Kap. Lerntheoretische Modelle
4. Kap. Die Lehrplantheorie der geisteswiss.-bildungsth. Didaktik
5. Kap. Taxonomie von Lernzielen
6. Kap. Theorie der Curriculum-Reform
7. Kap. Ein Beispiel aus dem Fach Arbeitslehre

Ein Sachkenner der Probleme der Didaktik stellt die einzelnen Positionen aus der Sicht der kritischen Erziehungswissenschaft dar. Das nicht leicht lesbare Buch gibt einen guten Überblick, wobei der Standort des Verfassers mit reflektiert werden muß. Die Frage der Unterrichtsvorbereitung wird nicht angesprochen.

Günther Dohmen/Friedemann Maurer (Hrsg.), Unterricht – Aufbau und Kritik. Neuausgabe Piper-Verlag, München, 6. neubearb. und erw. Auflage 1976, 314 Seiten

I. Der erziehungswissenschaftliche Zusammenhang

II. Vorbereitung und Planung des Unterrichts
III. Aspekte und Elemente des Unterrichts
IV. Bedingungen, Störungen und Wirkungen des Unterrichts

Der Band ist als Einführung in Probleme des Unterrichts sehr gut geeignet. Er ist ein Sammelband einer großen Anzahl von Texten namhafter Autoren, die sich zu Grundsatzfragen ebenso äußern wie zu Problemen der Unterrichtsvorbereitung. Die bekannten Beiträge von *H. Roth, W. Klafki* und *W. Schulz* sind ebenso abgedruckt wie neueste Veröffentlichungen (z.B.: *W. Klafki*, Zum Verhältnis von Didaktik und Methodik).

Erich E. Geißler, Analyse des Unterrichts. Verlag Ferdinand Kamp, Bochum, 3. Aufl. 1976, 323 Seiten
1. Kap. Analyse des pädagogischen Feldes
2. Kap. Pädagogische Aspekte des Lernprozesses
3. Kap. Unterrichtssituationen

Dieser Band gehört zu den Standardwerken über Probleme des Schulunterrichts. Wünschenswert wäre, daß der Verfasser auch den größeren Rahmen einer Theorie der Schule berücksichtigen würde. – Auf 15 Seiten wird auf die Unterrichtsvorbereitung eingegangen. Gedankenschritte: Sachlogischer Ort der Vorbereitung, allgemein-pädagogische Vorbereitung: Orientierung über die sozialpsychologische Situation, entwicklungspsychologische Daten, didaktische Vorbereitung, methodische Vorbereitung. Nachbereitung.

Hartmut Hacker, Dieter Poschardt (Hrsg.), Zur Frage der Lernplanung und Unterrichtsgestaltung. Auswahl, Reihe B, Bd. 89, Schroedel-Verlag, Hannover 1977, 174 S.
1. Die Planbarkeit des Unterrichts (H. Glöckel)
2. Unterrichtsplanung und Lernpsychologie (D. Poschardt)
3. Grundsätze in der Unterrichtsplanung (K. Breslauer)
4. Die Erziehungsdimension der Unterrichtsplanung (H. Hacker)

Die vier Beiträge ergeben die Umrisse eine Theorie des Unterrichts unter der Zielsetzung einer kindgemäßen Schule. Man wird den Band mit großem Gewinn lesen und zwischen Planung und Grenzen der Planbarkeit praktische Hilfen zur Gestaltung von Unterricht entdecken. Differenziert und aspektreich werden die Aufgaben von Erziehung und Unterricht entfaltet und die Freiräume pädagogischen Handelns gezeigt.

Paul Heimann, Didaktik als Unterrichtswissenschaft. Hrsg.: *K. Reich* und *H. Thomas,* Klett-Verlag, Stuttgart 1976, 244 Seiten

I. Teil: Didaktische Arbeiten

II. Teil: Arbeiten zur Lehrerbildung und Schulreform

III. Teil: Medienpädagogik

Es ist sehr verdienstvoll, daß die wichtigsten Arbeiten *Paul Heimanns,* des Begründers der „Berliner Didaktik“, nun in einem Sammelband zugänglich sind. Im Vorwort heißt es: „Heimann als Didaktiker kann nicht differenziert genug verstanden werden, wenn Heimann als Schul- und Hochschulreformer, vergleichender Erziehungswissenschaftler und Medienpädagoge unbeachtet bleibt“. Von besonderer Bedeutung in unserem Zusammenhang sind: Pädagogische Theorie und „Praktikum“, Didaktische Grundbegriffe, Didaktik als Theorie und Lehre.

Wolfgang Klafki, Studien zur Bildungstheorie und Didaktik, Verlag Beltz, Weinheim, 37.–40. Tsd. 1975, 153 Seiten

1. Bildung und Erziehung im Spannungsfeld von Vergangenheit, Gegenwart und Zukunft
2. Kategoriale Bildung
3. Engagement und Reflexion im Bildungsprozeß
4. Das Problem der Didaktik
5. Didaktische Analyse als Kern der Unterrichtsvorbereitung.

Wer die „Didaktische Analyse“ im größeren Begründungszusammenhang verstehen will, darf an diesem Band nicht vorbeigehen. Die 55 Seiten über „Das Problem der Didaktik“ sind auch heute noch eine fundierte, aspektreiche Einführung in den Problemzusammenhang. – Der Verfasser vertritt heute eine „Kritisch-konstruktive Didaktik“; deshalb muß derjenige, der die didaktische Position *W. Klafkis* heute kennenlernen will, wenigstens von den beiden Beiträgen Kenntnis nehmen: „Zur Entwicklung einer kritisch-konstruktiven Didaktik“ (Dtsch. Schule, 12/77) und „Zum Verhältnis von Didaktik und Methodik“ (ZfP 1976).

Wolfgang Klafki/Georg M. Rückriem u.a., Erziehungswissenschaft. Funk-Kolleg, 3 Bände, Fischer-Bücherei, Frankfurt 1970 u.ö., jeder Band ca. 300 Seiten

Da das Thema „Schule und Unterricht“ weithin zur Konkretisie-

rung der einzelnen Themen genommen wurde, erhält der Lehrer gute Kenntnisse über das Lehrgefüge. Hervorzuheben sind:
Bd. 1: Das pädagogische Verhältnis, Theorie und Analyse der Schule, Unterrichten und Beurteilen als Beruf.
Bd. 2: Normen und Ziele, Inhalte des Lernens und Lehrens, Methoden des Unterrichts.
Bd. 3: Anthropologische und psychologische Voraussetzunger Verhältnis von Theorie und Praxis, Unterrichtsvorbereitung.

Kersten Reich, Theorien der Allgemeinen Didaktik. Klett-Verlag, Stuttgart 1977, 482 Seiten.
I. Teil: Die theoretischen und praktischen Hauptausgangspunkte der Entwicklung der deutschen Didaktik seit 1945
II. Teil: Die Didaktik zwischen Neubegründungsversuchen, Relativierungen und auflösender Kritik in der Bundesrepublik seit Ende der 60er Jahre
III. Teil: Die Entwicklung der Allgemeinen Didaktik als Forschungsaufgabe.

Der Untertitel zeigt die Absicht des Verfassers: Zu den Grundlinien didaktischer Wissenschaftsentwicklung in der Bundesrepublik Deutschland und in der Deutschen Demokratischen Republik. Unter den Abschnitten „Zur Praktikabilität des Ansatzes" werden vom Standort einer kritischen Erziehungswissenschaft jeweils auch Fragen der Unterrichtsvorbereitung angesprochen. Aspektreich und informativ, insbesondere deshalb, weil auch die Entwicklungen in der DDR gezeigt werden; anspruchsvoll und positionsbezogen.

Horst Ruprecht/Hans-Karl Beckmann/Felix von Cube/Wolfgang Schulz, Modelle grundlegender didaktischer Theorien. Schroedel-Verlag, Hannover, 3. Auflage 1976, 200 Seiten.
Die zweite Auflage wurde überarbeitet und erweitert, so daß auch mit der durchgesehenen 3. Aufl. eine aktuelle Information vorliegt. Nach dem einführenden Kapitel über die verschiedenen Konzeptionen und Ansätze der Allgemeinen Didaktik kommen drei Vertreter bekannter didaktischer Richtungen zu Wort. Während etwa bei *Blankertz* und *Reich* die Richtungen von einem Standort gewertet werden, wird hier das Urteil dem Leser überlassen, der die Argumente der einzelnen Richtungen durchdenken

kann. Das Thema Unterrichtsvorbereitung wird von einigen Autoren aufgegriffen; ein Modell wird vorgestellt und interpretiert.

Zu beachten wären noch folgende Veröffentlichungen:

Franz Huber, Allgemeine Unterrichtslehre. Verlag Julius Klinkhardt, Bad Heilbrunn, 11. Aufl. 1972, 230 Seiten.
Ferdinand Kopp, Didaktik in Leitgedanken. Verlag Auer, Donauwörth, 5. neubearb. Auflage 1974, 320 Seiten.
Karl Stöcker, Neuzeitliche Unterrichtsgestaltung, Verlag Ehrenwirth, München, 16. Aufl. 1975, 367 Seiten.

Erziehungsaufgaben in der Schule

Otto Friedrich Bollnow, Die pädagogische Atmosphäre. Untersuchungen über die gefühlsmäßigen zwischenmenschlichen Voraussetzungen der Erziehung. Heidelberg: Quelle & Meyer 1964. (Anthropologie und Erziehung. Band 12.) 111 Seiten.
Erster Teil: Die Perspektive des Kindes
Zweiter Teil: Die Perspektive des Erziehers
Dritter Teil: Feiern und Feste in der Schule
Vierter Teil: Alfred Nitschke als Pädagoge.

Bollnow beschreibt anschaulich die gefühlsmäßigen Bedingungen und menschlichen Haltungen zwischen Erzieher und Kind, deren Gesamtheit die „pädagogische Atmosphäre“ ausmachen. Sie ist – auch heute noch – notwendig, damit Erziehung erfolgreich sein kann.

Paul Brunnhuber/Helmut Zöpfl, Erziehungsziele konkret. Erziehung zum kritischen Ja – ein Programm zur inneren Schulreform. Unter Mitarbeit von *Otto Meißner.* Donauwörth: Auer 1975. 184 Seiten.
Kapitel I: Grundgedanken einer „Erziehung zum kritischen Ja“
Kapitel II: Praktische Entfaltung der Leitidee „Erziehung zum kritischen Ja“
Kapitel III: Emanzipation und Mündigkeit als Leitziele?
Kapitel IV: Dokumentation: Programme allgemeiner Lern- bzw. Erziehungsziele.

Die Autoren legen einen „offenen“ Erziehungsentwurf vor, der Erziehung und Unterricht als ganzheitlichen Vorgang betrachtet, Positives über Ziele aussagen und in Praxis umsetzen möchte. – Besonders lesenswert ist die kritische Auseinandersetzung mit der Erziehungsidee „Emanzipation“ und ihren Interpretationen.

Erich Eduard Geißler, Erziehungsmittel. Bad Heilbrunn/Obb.: Klinkhardt, 5. Aufl. 1975, 333 Seiten.

1. Erziehungsziele und Erziehungsmittel – Erziehungsfeld
2. Grundlage der Erziehungsmittel
3. Bestätigungen und Ermutigungen
4. Erinnerung, Ermahnung, Tadel
5. Strafe (Disziplinarstrafe und Erziehungsstrafe)
6. Spiel (mit pädagogischer Funktion)
7. Arbeit (mit pädagogischer und heilpädagogischer Funktion)
8. Wetteifer, Konkurrenzverhalten und Kooperation.

Geißlers gründliche pädagogisch-anthropologischen Analysen oben genannter Erziehungsmittel sollen auch seinen Appell an Erziehende unterstreichen, zur Übernahme direkter pädagogischer Verantwortung bereit zu sein. Seine „theoriereflektierte Praxisanleitung“ kann auch wegen der zugrunde gelegten ausgewogenen Zielstellung von Erziehung empfohlen werden.

Hartmut von Hentig, Was ist eine humane Schule? München: Hanser 1976. (Reihe Hanser. Band 211.) 136 Seiten.

– Vier Generationen – vier Welten? (1975)
– Sozialpathologie der Schule. (1975)
– Eine Schule für heutige Menschen-Kinder (1976)

Im *ersten* Vortrag wendet sich *von Hentig* gegen jede Absolutsetzung einer der vier Lebensformen von Kindheit, Jugend, Erwachsensein und Alter. – Im *zweiten* Vortrag vertritt er zu Recht die Meinung, daß die Gesellschaft von Schule zu viel erwarte, was zu Ausfallserscheinungen auf vielen Gebieten, zur Pathologie der Schule geführt habe. – Im *dritten* Vortrag – und nur hierfür ist der Buchtitel gerechtfertigt – fordert *von Hentig,* daß zunächst die Lebens- und erst dann die Lernprobleme der Kinder gelöst werden müßten.

Heinz-Jürgen Ipfling (Hrsg.), Die emotionale Dimension in Unterricht und Erziehung. München: Ehrenwirth 1974. (Schulpädagogische Aspekte.) 132 Seiten.

Verdienstvoll machen die Autoren dieses Sammelbandes auf ein bedrückendes Defizit in der Schule aufmerksam: Die emotionale Seite. Die zwölf Beiträge dieses Buches lassen sich in drei Gruppen einteilen:

1. Die Erörterung des Zusammenhanges von Emotion und Lernen unter psychologischem Aspekt *(H. Walter; H. Schiefele).*
2. Die Darstellung der emotionalen Dimension in der Erziehung beginnt mit einer systematischen Grundlegung *(K. G. Pöppel).* Darauf folgen die Einzelaspekte Gruppenpädagogik *(M. Jochum),* pädagogische Liebe *(N. Kluge)* und pädagogischer Takt *(H.-J. Ipfling).*
3. Die emotionale Dimension im Unterricht wird mit einer systematischen Grundlegung *(G. Scholz)* eingeleitet. Dann folgt die Erörterung der Beziehung des Schullebens zur Erziehung *(K. G. Pöppel)* sowie drei Erfahrungsberichte aus der Schulpraxis *(H. Barlage; K. Patt-Wüst; U. Erdmann* und *U. Schreckenberger).*

Kurt Nitsch, Pädiatrie für Pädagogen und verwandte Berufe. Mit einer kurzen Krankheitslehre des Kindes. Berlin: Marhold 1976. 211 Seiten.

I. Teil: Soziale Pädiatrie

Allgemeine Sozialpädiatrie – Gesundheitsüberwachung – Vorbeugende Sozialpädiatrie – Schule und Arzt – Spezielle Frage der Sozialpädiatrie (z.B. Ernährung, Zahngesundheit, Schlaf, Freizeit- und Feriengestaltung)

II. Teil: Krankheiten des Kindes

Nitsch betont die bislang vernachlässigten Zusammenhänge zwischen körperlichen Symptomen, psychischen Reaktionen einerseits und der Entwicklung der Intelligenz und der Leistung des Schuldkindes andererseits. – Sympathisch ist die ganzheitliche Sicht des Menschen, wobei die Einheit von Körper und Seele, Nervensystem und prägende Einflüsse usw. hervorgehoben wird. Der weite Gesundheitsbegriff, der die körperliche, geistige und soziale (es fehlt psychische) Wohlbefindlichkeit umfaßt, ist pädagogisch bedeutsam.

Rolf Oerter/Erich Weber (Hrsg.), Der Aspekt des Emotionalen in Unterricht und Erziehung. Donauwörth: Auer 1975. 376 Seiten.
I. Grundlegung
II. Emotionales Verhalten in Erziehung und Unterricht
III. Curriculare Anregungen

Es gelingt den Herausgebern und Mitarbeitern, das Emotionale aus einem verschwommenen Vorverständnis herauszuheben, seine Rolle für schulische Erziehung und Sozialisation zu verdeutlichen und die Bedeutung für ein positives Lern- und Sozialklima zu erörtern.

Lothar F. Katzenberger (Hrsg.), Hygiene in der Schule. Medizinische, psychologische, pädagogische Aspekte. Ansbach: Prögel 1976. (Prögel-Bücher. Band 73.)

Aus den aspektreichen, von Medizinern, Psychologen und Pädagogen verfaßten sechzehn Beiträgen zum Thema Schulhygiene seien die berechtigten und begründeten Forderungen nach einer aktiven Pausengestaltung *(A. Bähr)*, nach dem kindangepaßten Schulgestühl *(K.-H. Berquet, G. Höfling)* und nach verstärkter Einbeziehung des gesundheitlichen Aspektes in pädogogisches Denken *(Th. Hellbrügge* und Mitarbeiter) besonders betont.

Das Buch will Fragen der Sozial-, Arbeits-, Unterrichts- und Schulhaushygiene sowie des „gesundheitsrelevanten menschlichen Verhaltens“ (S. 5. – Vorwort) erörtern.

Literatur zur Unterrichtsvorbereitung

Heinz Bach, Die Unterrichtsvorbereitung. Verlag Zickfeldt, 10. neubearb. Auflage, Hannover 1975, 155 Seiten.
1. Vorüberlegung
2. Die Jahresplanung
3. Die Vorbereitungsschritte
4. Die Nachbesinnung
5. Die Grenze der Unterrichtsvorbereitungen
6. Die Unterrichtsvorbereitung als Gegenstand wissenschaftlicher Theorie.

Das Buch vermittelt eine Fülle von Anregungen und behandelt das Thema in allen Einzelfragen. Der Verfasser bezieht öfter engagiert Position, mit der eine Auseinandersetzung lohnt. So könnte man besonders über den 6. Abschnitt streiten, weniger wegen der Aussagen, als wegen der Darstellung des gestellten Themas.

Günther Borwowski/Hans Hielscher/Martin Schwab, Unterricht: Prinzipien und Modelle, Materialien für die Planungsarbeit des Lehrers. Verlag Quelle und Meyer, Heidelberg 1976, 192 Seiten.
1. Einführung in die Problematik
2. Prinzipien und Modelle
- Spiele und Lernen
- Soziales Lernen
- Entdeckendes Lernen
- Lernen an Materialien
- Lernen an Projekten
- Lernen in Lehrgängen
- Lernen nach dem Prinzip der ‚Passung'
3. Von der Notwendigkeit und über die Schwierigkeiten, Unterricht wirklich zu planen.

Das Verdienst liegt in dem kritischen und konstruktiven Plädoyer für die Anwendung methodischer Hilfen zur Gestaltung des Unterrichts. Lesenswert ist die Problematisierung der Planbarkeit des Unterrichts.

Berthold Caspar/Hans Glöckel/Rainer Rabenstein (Hrsg.), Die Vorbereitung des Unterrichts. Verlag Julius Klinkhardt, Bad Heilbrunn, Bd. 1: Mit Beispielen aus der Primarstufe, 2. Aufl. 1974, 156 Seiten. Bd. 2: Mit Beispielen aus der Sekundarstufe I, 1973. 207 Seiten.

Die beiden Bände wurden in Zusammenarbeit von Dozenten, Seminarleitern, Ausbildungslehrern und Studierenden entwickelt. Sie geben Anleitung für begründete Unterrichtsvorbereitungen und eine Fülle von Anregungen. Die Gefahr einer dogmatischen Handhabung besteht bei jeder praktischen Hilfe; man möchte der 2. Ausbildungsphase mehr didaktische Souveränität wünschen.

Herbert Chiout/Wilhelm Steffens, Unterrichtsvorbereitung und Unterrichtsbeurteilung. Verlag Diesterweg, 4. neubearb. und erw. Auflage 1978.

Der Band der beiden Autoren hat in den letzten Jahren ein gutes Echo gefunden, sowohl bei Praktikern und Theoretikern. Der

Band liegt nun völlig überarbeitet vor, eine große Zahl von Beispielen wurde ausgetauscht und durch Beiträge bekannter Autoren ersetzt. Die Gliederung des Bandes:

I. Unterrichtsvorbereitung
II. Die Praxis der Unterrichtsvorbereitung (Schema und 8 Beispiele)
III. Unterrichtsbeurteilung
IV. Die Praxis der Unterrichtsbeurteilung
V. Handapparat/Literatur.

Udo M. Datené, Strategie der Unterrichtsvorbereitung – Praxisorientierte Planung in Theorie und Beispiel. Pro Schule Verlag, Düsseldorf 1974, 192 Seiten.

Teil A: Das Entscheidungsfeld des Lehrers
Teil B: Unterrichtsgliederung und Unterrichtsplanung.

Die Anlage des Buches macht deutlich, daß sich der Verfasser um eine übergreifende Darstellung bemüht, wobei er bei den einzelnen Beispielen undogmatisch auf die bekannten Modelle der Unterrichtsvorbereitung rekurriert. Man kann den Verfasser zu diesem Band nur beglückwünschen: Es ist anregend geschrieben, gibt eine Fülle von Beispielen und Anregungen mit Phantasie und Kenntnis der Praxis. Ich habe daraus sehr viel gelernt. – Der Titel des Buches ist nicht glücklich gewählt; die Überschrift des Teiles A ist nicht korrekt: Anthropogene und sozio-kulturelle Bedingungsgefüge sind kein Entscheidungsfeld des Lehrers.

Horst Dichanz/Karin Mohrmann, Unterrichtsvorbereitung-Probleme, Beispiele, Vorbereitungshilfen. Klett-Verlag, Stuttgart 1976, 178 Seiten.

1. Die Unterrichtsvorbereitung als Arbeitsaufgabe des Lehrers
2. Schwerpunkte der Unterrichtsplanung
3. Formen der schriftlichen Unterrichtsvorbereitung
4. Unterrichtsplanung aus der Sicht des Schülers.

Die Zieldimension, Inhalts-, Methoden- und die Mediendimension werden ausführlich und informationsreich analysiert, problematisiert und konkretisiert. Die soziale Dimension wird neben der inhaltlichen und didaktisch-methodischen zu Recht betont. Die Verfasser weisen nach, daß sich die Freiheit der Schüler und die Planung des Unterrichts gegenseitig nicht ausschließen.

Theo Dietrich (Hrsg.), Unterrichtsbeispiele von Herbart bis zur Gegenwart. Verlag Julius Klinkhardt, Bad Heilbrunn, 4. erw. Aufl. 1973, 172 Seiten.

A. Unterrichtslektionen im Sinne des Herbartianismus
B. Arbeitsabläufe im Sinne der Arbeitssschule
C. Unterrichtsgestaltung im Sinne der Erlebnispädagogik
D. Unterrichtseinheiten im Sinne des Gesamtunterrichts
E. Bilder vom Gruppenunterricht und Projektplan
F. Arbeitsbeispiele nach dem Dalton-Plan
G. Programmierter Unterricht
H. Technischer Unterricht im Rahmen der Arbeitslehre.

Die Vielfalt der methodischen Beispiele geben viel Anregungen und machen Möglichkeiten und Grenzen der einzelnen Unterrichtsmethoden deutlich. Die Kenntnis historischer Ansätze und ihrer praktischen Ausprägungen würde vor mancher Torheit oder Überheblichkeit in der Gegenwart schützen. Der Band zeigt trefflich die Palette unterrichtsmethodischer Möglichkeiten.

Franz X. Eggersdorfer, Jugendbildung, Allgemeine Theorie des Schulunterrichts. Verlag J. Kösel und F. Pustet, München, 7. Auflage 1961, 459 Seiten.

Das 2. Kap. des 4. Abschnittes beschäftigt sich mit der Unterrichtseinheit, ihrer Vorbereitung und Bearbeitung durch Lehrer und Schüler:

I. Der Stoffverteilungsplan
II. Der Gelegenheitsunterricht
III. Die Vorbereitung des planmäßigen Unterrichts
IV. Die Vorarbeit der Schüler für den Unterricht
V. Die Zusammenarbeit von Lehrer und Schüler im Klassenunterricht
VI. Die Nacharbeit von Lehrer und Schüler.

Der Band ist im Verlag noch erhältlich! Die Darstellung ist so abgewogen, so differenziert und so hilfreich, daß man viele neuere Veröffentlichungen dann unbesehen lassen kann. *Eggersdorfer* weist Wege zu einer soliden Unterrichtsarbeit.

Paul Heimann/Gunter Otto/Wolfgang Schulz, Unterricht, Analyse und Planung, hrsg. von *Alfred Blumenthal* u. *Wilhelm Ostermann.* Auswahl, Reihe B, Band 1/2, Schroedel-Verlag, Hannover, 10. Aufl. 1969, 106 Seiten.

Teil I: Die Theorie: Unterricht, Analyse und Planung
Teil II: Die Entwürfe
Teil III: Das Didaktikum.

Die Position der „Berliner Didaktik“ wurde mit dem Beitrag von *Paul Heimann* aus dem Jahre 1962 bekannt. Der vorliegende Band greift die theoretischen Grundlagen wieder auf und bringt 10 Beispiele aus verschiedenen Unterrichtsfächern. Die Beispiele sind anregend, die Literaturhinweise informativ, ein Vergleich zwischen der theoretischen Position und den Beispielen sinnvoll.

Wolfang Klafki/Wolfgang Kramp u. a., Didaktische Analyse, hrsg. von *Heinrich Roth* u. *Alfred Blumenthal.* Auswahl, Reihe A, Band 1, Schroedel-Verlag, Hannover, 10. Aufl. 1969, 105 Seiten
S. 5–34: *W. Klafki,* Didaktische Analyse als Kern der Unterrichtsvorbereitung
S. 35–67: *W. Kramp,* Hinweise zur Unterrichtsvorbereitung für Anfänger.

Diese Beiträge sind so bekannt und haben die Diskussion und die pädagogische Praxis in den letzten Jahrzehnten so beeinflußt, daß eigentlich der Hinweis auf die Veröffentlichung genügt. Die angeschnittene Problematik ist keineswegs vom Tisch; das Problematisierungsschemata *Klafkis* ist weiterhin brauchbar; die Fülle der Aspekte, die *Kramp* bringt, sind nach wie vor sehr hilfreich. – Allerdings muß man andere Veröffentlichungen beachten, wenn man den heutigen Standort der Verfasser kennenlernen will. So z. B. für *Klafki:* „Probleme einer Neukonzeption der didaktischen Analyse“, Düsseldorf 1977.

Ernst Meyer, Unterrichtsvorbereitung in Beispielen. Verlag Kamp Bochum, 17. Aufl. o. J., 127 Seiten.

Wie der Titel schon sagt, handelt es sich hier nicht um ein systematisches Werk zu Fragen der Unterrichtsvorbereitung, sondern es werden Fragen des Unterrichts aufgegriffen (z. B.: Wandel des Unterrichtsstils, Stand des Lernprozesses, Arrangement, Improvisation und Vermittlungshilfe, Medien, Selbstkontrolle des Lehrers) und praxisnah diskutiert. Beachtlich die klugen Zusätze in den Anmerkungen. Als Ergänzung ist der Band lohnend.

Heinrich Roth, Pädagogische Psychologie des Lehrens und Lernens. Schroedel-Verlag, Hannover, 15. Aufl. 1976, 300 Seiten.

Aus inhaltlichen und sprachlichen Gründen ist dieser Band weiterhin zu empfehlen. Für das Thema der Unterrichtsvorbereitung sind besonders folgende Kapitel zu nennen (bei denen aber der Kontext des gesamten Bandes beachtet werden muß):

VI. Die „originale Begegnung“ als methodisches Prinzip
VII. Die Kunst der rechten Vorbereitung
XI. Orientierendes und exemplarisches Lehren.

Bedeutsam ist der Hinweis, daß das „Verhältnis des Lehrers zu seinem Lehrgegenstand immer seinem eigenen Niveau entsprechen muß, nicht dem des Kindes“ (S. 120).

Franz Otto Schmaderer (Hrsg.), Lernplanung und Unterrichtsgestaltung auf der Grundlage pädagogischer und lernpsychologischer Erkenntnisse. Ehrenwirth-Verlag, München 1977, 137 Seiten.

In dieser Sammlung von 13 qualitativ unterschiedlichen Beiträgen werden wichtige Aspekte und Probleme der Unterrichtsgestaltung diskutiert. Hervorzuheben sind die Fragen nach der Planbarkeit des Unterrichts *(H. Oblinger)*, der Aufgabe, Funktion und Leistung der Didaktischen Analyse *(W. S. Nicklis)* und der historischen Betrachtung der Unterrichtsartikulation *(S. Oppolzer/A. Gmelch)*. Dem erzieherischen Aspekt der Unterrichtsvorbereitung wird ein eigener Beitrag gewidmet *(H. Zöpfl)*, wobei der Schwerpunkt in der Vermittlung von Sinnbeziehungen zur Weltorientierung liegt.

Anregende Veröffentlichungen zum „Schulehalten“

Neben den Veröffentlichungen zur Theorie des Unterrichts, zur Allgemeinen Didaktik und zur Unterrichtsvorbereitung gibt es noch eine Anzahl von Werken, die in mehr oder weniger systematischer Form ein Stück Wirklichkeit der Schule und des Unterrichts vermitteln. Diese Bücher sind so anregend, können so nachdenklich machen, daß sie rückhaltlos empfohlen werden, – auch wenn der eine oder andere Band nicht mehr im Buchhandel greifbar ist:

Rudolf Engelhardt, Unterrichten – wie macht man das? Neue Deutsche Schule, Essen 1961, 107 Seiten

Hand Windekilde Jannasch, Schulspiegel, Besinnungen im Alltag des Lehrers. Verlag Zickfeldt, Hannover 1954, 149 Seiten

Walter Kempowski, Immer so durchgemogelt, Erinnerungen an unsere Schulzeit. Fischer Taschenbuch Verlag, Frankfurt 1976, 253 Seiten

Job-Günter Klink, Klasse H7 E – Aufzeichnungen aus dem Schulalltag, Verlag Julius Klinkhardt, Bad Heilbrunn, 2. Aufl. 1975, 191 Seiten

Klaus Kunkel, „Die Schule schafft uns Mütter glatt" – Eine psychologische Situationsanalyse, Informedia-Verlags-GmbH., Köln 1975, 95 Seiten

Jakob Muth, Von acht bis eins – Situationen aus dem Schulalltag und ihre didaktische Dimension. Neue Deutsche Schule, Essen 1967, 134 Seiten.

Anmerkungen

Hans-Karl Beckmann
Unterrichtsvorbereitung aus der Sicht der Allgemeinen Didaktik

[1] Genauere Aussagen über das Verhältnis von Theorie und Praxis im weiteren und im engeren Sinne sind von *W. Klafki, G. M. Rückriem* und *H.-K. Beckmann* im Funkkolleg gemacht worden: *Wolfgang Klafki/Georg M. Rückriem u.a.,* Erziehungswissenschaft, Bd. 3. Fischer-Bücherei, Frankfurt 1971 u.ö., S. 175ff.

[2] Siehe z.B. *Leo Roth* (Hrsg.), Methoden erziehungswissenschaftlicher Forschung, Stuttgart 1978. – Vom Verf.: Die Wissenschaftlichkeit der Pädagogik, in: *Johannes Anderegg* (Hrsg.), Wissenschaft und Wirklichkeit, Göttingen 1977.

[3] *Paul Häberlein,* Allgemeine Pädagogik in Kürze. Frauenfeld 1953, S. 7.

[4] Schwerpunkte dieser Richtung zeigt *Dietrich Hoffmann,* in: *Josef Speck* (Hrsg.), Geschichte der Pädagogik des 20. Jh., Bd. III, Stuttgart 1978, S. 151–164.

[5] *Wolfgang Kramp,* Studien zur Theorie der Schule, München 1973, bes. S. 27–33.

[6] Vgl. vom *Verf.* (Hrsg.), Leistung in der Schule, Braunschweig 1978.

[7] Zur Erstinformation hilfreich: *Hans Tütken* (Hrsg.), Praxisnahe Entwicklung von Richtlinien und Curricula, in WPB, 27. Jg., Heft 10, Braunschweig 1975. – Umfassende Information in: *Karl Frey* (Hrsg.), Curriculum-Handbuch, 3 Bände, München 1975.

[8] In: *Horst Ruprecht/Hans-Karl Beckmann/Felix von Cube/Wolfgang Schulz,* Modelle grundlegender didaktischer Theorien. Hannover 3. Aufl. 1976, S. 24ff.

[9] Standardwerk ist nach wie vor: *Wolfgang Klafki,* Studien zur Bildungstheorie und Didaktik, 37.–40. Tsd., Weinheim 1975. – Eine aktuelle Darstellung liegt vor: Vom *Verf.:* Aspekte der geisteswissenschaftlichen Didaktik, Voraussetzungen – Positionen – Bleibendes, in: *H. Ruprecht u.a.,* Modelle grundlegender didaktischer Theorien, 3. Aufl., Hannover 1975, S. 73–127.

[10] *Paul Heimann,* Didaktik als Unterrichtswissenschaft, hrsg. von *K. Reich* und *H. Thomas,* Stuttgart 1976, bes. S. 142–167.

[11] *Wolfgang Klafki,* Zur Entwicklung einer kritisch-konstruktiven Didaktik, in: Die Deutsche Schule, 69. Jg., Hannover 1977, S. 703–715.

[12] *Wolfgang Klafki,* Zum Verhältnis von Didaktik und Methodik, in: *W. Klafki, G. Otto, W. Schulz,* Didaktik und Praxis, Weinheim 1977, S. 13–39.

[13] *Wolfgang Klafki,* Probleme einer Neukonzeption der didaktischen Analyse, Schriftenreihe des Pädagogischen Instituts der Landeshauptstadt Düsseldorf, Heft 34, Düsseldorf 1977.

[14] Zur weiterführenden Klärung: Vom Verf.: Didaktik und Methodik. In: *W. Spiel* (Hrsg.), Die Psychologie des 20. Jahrhunderts, Band XII: Konsequenzen für die Pädagogik. Zürich, München 1978.
[15] Zur Information: Vom *Verf.* (Hrsg.), Fachdidaktik – Beispiele, in WPB, 30. Jg., Heft 6, Braunschweig 1978.
[16] *Heinrich Roth*, Pädagogische Psychologie des Lehrens und Lernens. Hannover, 14. Aufl. 1973, S. 169ff.
[17] *Erich Weniger*, Ausgewählte Schriften zur geisteswissenschaftlichen Pädagogik, Weinheim 1975, S. 206.
[18] Dafür außerordentlich hilfreich: *Hilbert L. Meyer*, Trainingsprogramm zur Lernzielanalyse, Frankfurt 1970, 170 Seiten.
[19] *Werner S. Nicklis, Herbert Wehrmeyer*, Erziehungswissenschaftliche Forschungsmethoden, Bad Heilbrunn 1976, S. 44f.
[20] *Paul Heimann*, a.a.O., S. 160.
[21] Folgende Veröffentlichungen sind hilfreich: *Karl Aschersleben*, Einführung in die Unterrichtsmethodik. Stuttgart 1974. – *Karl Odenbach*, Studien zur Didaktik der Gegenwart, Braunschweig, 5. Aufl. 1974.
[22] Vgl. *Karl Odenbach*, Die Übung im Unterricht, Braunschweig, 4. Aufl. 1967.
[23] *Heinrich Roth*, Pädagogische Anthropologie, Bd. I, Hannover 1966, S. 73.

Karlheinz Biller
Unterrichtsvorbereitung und Erziehungsauftrag

[1] *Rainer Winkel*, Der gestörte Unterricht. Diagnostische und therapeutische Möglichkeiten. Bochum: Kamp 1976. (Kamps pädagogische Taschenbücher. Band 69. Praktische Pädagogik.)
[2] *Hilbert L. Meyer*, Trainingsprogramm zur Lernzielanalyse. Kronberg: Athenäum, 5. Aufl. 1976. (Athenäum Taschenbücher. Erziehungswissenschaft. Band 3101.), S. 60.
[3] *Michael Hoffmann*, „Kriminalität und Vandalismus in den Schulen der USA“. – In: Die Deutsche Schule. Hannover: Schroedel 68. Jg. 1976, H. 5, S. 318–330.
[4] *Franz Otto Schmaderer* (Hrsg.), Lernplanung und Unterrichtsgestaltung auf der Grundlage pädagogischer und lernpsychologischer Erkenntnisse. München: Ehrenwirth 1977. – Und: Ders.: „Das Musische in der Planung und Gestaltung des Unterrichts“. – Aus: a.a.O., S. 125–129.
[5] *M. Gebauer, U. Holefleisch, H. Merkens, M. Nießen, H. Seiler*, Theorie der Unterrichtsvorbereitung – eine handlungstheoretische Begründung. Stuttgart: Klett-Cotta 1977 (Klett-Cotta / Pädagogik. Theorie.)
[6] *Friedrich Otto Bollnow*, Die pädagogische Atmosphäre. Untersuchungen über die gefühlsmäßigen zwischenmenschlichen Voraussetzungen der Erziehung. Heidelberg: Quelle & Meyer 1964 (Anthropologie und Erziehung. Band 12.)

[7] Hier ist z. B. an den überlegten und verantwortungsbewußten Umgang mit den bekannten Erziehungsmitteln gedacht: Unterstützung/Gegenwirkung, Gewährenlassen/Zwang, Gebot/Verbot, Belohnung/Strafe u. a. m. Hier das rechte Maß zu finden, erfordert pädagogisches Gespür. Aber auch die Dauer und die Häufigkeit der Wiederholungen von Erziehungshandlungen sollten vorsorglich reflektiert werden.

[8] Es ist eine bekannte Tatsache, daß Kinder mit den Einrichtungsgegenständen des Klassenzimmers umgehen möchten, daß aber deren Funktionsweise entweder zu kompliziert oder zu störanfällig ist. – Zu den Möglichkeiten des Klassenraumes vgl. *Karl Gerhard Pöppel,* „Der Klassenraum unter pädagogischem Aspekt". – In: Westermanns Pädagogische Beiträge, 8/1977, S. 325–327.

[9] Vgl. hierzu: *Albrecht Bähr,* "‚Aktive Pause' – eine wirkliche, sinnvolle Erholung". – Aus: *Lothar F. Katzenberger* (Hrsg.), Hygiene in der Schule. Medizinische, psychologische, pädagogische Aspekte. Ansbach: Prögel 1976. (Prögel-Bücher Band 73), S. 61–70. – *Hans-Karl Beckmann* (Hrsg.), Schulleben. Braunschweig: Westermann 1977 (Westermanns Pädagogische Beiträge, Braunschweig, 29. Jg. 1977, H. 8. – *Peter Kraft,* Der Schulhof als Ort sozialen Verhaltens. Braunschweig: Westermann 1977. – *Rudolf Lassahn* (Hrsg.), Das Schulleben. Bad Heilbrunn/Obb.: Klinkhardt 1969. (Klinkhardts Pädagogische Quellentexte.) – *Werner Seidler,* „Zur Profilierung des Schullebens in der Freien Schule". – Aus: *Karl Gerhard Pöppel* (Hrsg.), Freie Schule als Beitrag zur Schulreform. Hildesheim: Olms 1977 (Hildesheimer Beiträge zu den Erziehungs- und Sozialwissenschaften. Band 3), S. 39–76. – *Karl Odenbach,* „Das Schulleben". – Aus: Ders.: Studien zur Didaktik der Gegenwart. Braunschweig: Westermann, 5. Aufl. 1974, (Grundthemen der pädagogischen Praxis) S. 15–36.

[10] Vgl. *Karlheinz Biller,* „Unterrichtseinheit ‚We make a table'", in WPB, 2/77, S. 62–70.

[11] Pädagogisches Taktieren wird im Sinne Herbarts gebraucht. Hier ist mit *Gerhard Müssener* der Begriff des pädagogischen Taktes verstanden als Beobachten und Beurteilen von Schülerverhalten, wodurch Lehren und Führen ermöglicht werden kann. – Vgl. *Gerhard Müssener,* „Begriff und Funktion des Pädagogischen Takts in Herbarts System der Pädagogik". – In: Z.f.Päd., 14. Beiheft 1977, S. 259–269; hier: S. 266f.

[12] Der Entspannung einer Situation dient es, wenn der Lehrer beispielsweise Humor, Güte, Nachsicht und Heiterkeit zeigt. Der Lehrer gibt sich jedoch der Lächerlichkeit preis, wenn er Prinzipien praktizieren möchte, die so gar nicht zu seiner Persönlichkeit passen.

[13] Auch hier kann den Schülern eine entscheidende Funktion übertragen werden: Ihnen vertraut der Lehrer, daß sie verantwortungsvoll ein Spiel, eine Feier oder ein Fest in eigener Regie durchführen. Er initiiert lediglich, und die Schüler nehmen die Anregung auf oder verändern sie.

[14] Der Lehrer kann sich zum Beispiel vornehmen, möglichst ruhig und überlegt zu bleiben, sollte sich tatsächlich der befürchtete Konflikt nicht vermeiden lassen.

Hans-Karl Beckmann/Karlheinz Biller
Modell zur Unterrichtsvorbereitung aus realistischer Sicht

[1] *Wolfgang Schulz,* „Unterricht – Analyse und Planung". – In: *Paul Heimann, Gunter Otto, Wolfgang Schulz,* Unterricht – Analyse und Planung. Auswahl Reihe B, Band 1/2, Hannover, 8. Aufl. 1976, S. 46.
[2] Vgl. *Heinrich Roth,* „Die Kunst der rechten Vorbereitung" (1950). – Aus: *Heinrich Roth,* Pädagogische Psychologie des Lehrens und Lernens. Hannover, 15. Aufl. 1976, S. 119–128, bes. S. 119f., und *Wolfgang Klafki,* „Didaktische Analyse als Kern der Unterrichtsvorbereitung" (1958). – Aus: *Wolfgang Klafki,* Studien zur Bildungstheorie und Didaktik. Weinheim 1975, S. 126–153, bes. S. 129, Anmerkung 4.
[3] *Heinrich Roth,* a.a.O., S. 120.
[4] *Theodor Litt,* Führen oder Wachsenlassen. Stuttgart: Klett reprint 1972, S. 53.
[5] Die folgenden Gesichtspunkte a–f sind bei *Wolfgang Kramp* dargestellt in, „Hinweise zur Unterrichtsvorbereitung für Anfänger. Aus: *Heinrich Roth, Alfred Blumenthal* (Hrsg.), Didaktische Analyse. Auswahl Reihe A, Band 1, Hannover, 11. Aufl. 1974, S. 39f., und in: Die Deutsche Schule, Hannover, 54. Jg. 1962, Heft 2, S. 78–103. – Im vorliegenden Modell werden sie leicht verändert übernommen und ergänzt.
[6] Die didaktische Analyse ist hier in Kurzform aufgeführt und zwar unter Anlehnung an die Fragen bei *Wolfgang Klafki,* „Didaktische Analyse als Kern der Unterrichtsvorbereitung". Aus: a.a.O., S. 126–153, und *Heinrich Roth, Alfred Blumenthal* (Hrsg.), Didaktische Analyse, a.a.O., S. 5–34. – Ergänzung: Punkte c, e.
[7] *Hans Hörmann,* Psychologie der Sprache. Berlin: Springer 1970, S. 228.
[8] Vgl. Deutscher Bildungsrat, Empfehlungen der Bildungskommission, Strukturplan für das Bildungswesen. Stuttgart: Klett 1970, S. 78–82; – vgl. *Hilbert L. Meyer,* Trainingsprogramm zur Lernzielanalyse. Kronberg: Athenäum, 5. Auflage 1976 (Athenäum Taschenbücher. Erziehungswissenschaft. Bd. 3101.), S. 84ff.
[9] Vgl. *Hilbert L. Meyer,* S. 60.
[10] Besonders anregend und übersichtlich dargestellt bei *Wolfgang Kramp,* „Hinweise zur Unterrichtsvorbereitung für Anfänger, a.a.O., S. 46–53.
[11] *Heinrich Roth,* Pädagogische Psychologie des Lehrens und Lernens, S. 222ff. – Vgl. hierzu auch: *Wolfang Klafki* u.a., Erziehungswissenschaft, Band 2, Weinheim 1975 (Funk-Kolleg Erziehungswissenschaft), S. 137–140. – *Hans-Karl Beckmann,* „Aspekte einer Theorie des Unterrichts". – Aus: Willmann-Institut (Hrsg.), Begabung und Lernerfolg in der Schule. Freiburg: Herder, 2. Aufl. 1973 (Herderbücherei. Pädagogik. Bd. 9002.), S. 11–33, bes. S. 21f.
[12] Vgl. hierzu auch *Bertold Casper, Hans Glöckel, Rainer Rabenstein* (Hrsg.), Die Vorbereitung des Unterrichts. Band 2. Sekundarstufe I. Bad Heilbrunn/Obb.: Klinkhardt 1973, S. 24.

Christa Heinemann
Einem Ausländer etwas verständlich machen (Deutsch – 4. Schuljahr)

[1] „*Sprache und Sprechen*", Lehrerband 4. Schroedel, Hannover/Darmstadt/Dortmund/Berlin 1973, S. 19.
[2] „*Sprache und Sprechen*", Lehrerband 4, a.a.O., S. 5.
[3] „*Sprache und Sprechen*", Schülerband 4, a.a.O., S. 13.
[4] „*Sprache und Sprechen*", Lehrerband 4, a.a.O., S. 19/20.
[5] „*Sprache und Sprechen*", Lehrerband 4, a.a.O., S. 20.
[6] Zur Funktion des Schreibens vgl. auch „*Sprache und Sprechen*", Lehrerband 2, a.a.O., S. 17.
[7] Zur Problematik und Funktion des Rollenspiels vgl. „*Sprache und Sprechen*", Lehrerband 2, a.a.O., S. 12ff.; Lehrerband 3, a.a.O., S. 14ff.; Lehrerband 4, a.a.O., S. 7ff.

Charlotte Seibel
Wie mißt man eine Länge, und was bedeutet „Messen"? (Mathematik – 5. Schuljahr)

[1] Bei der Ausarbeitung, Erprobung und Überarbeitung dieses Unterrichtsbeispiels beriet Prof. Dr. *Heinz Schwartze*, Seminar für Didaktik der Mathematik der Justus-Liebig-Universität Gießen.
[2] Vgl. *H. Griesel*, Die Neue Mathematik. Bd. 2, Hannover 1973.
[3] Vgl. *A. Kirsch*, Elementare Zahlen- und Größenbereiche, Göttingen 1970, S. 43.
[4] Vgl. *H. Griesel*, Die Neue Mathematik. Bd. 2, S. 21, Hannover 1973.
[5] Dem Unterricht liegen die Hessischen Rahmenrichtlinien Mathematik Sekundarstufe I i.d.F. vom 20. 7. 1976 zugrunde.

Gerhard Martin
Hat Gott wirklich geredet? (Religionsunterricht – 7. Schuljahr)

[1] Dieser Entwurf verarbeitet zwei frühere Versuche des Verfassers: „So hat Jahwe gesagt" in: *Apel, K. W.* (Hrsg.), Dialog mit der jungen Generation über Glauben und Leben, Band 3, Stuttgart 1971, S. 198ff.; und: „Amos – oder: Hat Gott wirklich geredet?" in: Planungshilfen für den evangelischen Religionsunterricht in den Schuljahren 5/6–7/8–9/10, 1. Tertial 1972/73, Sondernummer 1/1972 der Reihe „Aus der Praxis – für die Praxis", hrsg. vom Religionspädagogischen Institut der Evang. Landeskirche in Baden und dem Päd.-Theol. Zentrum der Evang. Landeskirche in Württemberg, S. 19ff.
Die fachwissenschaftlichen Informationen sind zwei Werken entnommen: *Hans Walter Wolff*, Die Stunde des Amos, Prophetie und Protest, Mün-

chen 1969. Dort ist der ganze Text des Amosbuches in einer für den Unterricht geeigneten Übersetzung abgedruckt, drucktechnisch unterschieden nach (wahrscheinlich) originalen Amosworten, nach Ergänzungen seiner Schüler und nach späteren Zusätzen. Das Buch ist leicht verständlich und zugleich spannend geschrieben und ist wissenschaftlich zuverlässig. 215 Seiten.
Vom selben Verfasser stammt: Der Prophet Amos, in: Biblischer Kommentar, Altes Testament, Neukirchen-Vluyn, 1967, Band XIV/2, Joel/Amos.
Weitere Veröffentlichungen, die zur Vorbereitung geeignet sind: *Heinz Grosch,* Der Prophet Amos, in: Handbücherei für den RU Nr. 6, Gütersloh, 1969, für Lehrer und Lehrerstudenten geschrieben, 88 Seiten. *Herbert Werner,* Amos, Exempla Biblica, Bd. IV, Göttingen, 1969, 203 Seiten. *Lieselotte Corbach,* Wir lesen Amos, Didaktische Grundlegung und Leseszene, Göttingen 1968, unterrichtlich erprobt und sehr zu empfehlen, 96 Seiten. *Hermann Koch,* Wenn der Löwe brüllt, Die Geschichte von Amos, dem Mann, der kein Prophet sein wollte, Stuttgart 1966, eine romanartige dramatische Erzählung von großer Anschaulichkeit und mit vielen Informationen über die Situation, mit Begriffserklärungen, Erläuterungen zu Personen und Skizzen (z.B. von Samaria), 342 Seiten.

[2] Vgl. *Herbert Schultze,* Richtlinien für den evangelischen Religionsunterricht an Grundschulen, Hauptschulen, Realschulen und Gymnasien in der Bundesrepublik Deutschland. Vollständige tabellarische Übersicht. Stand: 1. August 1969. Weinheim, Berlin, Basel 1970, Seiten 26, 31, 34, 36, 47, 52, 56, 67, 79, 91, 94, 99, 110, 115, 129, 131, 148, 154, 165, 168, 180, 184, 204, 216, 221.

[3] Der vorliegende Entwurf orientiert sich am Buch Amos als ganzem und nicht an einer bestimmten Lehrplan-Vorgabe.

[4] Dies gilt für die Botschaft des Amos in derselben Strenge wie für die Form der Parabel, über die sehr lesenswerte Ausführungen zu finden sind bei *Eta Linnemann,* Gleichnisse Jesu, Göttingen 1961, bes. S. 20ff. Vgl. auch S. 43: „wir lassen beiseite, was wir den Hörern Jesu voraushaben, weil wir sonst die Worte Jesu nicht wie sie vernehmen können."

[5] Aus Raumgründen ist nur eine knappe Zusammenfassung möglich. Ich empfehle die lesenswerten Ausführungen von *H. W. Wolff,* Der Prophet Amos, S. 121–129.

[6] Vgl. *Wolff,* Der Prophet Amos, S. 105–108.

[7] Beispiele aus dem Rechtsleben stellt *Wolff* sehr anschaulich in dem Bändchen „Die Stunde des Amos" (s.o. Anm. 1), S. 58ff. dar. Dieser Abschnitt könnte auch einem fähigen Schüler zur Lektüre aufgetragen werden.

[8] Diese Frage wird hier nicht weiter verfolgt; denn ihre Behandlung läßt sich nicht einfach in eine Unterrichtseinheit über Amos einbauen. Sie müßte systematisch angelegt werden und die Kirchengeschichte mit berücksichtigen.

[9] Diese Perspektive ist in dem Entwurf des Verfassers „So hat Jahwe gesagt" entfaltet (vgl. Anm. 1).

[10] *Schulz, Wolfgang,* Unterricht-Analyse und Planung. In: *Heimann, Paul/Otto, Gunter/Schulz, Wolfgang,* Unterricht-Analyse und Planung. Hannover-Berlin 1970.
[11] Vgl. auch Anlage 1, die als Medium in den Unterricht einzubringen ist.

Klaus Full
Die Darstellung von Salpetersäure (Chemie – 10. Schuljahr)

[1] Amtsblatt des Bayerischen Staatsministerium für Unterricht und Kultus, Nummer 17, vom 16. September 1964, S. 505 ff.
[2] Amtsblatt des Bayerischen Staatsministerium für Unterricht und Kultus, Teil I, Sondernummer 14, vom 4. Mai 1977, S. 477 ff.
[3] *Arendt-Dörmer,* Technik der Experimentalchemie. Quelle & Meyer, Heidelberg 1972, S. 201 f.; 209.
[4] *Braun/Krieger,* Anorganische Chemie. Bayerischer Schulbuchverlag. München 1974. S. 134.
[5] *Christen, Hans Rudolf,* Struktur, Stoff, Reaktion. Lehrerband. Diesterweg, Frankfurt.
[6] *Jann, C./Kornbichler, R.,* Der Schreibprojektor, seine allgemeine Bedeutung und seine Anwendung im Chemieunterricht. In: Chemie-Report Nr. 4, S. 19 ff. R. Oldenbourg Verlag, München.
[7] *Ludwig, Goetze, Glöckner,* Anorganische Chemie, Buchners Verlag Bamberg 1975, S. 123
[8] *Rampf, Heribert,* Folien im Chemieunterricht. CheD Band 2 Heft 7/8, 1976, S. 277.
[9] *Schröder, Sichelschmidt, Stiegler, Vestner,* Natur und Technik. Physik und Chemie 5/6 Lehrerbuch. CVK Berlin 1975. S. 444

Autoren

Michael Barnickel, Studienrat
Anschrift: Herzog-Bernhard-Straße 120, 8500 Nürnberg

Prof. Dr. Hans-Karl Beckmann, o. Professor am Institut für Pädagogik der Universität Erlangen-Nürnberg
Anschrift: Schlehenweg 8, 3507 Baunatal 2

Dr. Karlheinz Biller, wiss. Assistent am Institut für Pädagogik der Universität Erlangen-Nürnberg
Anschrift: Beim Wahlbaum 69, 8500 Nürnberg 34

Klaus Full, Oberstudienrat und Seminarlehrer
Anschrift: Gutzberger Straße 60, 8504 Stein bei Nürnberg

Almut Geschwinde, Ausbildungslehrerin
Anschrift: Straßberg 1, 8520 Erlangen

Hans Gradl, Studienrat
Anschrift: Leonhardstraße 28, 8453 Vilseck

Christa Heinemann, Realschullehrerin und päd. Mitarbeiterin an der Gesamthochschule Kassel
Anschrift: Schanzenstraße 22, 3500 Kassel-Ki.

Hildegard Kunze, Lehrerin
Anschrift: Schneewinkelstr. 7, 8561 Reichenschwand

Gerhard Martin, Direktor des Päd. Theol. Zentrums der Evangelischen Landeskirche in Württemberg
Anschrift: Köllestr. 7, 7000 Stuttgart 1

Prof. Dr. Heinz Schwartze, Professor am Seminar für Didaktik der Mathematik der Justus-Liebig-Universität Gießen
Anschrift: Waldbrunnenweg 18, 6300 Gießen

Charlotte Seibel, Studienreferendarin
Anschrift: Schelde-Lahn-Straße 48, 6341 Angelburg-Lixfeld

Siegfried Thiel, Ausbildungslehrer
Anschrift: Backenfeldsteig 23, 8540 Schwabach-Wolkersdorf